De Filibusteros a Burócratas

Los masones filipinos frente
a la crisis colonial española y al
imperialismo estadounidense
(1889-1917)

De Filibusteros a Burócratas

Los masones filipinos frente a la crisis colonial española y al imperialismo estadounidense (1889-1917)

Álvaro Jimena

Escuadra y Compás

Colección dirigida por: Manuel de Paz-Sánchez y Valeria Aguiar Bobet
Directora de arte: Amelia García
Maquetación: Marina Zambrana

Álvaro Jimena
*De Filibusteros a Burócratas. Los masones filipinos frente
a la crisis colonial española y al imperialismo estadounidense (1889-1917)*

Primera edición en Ediciones Idea: 2023
© De la edición:
 Ediciones Idea, 2023
© Del texto:
 Álvaro Jimena

Ediciones Idea

San Clemente, 24, Edificio El Pilar
 38002 Santa Cruz de Tenerife.
 Tel.: 922 532150
 Fax: 922 286062

León y Castillo, 39 - 4º B
 35003 Las Palmas de Gran Canaria.
 Tel.: 928 373637 - 928 381827
 Fax: 928 382196

correo@edicionesidea.com
www.edicionesidea.com

Fotomecánica e impresión: Gráficas Tenerife, S.A.
Impreso en España - Printed in Spain
ISBN: 978-84-19681-68-3
Depósito legal: TF 1081-2023

AGRADECIMIENTOS

Este libro está basado en la tesis doctoral defendida en 2019 en la Unversité de Strasbourg con el título *La franc-maçonnerie philippine à l'heure de la transition impériale (1889-1917): sociabilité et réseaux d'une élite hispanisée*. Una investigación que no podría haber llevado a cabo sin los consejos de mis dos directores: Florentino Rodao, catedrático de la Universidad Complutense de Madrid, y André Gounot, profesor de la Université de Strasbourg. Tampoco habría sido posible publicar este libro sin la buena acogida recibida en los equipos de investigación ARCHE UR 3400 (Arts, civilisation et histoire de l'Europe) y CHER UR 4376 (Culture et histoire dans l'espace roman), ni sin las ayudas financieras recibidas por parte del Réseau franco-néerlandais y de la Casa de Velázquez. Por último, me gustaría agradecer el apoyo recibido por parte de mi familia para llevar a término este proyecto y continuar con mi carrera universitaria.

SIGLAS

AMAE: Archivo del Ministerio de Asuntos Exteriores y Cooperación.

AGI: Archivo General de Indias.

AGMM: Archivo General Militar de Madrid.

BNE: Biblioteca Nacional de España.

BNF: Bibliothèque Nationale de France.

CDMH: Centro Documental de la Memoria Histórica.

GLRF: Gran Logia Regional de Filipinas.

GOE: Grande Oriente Español.

GOF: Grand Orient de France.

GLFAMPI: Grand Lodge of Free and Accepted Masons of the Philippine Islands.

NARA: National Archives and Records Administration.

INTRODUCCIÓN

En abril de 1920, el gobernador general de Filipinas, Francis B. Harrison, escribió un artículo para el primer número de la revista masónica filipina *Acacia*. El político americano, que ocupaba este puesto desde 1913, hablaba en su texto de la transformación que había experimentado la masonería en el archipiélago asiático en los veinticinco años precedentes. Afirmaba que, tras haber sido perseguidos y condenados a muerte por las autoridades al final de la colonización española, los masones filipinos en ese momento eran homenajeados y formaban parte de la administración colonial, siendo conocidos por ser ejemplos de un «servicio público honrado». En su opinión, esta transformación se debía principalmente al cambio del espíritu del gobierno del archipiélago, que había cambiado el mundo en el que vivía la población filipina[1].

Es cierto que, en esos años, el gobernador general americano organizaba recepciones masónicas en el palacio de Malacañang, donde se había decidido la ejecución de numerosos masones al final del dominio español, y que muchos masones ocupaban puestos destacados en la administración del archipiélago. Sin embargo, su explicación simplifica en exceso los motivos de esta transformación y deja de lado los numerosos acontecimientos por

---

[1] Harrison, Francis B.: «Letter from the Governor General Ilust. Broth. F. B. Harrison», en *Acacia*, vol. 15, nº IV (1920).

los que los masones filipinos pasaron en los últimos años del siglo XIX y las dos primeras décadas del siglo XX.

Y es que, tras el desarrollo del movimiento nacionalista que dio lugar al inicio de la Revolución filipina en 1896, la lucha contra el poder colonial español y la proclamación de la Primera República filipina en 1898, los filipinos tuvieron que enfrentarse en una nueva guerra a los americanos para tratar de conservar su recién proclamada independencia. No lo consiguieron y tras una dura represión del movimiento nacionalista, los Estados Unidos implantaron un nuevo sistema colonial con el que, en teoría, trataban de enseñar los principios democráticos a los habitantes del archipiélago asiático, aunque hasta 1916 no reconocieron oficialmente que su objetivo era otorgar la independencia a los filipinos y solo cuando estuvieran preparados para ello. Todos estos acontecimientos tuvieron consecuencias en el desarrollo de la masonería filipina. No solo con respecto a que sus actividades fueran permitidas o no, sino también en relación con los motivos que llevaron a los filipinos a iniciarse a la masonería, a elegir una logia o una obediencia masónica en lugar de otra o a involucrarse de una forma más o menos activa en la vida de los talleres masónicos.

Este estudio analiza esta transformación a través del análisis de las trayectorias de los masones filipinos tanto dentro como fuera de las logias masónicas. Para ello utiliza las fuentes sobre la masonería filipina disponibles en diferentes archivos, principalmente en el Centro Documental de la Memoria Histórica de Salamanca, y se basa en una revisión detallada de la historiografía filipina y norteamericana sobre este período. El marco cronológico del estudio va de 1889, cuando se creó la primera logia masónica que se puede considerar como filipina; hasta 1917, el año en el que la mayoría de las logias activas en el archipiélago asiático dejaron de estar afiliadas al Grande Oriente Español para incorporarse a la Grand Lodge of Free and Accepted Masons of the Philippine Islands, una gran logia fundada unos años antes por los masones americanos residentes en Filipinas.

Antes de 1889 no puede hablarse de logias filipinas en el sentido en el que se entienden en este libro, es decir, logias formadas mayoritariamente por filipinos[2]. Hasta la última década del siglo XIX los escasos talleres masónicos activos en las islas estuvieron formadas casi exclusivamente por españoles y extranjeros. Las actividades masónicas en Filipinas fueron muy puntuales antes de 1873 y las logias establecidas en el archipiélago asiático no tenían vínculos con la península Ibérica[3]. Ese año varios masones españoles crearon el primer taller masónico filipino del Gran Oriente de España, una obediencia que, un año más tarde, en 1874, contaba con seis logias en el archipiélago asiático a las que estaban afiliados ciento cuarenta y tres masones. Entre ellos había varios militares como el oficial de la marina española Manuel Mac-Crohon; civiles españoles como el periodista e impresor José Felipe del Pan y el funcionario colonial José Centeno; y algunos extranjeros como el comerciante británico Eduardo Boustead. En estas logias también jugó un papel importante el criollo filipino Jacobo Zóbel de Zangróniz, aunque su caso parece excepcional y hay que tener en cuenta que había pasado la mayor parte de su juventud entre Alemania y España, de donde eran originarios sus padres[4].

El caso de Zóbel es interesante porque es el único masón del que conocemos los motivos por los que se afilió a la masonería en Filipinas en estos años. De acuerdo con su biógrafo, este criollo pensaba que la masonería era el único medio para salir del oscurantismo reinante en Filipinas, según él provocado por la gran influencia de las órdenes religiosas. Zóbel habría afirmado que la masonería era la «única organización que podría reunir

---

[2] Hasta las últimas décadas del siglo XIX el término «filipino» se utilizaba para designar a los hijos de españoles nacidos en el archipiélago asiático, es decir, a los criollos filipinos. Con la emergencia del movimiento nacionalista pasó a designar a todos los originarios de las islas, incluyendo a la población mestiza e india. En este libro se utiliza esta última acepción del término.

[3] Cuartero Escobés, Susana: *La Masonería Española en Filipinas Vol. I.* Santa Cruz de Tenerife, Ediciones Idea, 2006, p. 72.

[4] Lista de miembros de las logias filipinas en 1874, CDMH 219-A-1.

todos los elementos liberales españoles del archipiélago y del gobierno en Manila para conseguir la conservación y el desarrollo sano de esta colonia tan importante para España»[5]. Este argumento probablemente lo compartían buena parte de los masones españoles y extranjeros que se afiliaron a las logias en Filipinas durante estos años. En otros imperios con colonias en Asia, especialmente el británico, la masonería había sido una institución con un rol importante dentro del aparato colonial y había jugado un papel similar al descrito por Jacobo Zóbel[6]. Sin embargo, en Filipinas había un obstáculo insalvable que impedía la consolidación de estas logias formadas principalmente por españoles y extranjeros: la influencia de la Iglesia Católica.

Uno de los elementos más característicos de los tres siglos de dominio español del archipiélago asiático fue la importancia de las órdenes religiosas en el seno de la administración colonial. Durante la conquista del archipiélago, el argumento de la evangelización fue utilizado como principal excusa para justificarla y provocó la llegada de numerosos misioneros[7]. Además, los frailes aprendieron las lenguas indígenas para difundir el evangelio en las islas, lo que, combinado a la elección de un modelo colonizador con pocos funcionarios, hizo de las órdenes religiosas un elemento imprescindible para la administración del archipiélago asiático. En la mayoría de las poblaciones el fraile era el único español y, gracias a su dominio de la lengua local, ejercía de in-

---

[5] Hübner, Emil: «Biografía del Excmo. Sr. Don Jacobo Zóbel Zangróniz», en *Dictionary of Philippine Biography Vol. 2*, editado por Esperidión, A. Manuel (p. 452). Quezon City, Filipiniana Publishing, 1970.

[6] Ver Harland-Jacobs, Jessica L.: *Builders of Empire: Freemasons and British Imperialism, 1717-1927*. Chapel Hill, University of North Carolina Press, 2013. Ver Deschamps, Simon: *Sociabilité Maçonnique et Pouvoir Colonial dans l'Inde Britannique (1730-1921)*. Pessac, PU Bordeaux, 2019.

[7] Sierra de la Calle, Blas: «La evangelización de Filipinas durante el gobierno de Legazpi (1565-1572)», en *España y el Pacífico: Legazpi Vol. I*, editado por Leoncio Cabrero Fernández (pp. 343-385). Madrid, Sociedad Estatal de Conmemoraciones Culturales, 2000. Entre las cinco órdenes religiosas presentes en Filipinas durante la colonización española, los primeros en llegar fueron los agustinos en 1565. Unos años más tarde les siguieron los franciscanos, los jesuitas, los dominicos y los recoletos.

termediario entre la población indígena y la administración colonial. De esta forma, a su rol espiritual se añadía un poder político que superaba las funciones habituales de un funcionario del imperio español[8]. Esta alianza entre las órdenes religiosas y el régimen colonial se mantuvo durante los dos primeros siglos de la colonización del archipiélago y no presentó fisuras hasta el siglo XVIII. Sin embargo, con la llegada de los Borbones al trono español se inició un movimiento reformista que en Filipinas cuestionó el papel de las órdenes religiosas en los campos político y económico. Esto provocó la aparición de un conflicto entre los religiosos y la administración colonial que se concretizó en la cuestión de la secularización de las parroquias filipinas. La mayor parte de ellas estaban dirigidas por frailes españoles, mientras que el clero regular, muy a menudo indio o mestizo, tenía que contentarse con parroquias de escasa importancia o con funciones auxiliares. Después de la expulsión de los jesuitas del imperio español en 1768 la situación cambió ligeramente, pero a lo largo de la primera mitad del siglo XIX las órdenes religiosas se esforzaron por conservar sus parroquias y, a partir de 1826, consiguieron incluso recuperar algunas de las que habían sido secularizadas a finales del siglo XVIII[9].

Esta problemática se convirtió a partir de la década de 1860 en un elemento importante en la aparición del nacionalismo filipino, ya que entre el clero secular nativo preponderaba una sensación de injusticia[10]. Además, la ejecución de tres sacerdotes filipinos tras el motín de Cavite en 1872 hizo aumentar las críticas acerca de la influencia de las órdenes religiosas, acusadas de haber influido en la decisión del gobernador general, y los frailes se

---

[8] Elizalde Pérez-Grueso, María Dolores y Huetz de Lemps, Xavier: «Un Singular Modelo Colonizador: el Papel de las Órdenes Religiosas en la Administración Española de Filipinas, Siglos XVI al XIX», en *Illes I Imperis*, nº 17 (2015), pp. 185-220.

[9] Ver Blanco Andrés, Roberto: *Entre Frailes y Clérigos: las Claves de la Cuestión Clerical en Filipinas, 1776-1872*. Madrid, Consejo Superior de Investigación Científica, 2012.

[10] Ver Schumacher, John N.: *Revolutionary Clergy: the Filipino Clergy and the Nationalist Movement, 1850-1903*. Quezon City, Metro Manila, Ateneo de Manila University Press, 1981.

convirtieron en los principales enemigos del movimiento nacionalista filipino. Paradójicamente, esta situación significó la vuelta a la alianza entre la administración colonial y las órdenes religiosas, que se presentaron como las únicas capaces de mantener el archipiélago bajo el control de Madrid. Además, a partir de ese momento empezaron a responder a las críticas del movimiento nacionalista[11]. Así, extendieron la idea de que todo español que criticara el poder de las órdenes religiosas en el archipiélago era un traidor a la patria[12]. También se opusieron a los proyectos de realización de reformas en Filipinas y criticaron la introducción en las islas de ideas liberales o progresistas, afirmando que eso haría aumentar el número de filibusteros.

Este término había empezado a utilizarse en Filipinas tras el motín de Cavite, cuando altos cargos de la administración colonial que habían servido en el Caribe lo emplearon para definir a los que acusaban de alentar esta revuelta. En los años posteriores, su uso se extendió en la prensa de Manila y su significado se generalizó hasta aplicarse a cualquiera que defendiera la modernización de las islas y criticara el poder de las órdenes religiosas[13]. Esto incluía a los miembros de las pocas logias que se mantuvieron activas en el archipiélago en la década de 1880, de las que se conservan muy pocos documentos. En varios de ellos se hace referencia al dominio del archipiélago por el «elemento clerical» y al «fanatismo religioso» que imperaba en Filipinas, que estaba impulsado por «un ejército de frailes»[14]. Su situación no debía ser fácil, ya que a la influencia de las órdenes religiosas en la vida de

---

[11] Blanco Andrés, Roberto: «Enfrentados con "La Propaganda": el Clero Regular Frente al Nacionalismo Filipino y la Ofensiva Anticlerical», en *Filipinas, Siglo XIX: Coexistencia e Interacción Entre Comunidades en el Imperio Español*, editado por Elizalde Pérez-Grueso, María Dolores y Huetz de Lemps, Xavier (pp. 515-546). Madrid, Ediciones Polifemo, 2017.

[12] Elizalde Pérez-Grueso, María Dolores y Huetz de Lemps, Xavier: «Le Sabre, le Goupi-llon et la Révolution», en *Histoire, Monde et Cultures Religieuses*, vol. 3, nº 31 (2014), p. 67.

[13] Filomeno V. Aguilar, «"Filibustero", Rizal, and the Manilamen of the Nineteenth Century», en *Philippine Studies*, vol. 59, nº 4, pp. 429-469.

[14] Cuartero Escobés, Susana: *La Masonería Española en Filipinas Vol. I*. Santa Cruz de Tenerife, Ediciones Idea, 2006, pp. 82 y 84.

la colonia había que sumar la diabolización de la masonería que había impulsado la Iglesia Católica en las décadas precedentes. En Filipinas no eran ajenos a las acusaciones de El Vaticano contra esta institución, ya que en 1884 el obispo de Manila publicó la encíclica *Humanum Genus*, en la que León XIII llamaba a poner en marcha un combate contra la masonería[15].

Por todo ello, no extraña que las logias masónicas tuvieran dificultades para implantarse de manera estable en Filipinas. En 1889, un grupo de españoles intentó relanzar la masonería en el archipiélago y consiguió crear cinco nuevas logias en Manila, pero los numerosos conflictos que surgieron entre sus miembros y el contexto político en el archipiélago provocaron la suspensión de sus actividades dos años más tarde. Alejandro Rojí, un oficial de la marina española que había formado parte de estas logias envió entonces un escrito a su obediencia masónica en el que decía no entender las dificultades que encontraba la masonería para implantarse en Filipinas. Rojí se preguntaba sobre las posibles causas del problema y ponía como opciones la falta de fe masónica, la «indolencia propia de los países tropicales» y el cansancio producido por una «lucha estéril»[16].

La última de ellas es la que probablemente se acerca más a una explicación coherente, ya que desde los primeros intentos de implantación de la masonería en Filipinas en los años 1870 la influencia de las órdenes religiosas no había disminuido en el archipiélago. De hecho, esto es probablemente lo que hacía que la masonería no fuera una institución atractiva ni para los miembros de la administración colonial ni para los comerciantes residentes en el archipiélago asiático, que seguramente consideraban que la pertenencia a una logia masónica podía perjudicar en lugar de favorecer sus intereses en la colonia.

---

[15] Retana, Wenceslao E.: *Archivo del Bibliófilo Filipino: Recopilación de Documentos Históricos, Científicos, Literarios y Políticos y Estudios Bibliográficos Vol. IV.* Madrid, 1895-1898, p. 470.

[16] Cuartero Escobés, Susana: *La Masonería Española en Filipinas Vol. I.* Santa Cruz de Tenerife, Ediciones Idea, 2006, p. 105, nota 144.

En definitiva, a inicios de la década de 1890 era difícil presagiar el desarrollo que la masonería iba experimentar en las décadas posteriores en Filipinas. Lo más lógico es que la masonería no hubiera conseguido desarrollarse de manera notable en el archipiélago asiático mientras que durara la colonización española debido a la importante influencia de las órdenes religiosas en la vida política y social del archipiélago. Sin embargo, la iniciación a la masonería de un grupo de filipinos residentes en España y su implicación en el movimiento nacionalista hicieron que las logias del archipiélago se abrieran a los filipinos y encontraran un nuevo público que, aunque tuvo muchas dificultades para desarrollar sus actividades masónicas durante los últimos anos de la colonización española, ayudó a popularizar esta institución en Filipinas. Este fenómeno fue decisivo para que los talleres masónicos se convirtieran en un espacio de sociabilidad destacado para la élite política del archipiélago en las primeras décadas de la colonización americana, un período clave para la historia contemporánea de Filipinas en el que la masonería filipina logró consolidarse e hizo de Manila el principal centro masónico del Sudeste Asiático.

CAPÍTULO 1

El movimiento de la Propaganda
y los orígenes de la masonería filipina

En 1887, José Rizal publicó su novela más conocida: *Noli me Tangere*. En esta obra, el intelectual filipino criticaba abiertamente la influencia de las órdenes religiosas en la sociedad filipina y acusaba a los frailes de ser el principal freno al desarrollo del archipiélago. Rizal era el miembro más destacado del movimiento de la Propaganda, un grupo de filipinos residentes en España que llevaba varios años reclamando sin éxito la realización de reformas en la colonia asiática. Con la publicación de esta novela, Rizal consiguió llamar la atención de las autoridades españolas y, sobre todo, de las órdenes religiosas presentes en Filipinas, que a partir de ese momento le consideraron como su principal enemigo y empezaron a atacarle, acusándole de difundir el independentismo entre sus compatriotas[17].

La ejecución de Rizal por las autoridades coloniales españolas unos meses después del inicio de la Revolución filipina está muy relacionada con estas acusaciones, que continuaron incluso después de su muerte. La obra *La Masonización de Filipinas. Rizal y*

---

[17] Schumacher, John N.: *The Propaganda Movement 1880-1895*. Manila, Solidaridad Publishing House, 1973, pp. 73-93.

su Obra, publicado en 1897[18], es un buen ejemplo de los argumentos utilizados por los religiosos para explicar las razones por las que Rizal se convirtió en un filibustero, ya que antes de dejar el archipiélago era un estudiante modelo del Ateneo de Manila, un centro de enseñanza superior controlado por los jesuitas. El hombre al que se considera autor del texto, el padre Pablo Pastells, había sido confesor del intelectual filipino en Manila y aseguraba que lo que había provocado el descarrío de Rizal había sido el contacto con los masones españoles tras su llegada a Madrid en 1882. Pastells tenía una imagen muy negativa de la masonería, a la que consideraba un factor clave del desarrollo del independentismo en Filipinas. Por eso no sorprende que en su libro indicara que Rizal se inició a la masonería en Londres unos meses antes de la redacción del *Noli me Tangere*. En su opinión, fue entonces cuando Rizal estudió «la organización universal de la Masonería» y tuvo la idea de aplicarla «a su política separatista»[19].

El religioso hace otras referencias a la masonería en su obra, pero el hecho de que sitúe la iniciación de Rizal poco antes de la elaboración de su polémica novela es un buen ejemplo de la manipulación que los miembros de las órdenes religiosas hicieron del papel de esta institución en el desarrollo del movimiento nacionalista filipino a finales del siglo XIX.

Aunque ha habido muchas dudas sobre la fecha de la iniciación de José Rizal, un documento conservado en la *Bibliothèque Nationale de France* permite afirmar que José Rizal no se inició a la masonería hasta el 23 de octubre de 1888, cuando se afilió a la logia parisina *Le Temple de l'Honneur Français*[20]. Es decir, que cuando escribió la novela *Noli me Tangere* todavía no formaba parte de la masonería y si tenía un plan para aplicar sus «ideales

---

[18] Pastells Pablo: *La Masonización de Filipinas: Rizal y su Obra*. Barcelona, Librería y Tipografía Católica, 1897.

[19] Ibidem, p. 10.

[20] En el documento se indica que Rizal asegura no haber formado parte de una logia masónica anteriormente. El secretario de la logia *Le Temple de l'Honneur Français* al consejo del GOF, 20/II/1890. BNF Département des Manuscrits, Fonds Maçonniques, FM2 977.

filibusteros», no estaba basado en una institución que no conocía en profundidad.

En los años que pasó en Madrid, Rizal estuvo en contacto con notables masones españoles, pero principalmente debido a que eran figuras del partido liberal o del movimiento republicano, los únicos grupos políticos que de alguna forma escucharon las reclamaciones de los miembros del movimiento de la Propaganda. Incluso después de su iniciación, salvo en períodos muy concretos, Rizal nunca acudió de forma regular a las logias y su implicación en la masonería fue mucho menor que la de otros filipinos residentes en España. Algunos de ellos llegaron a ocupar puestos destacados en la masonería peninsular, aunque en su caso tampoco parece que la asistencia a las logias fuera una de las principales causas de su compromiso político. En realidad, a causa de su anticlericalismo, la masonería era una de las pocas instituciones en España que escuchaban con interés las críticas hacia el poder de las órdenes religiosas en el archipiélago asiático. Esto hizo que muchos filipinos se afiliaran a ella y que algunas logias se convirtieran en uno de los principales espacios de sociabilidad de la colonia de filipinos residente en España.

La iniciación de los primeros filipinos en las logias españolas parece haber tenido lugar a inicios de la década de 1880, cuando el número de filipinos llegados a la metrópoli para realizar estudios universitarios aumentó considerablemente. Dos de ellos, Tomas G. del Rosario y Simplicio Jugo Vidal, formaban parte en 1881 de dos logias madrileñas, *Acacia* y *Fraternidad*[21], mientras que en 1882 parece haber tenido lugar en la logia *Porvenir* la iniciación del que sería el masón filipino más destacado hasta finales de esa década: Graciano López Jaena[22]. Originario de la provincia de Iloílo, López Jaena había llegado a España en 1880 para estudiar medicina en la

---

[21] Así lo indicaron al incorporarse a la logia *Rizal*, del Grand Orient de France, a inicios del siglo XX en Manila. BNF Département des Manuscrits, Fonds Maçonniques, FM2 146.

[22] El documento más antiguo que prueba su pertenencia a esta logia está fechado en 1884, aunque parece que se inició dos años antes. Cuartero Escobés, Susana: *La Masonería Española en Filipinas Vol. I*. Santa Cruz de Tenerife, Ediciones Idea, 2006, p. 43.

Universidad de Valencia, aunque a causa de su afición a la política no tardó en mudarse a Madrid. Ya en 1881 su discurso fue uno de los más destacados en un banquete organizado por la colonia filipina de la capital de España en honor a un antiguo ministro de Ultramar y a partir de ese momento se convirtió en el filipino más activo en la prensa española, respondiendo a muchos de los artículos que se publicaban sobre Filipinas y criticando abiertamente la política del Gobierno de Madrid en esta colonia[23].

Graciano López Jaena ya era conocido por su anticlericalismo antes de dejar el archipiélago asiático y desde su llegada a España no tardó en señalar como principales responsables de la mala situación de Filipinas a los miembros de las órdenes religiosas. Esto fue probablemente lo que le acercó al movimiento republicano español, en el que se integró notablemente a través de la participación en mítines políticos en los que explotaba sus dotes como orador. En sus discursos se autodefinía como español y republicano, aunque no ocultaba su origen filipino y lo reivindicaba para responder a los que afirmaban que el retraso del archipiélago asiático se debía a la apatía de sus habitantes. Este fue precisamente el tema de un artículo que apareció en 1883 y que ha sido definido como la crítica más directa al régimen español en Filipinas que se había publicado hasta ese momento[24].

Se trataba de la respuesta al escrito de un español que, aunque pedía la reforma del Ejército en Filipinas, criticaba la indolencia de los indios y afirmaba que los mestizos se oponían al domino español. En su contestación, López Jaena no dudaba en comparar la colonización de Filipinas con la de Singapur y Java para afirmar que la falta de actividad de los indios se debía al mal ejemplo de los españoles enviados para administrar la colonia. En cuanto a los mestizos, admitía que algunos de ellos miraban «con cierta prevención» a los peninsulares, pero afirmaba igualmente que era responsabilidad de los funcionarios coloniales, que en

---

[23] Schumacher, John N.: *Revolutionary Clergy: the Filipino Clergy and the Nationalist Movement, 1850-1903*. Quezon City, Metro Manila, Ateneo de Manila University Press, 1981, p. 27.

[24] Ibidem, p. 37.

lugar de impulsar «las ideas del progreso y difundir las enseñanzas de la civilización» entre los filipinos, intentaban que se mantuvieran en un estado casi primitivo[25].

Este artículo apareció en la revista *Los Dos Mundos*, que defendía la igualdad de derechos de Cuba, Puerto Rico y Filipinas con el resto de las provincias españolas[26]. López Jaena era miembro de su redacción y estaba muy implicado en su campaña para acabar con la negligencia con la que el Gobierno español trataba a estos territorios. Hasta 1885 publicó regularmente artículos sobre Filipinas en esta revista y a partir de ese año parece haber participado en las actividades de la Unión Iberoamericana, una destacada asociación americanista creada por el director de *Los Dos Mundos*, Jesús Pando y Valle. De hecho, en 1886 López Jaena, que había elegido «Bolívar» como nombre simbólico al iniciarse en la logia *Porvenir*, abandonó este taller masónico para participar en la creación de una nueva logia de la que formaron parte varios miembros de esta asociación, y que por primera vez reunió a varios filipinos en la misma logia masónica.

La logia *Solidaridad* se creó en Madrid en abril de 1886 y entre sus fundadores se encontraban, además de López Jaena, los filipinos Ricardo Ayllón y Rafael del Pan. Este último era un criollo que había llegado a Madrid un año antes para completar sus estudios de Derecho iniciados en Manila, donde su padre, el español José Felipe del Pan[27], era el director del periódico *La Oceanía Española* y había formado parte de las logias activas en el archipiélago. Al igual que su padre, es posible que Rafael del Pan hubiera formado parte de las logias masónicas existentes en el archipiélago, ya que al fundar la logia tenía el 18º grado masónico[28]. Según un discurso pronunciado por él mismo dos décadas

[25] López Jaena, Graciano: «Una Protesta», en *Los Dos Mundos*, vol. III, nº 18 y 28 (1883).

[26] Pando y Valle, Jesús: «Lo que nos Proponemos», en *Los Dos Mundos*, vol. I, nº 8 (1883).

[27] Graciano López Jaena no está en la lista oficial de miembros del 4 de abril de 1886 pero hay un documento que indica que formó parte de la logia a partir del día siguiente. Lista de miembros de la logia *Solidaridad*, CDMH 736-A-11.

[28] José Felipe del Pan está entre los miembros de la logia *Lealtad* de Manila en 1874. Lista de miembros de las logias filipinas en 1874, CDMH 219-A-1.

más tarde, la idea de la creación de la logia *Solidaridad* surgió en una de las primeras reuniones de la Unión Iberoamericana, donde se habían reunido una buena parte de los filipinos residentes en Madrid junto a varios cubanos y puertorriqueños. La coincidencia de los intereses políticos de los tres grupos se había hecho evidente durante la reunión, provocando que una vez finalizada se propusiera la creación de un taller masónico para impulsar la cooperación entre ellos[29]. Esta logia, que estaba afiliada al *Gran Oriente de España* liderado por Manuel Becerra, llegó a incorporar en sus primeros meses de vida a otros dos filipinos, Evaristo Aguirre y Julio Llorente, a diez cubanos, a dos puertorriqueños, a un martiniqués y a unos quince españoles[30].

Parece que este taller masónico no tuvo mucha actividad hasta septiembre de 1886, cuando organizó una tenida conjunta con la logia *Hijos del Progreso*. A esta logia pertenecía Miguel Morayta, que unos meses antes había retomado su vida masónica tras trece años sin acudir a las logias[31]. También había sido el primer taller masónico de Herminio Díaz, uno de los puertorriqueños que había participado en la fundación de *Solidaridad*, lo que unido a la presencia en esta logia de varios estudiantes de la Universidad Central hace pensar que Morayta, que además de ser un notable político republicano era catedrático de Historia de esta universidad, fue uno de los promotores de la creación de este taller masónico[32]. A pesar de ello, la logia *Solidaridad* no pudo consolidarse y sus actividades cesaron a mediados de 1887. En ese momento solo quedaban dos filipinos en sus filas y uno de ellos era Graciano López Jaena, que dos años más tarde fue uno

---

[29] «Abstract of a Toast Delivered by Mr. Rafael del Pan at the occasion of the Masonic Banquet held in November 29th 1913, in response to the topic Mason Pioneers in the Philippine Islands». Consultado en la National Library of the Philippines.

[30] Schumacher, John N.: *The Making of a Nation: Essays on Nineteenth-Century Filipino Nationalism*. Manila, Ateneo de Manila University Press, 1991, p. 244.

[31] Sobre la biografía masónica de Miguel Morayta ver Ortiz de Andrés, María Asunción: *Masonería y democracia en el siglo XIX: el Gran Oriente Español y su proyección político-social (1888-1896)*. Madrid, Universidad Pontificia Comillas, 1993.

[32] Ibidem, p. 273.

de los principales responsables de que en Barcelona se creara una logia similar.

La logia *Revolución* de Barcelona comenzó sus actividades en los primeros meses de 1889, aunque el documento de esta logia más antiguo que se conserva es el de su afiliación al Grande Oriente Español a inicios de abril de ese mismo año. En ese momento López Jaena era el venerable de la logia y junto a él formaban parte de la misma otros tres filipinos, dos cubanos y un español. Este último era Celso Mir Deas, un militar casado con una filipina que había servido en el archipiélago asiático y que estaba muy involucrado tanto en la masonería como en el movimiento republicano barcelonés[33]. Ese también era el caso de López Jaena, que se había mudado a la capital catalana a mediados de 1888 y estaba tratando dar un nuevo impulso a las actividades nacionalistas filipinas en España, que habían decaído tras la marcha de Rizal a otros países de Europa en 1885. Para ello contaba con sus contactos en Barcelona y con la llegada de nuevos filipinos como Mariano Ponce y José María Panganiban, dos estudiantes de medicina que también participaron en la creación de la logia *Revolución*. El otro filipino que había participado en la fundación de este taller masónico era Marcelo Hilario del Pilar, un abogado que en muy poco tiempo se convertiría en el principal líder del movimiento nacionalista filipino en España.

Del Pilar había nacido en la provincia de Bulacán, al norte de Manila, en 1850. A inicios de la década de 1870 había comenzado estudios de Derecho en la Universidad de Santo Tomás, pero se había visto obligado a abandonarlos durante varios años tras una disputa con un sacerdote de su parroquia. En 1880 había conseguido completar sus estudios y dos años más tarde había formado parte de la redacción del primer diario bilingüe de Filipinas, *Diariong Tagalog*. Durante toda esta década encabezó diferentes iniciativas para tratar de reducir el poder de los frailes en Filipinas y parece que fue uno de los principales organizadores de

---

[33] Schumacher, John N.: *The Making of a Nation: Essays on Nineteenth-Century Filipino Nationalism*. Manila, Ateneo de Manila University Press, 1991, pp. 160-161.

la manifestación del primero de marzo de 1888, en la que numerosos gobernadorcillos del área de Manila pidieron la expulsión de las órdenes religiosas del archipiélago. Unos meses después, la llegada del general Weyler al puesto de gobernador general de Filipinas en 1888 puso en peligro su libertad, por lo que decidió trasladarse a España después de haber obtenido el apoyo financiero de un comité conocido como de «la Propaganda»[34].

Este grupo decidió impulsar las actividades de los filipinos que pedían en España la realización de reformas en el archipiélago y para organizarlas envió a este abogado filipino, cuya llegada a Barcelona tuvo consecuencias inmediatas. La más evidente fue la creación de *La Solidaridad*, un periódico que se convertiría en portavoz de la colonia filipina y la principal herramienta de la campaña propagandística para la realización de reformas en Filipinas. La creación de la logia *Revolución* en los primeros meses de 1889 también puede incluirse en este proceso de reorganización del movimiento nacionalista filipino impulsado por Del Pilar. Sin embargo, en sus inicios Graciano López Jaena parece haber sido el miembro más destacado de este taller masónico. Al menos, su papel fue fundamental para poner en marcha una de las primeras iniciativas de la logia, el envío de una exposición sobre la situación de Filipinas dirigida a Práxedes Mateo Sagasta y Manuel Becerra, ambos masones y miembros del Gobierno español en ese momento[35]. Para darle mayor publicidad, López Jaena buscó el apoyo de los masones barceloneses y logró algo muy poco habitual: puso de acuerdo a prácticamente todas las logias de la ciudad condal, independientemente de la obediencia a la que pertenecieran. El texto criticaba que la educación y la seguridad individual en la colonia asiática estuvieran en manos de las órdenes religiosas y pedía la representación parlamentaria y la libertad de prensa. Se trataba de la primera vez que los filipinos utilizaban la masonería con fines políticos, un punto de vista de-

---

[34] Ver el capítulo 6 de John N. Schumacher, *The propaganda movement...*, pp. 94-114.
[35] Ferrer Benimeli, José Antonio: *Jefes de Gobierno Masones: España 1868-1936*. Madrid, Esfera de los Libros, 2007, pp. 101-165.

fendido por Graciano López Jaena, que unos meses más tarde afirmó en un acto en Barcelona que la masonería en España en ese momento tenía una importante misión de carácter político[36].

A lo largo de 1889 la logia *Revolución* se hizo muy popular en el seno de la masonería barcelonesa, lo que sin duda contribuyó a que Del Pilar se convenciera de que la institución masónica le podía ser muy útil en su campaña propagandística. De hecho, gracias a su implicación en este taller masónico se puso en contacto con Miguel Morayta, que había fundado una obediencia en 1889 y buscaba la afiliación de nuevas logias.

Desde 1868 el panorama masónico español se había caracterizado por la división y los conflictos entre las diferentes obediencias masónicas existentes en el país. La aprobación en 1887 de la ley de asociaciones permitió la legalización de la masonería y Miguel Morayta, tras una serie de polémicas, fundó una nueva obediencia: el Grande Oriente Español[37]. Esta obediencia se convertiría unos años más tarde en la más popular de España y sería muy importante para difundir el carácter demócrata, centralista, anticlerical y republicano que caracterizará a la masonería española en las primeras décadas del siglo XX[38]. Sin embargo, en 1890 el Grande Oriente Español todavía no se había afianzado y necesitaba la afiliación de nuevas logias masónicas para consolidarse.

Morayta ya había mostrado su simpatía por los estudiantes filipinos desde su puesto como catedrático de la Universidad Central de Madrid, dónde había establecido una relación cordial con José Rizal[39]. Además, en 1888 había sido el principal promotor de la

---

[36] Sánchez Ferré, Pere: «La Masonería Española y el Conflicto Colonial Filipino...», en *La Masonería en la España del siglo XIX: II Symposium de la Metodología Aplicada a la Historia de la Masonería Española: Salamanca, 2-5 de julio de 1985*, editado por Ferrer Benimeli, José Antonio (pp. 481 y 485). Castilla y León, Junta de Castilla y León, Consejería de Educación y Cultura, 1987.

[37] Ortiz de Andrés, María Asunción: *Masonería y democracia en el siglo XIX...*, pp. 1-23.

[38] P. Martín, Luis: *Los Arquitectos de la República: los Masones y la Política en España, 1900-1936*. Madrid, Marcial Pons, 2007, p. 47.

[39] Goujat, Hélène: *Réforme ou Révolution? Le Projet National de José Rizal (1861-1896) pour les Philippines*. París, Francia, Connaissances et savoirs, 2010, p. 439.

creación de la Asociación Hispano-Filipina, que tenía como objetivo cambiar la política filipina del Gobierno español a través de la organización de eventos que tuvieran repercusiones en la opinión pública[40]. Por lo tanto, parece lógico que Morayta se interesara por la afiliación de esta logia a su obediencia en varios de sus viajes a Barcelona y la aceptara rápidamente. Lo que sí es sorprendente es que autorizara un rápido aumento de los grados masónicos de sus miembros. En el verano de 1889 Del Pilar obtuvo el 9º grado masónico y otros filipinos como José María Panganiban, Galicano Apacible y Graciano López Jaena accedieron a los más altos grados de esta institución[41]. Según López Jaena, estos "aumentos de salario" se justificaban por los excelentes resultados de las actividades masónicas de la logia *Revolución*, que ayudaba a aumentar el prestigio de la obediencia masónica dirigida por Morayta[42].

Uno de los logros de la logia fue el notable aumento del número de miembros, que se dio principalmente gracias a la incorporación de la mayoría de los filipinos residentes en Barcelona. De esta forma, *Revolución* se convirtió en la primera logia masónica filipina propiamente dicha, ya que la mayoría de sus miembros provenían del archipiélago asiático. El traslado de Del Pilar y de una buena parte de sus miembros a Madrid a finales de 1889 hizo que solo estuviera activa durante unos meses, pero este taller masónico tuvo consecuencias notables para el desarrollo posterior de la masonería filipina. Por un lado, permitió observar a los miembros del movimiento de la Propaganda que la masonería podía ayudarles en su campaña por la realización de reformas en Filipinas. Por el otro, dio por primera vez la oportunidad a los filipinos de participar libremente en las actividades de un espacio

---

[40] Schumacher, John N.: *The Propaganda Movement...*, pp. 164-168.

[41] Según Schumacher, Morayta las habría aceptado para consolidar su nueva obediencia o por motivos financieros (Schumacher, John N.: «Philippine Masonry to 1890», en *Asian Studies*, vol. 4, 1966, p. 335). Cuartero, por su parte, afirma que para Morayta era una forma de demostrar su buena disposición hacia la colonia filipina. (Cuartero Escobés, Susana: *La Masonería Española en Filipinas..., vol. I*, p. 196).

[42] Sánchez Ferré, Pere: «La Masonería Española y el Conflicto...», p. 489.

de sociabilidad bien estructurado, algo que no podían hacer en el archipiélago sin la autorización y la vigilancia de la administración colonial y de las órdenes religiosas.

Poco después de su llegada a Madrid, Marcelo del Pilar impulsó la puesta en marcha de una nueva logia filipina en la capital de España. El 10 de diciembre de 1889 organizó una reunión junto a Julio Llorente y otros masones filipinos en la que, tras barajar diferentes opciones, decidieron revivir la logia *Solidaridad.* Entre los refundadores de este taller masónico solo había uno que no era filipino lo que podría haber provocado dudas en el Grande Oriente Español[43]. Sin embargo, según el boletín oficial de esta obediencia la logia fue admitida tan solo cuatro días después de su reorganización, por lo que no parece que su carácter casi estrictamente filipino fuera un problema para los dirigentes masónicos españoles[44].

Entre los primeros miembros de la segunda etapa de la logia *Solidaridad* había, además de Del Pilar, seis masones filipinos que habían formado parte de la logia *Revolución* de Barcelona: Dámaso Ponce, Teodoro Sandiko, Aristón Bautista, José Alejandrino, Galicano Apacible y Mariano Ponce. A ellos se les unieron Julio Llorente y otros filipinos residentes en Madrid, en su mayoría estudiantes, como Dominador Gómez, Antonio Luna, Telesforo Sukgang, Pedro Serrano, Baldomero Roxas, José Abreu, Pablo Rianzares o Moisés Salvador. En total, en su primer año de vida pasaron por este taller masónico un total de veintitrés filipinos y a pesar de que se conservan muy pocos documentos sobre sus actividades, parece que se convirtió en uno de los espacios de sociabilidad de predilección de la colonia de filipinos de Madrid[45].

Una de las actividades que parece haber estructurado la vida de esta logia en sus primeros meses de vida fue la celebración de

---

[43] Eso es lo que sugiere John N. Schumacher en *The Making of a Nation...*, p. 169.

[44] Adan Guanter, Manuel: «Una Logia de Filipinos en Madrid: Solidaridad nº 53 (1889-1895)», en *La masonería en la España del siglo XIX*, editado por Ferrer Benimeli, José Antonio (p. 471). Valladolid, Junta de Castilla y León, 1987.

[45] La lista completa de los miembros de esta logia en Schumacher, John N.: *The making of a nation...*, pp. 169-170.

conferencias sobre temas relacionados con la actualidad filipina, como la representación en las Cortes de los habitantes del archipiélago o la enseñanza del español en las islas. Marcelo del Pilar, por su parte, pronunció una conferencia en la que explicaba la misión pendiente que, en su opinión, tenía la masonería en Filipinas. El abogado filipino decía que los que habían sido educados en Filipinas bajo la influencia del fanatismo religioso tenían una visión negativa de la masonería, pero aseguraba que esta había cambiado al tener la oportunidad de entrar en los templos masónicos. Del Pilar afirmaba que esta institución había sido clave para establecer el estado de derecho en las naciones democráticas, incluida España, donde a pesar de algunas deficiencias e imperfecciones, las leyes salvaguardaban la libertad individual. Según él, esto no ocurría en Filipinas, donde existía un régimen tiránico en el que los habitantes no tenían derecho a asociarse ni a expresarse libremente. Por eso pensaba que los masones filipinos debían extender las logias en el archipiélago para que, aunque no fuera en las leyes, se establecieran en «las costumbres populares el amor a la libertad, [a la] igualdad y [a la] fraternidad»[46].

La conferencia de Del Pilar era, en teoría, la continuación de la pronunciada unas semanas antes en la logia *Solidaridad* por José Rizal, que había hablado de los conceptos de «ciencia, virtud y trabajo en el contexto de la masonería moderna»[47]. El discurso de Rizal había sido mucho más teórico y no se había apartado de la ortodoxia masónica, lo que deja entrever que Rizal no tenía la misma visión que Del Pilar con respecto al papel que debía cumplir la masonería en la campaña impulsada por el movimiento de la Propaganda. A pesar de ello, durante su estancia en Madrid en la segunda mitad de 1890 Rizal participó activamente en las tenidas de la logia *Solidaridad* e incluso asistió a los trabajos organizados por otras logias madrileñas.

---

[46] M. Kalaw, Teodoro: *La Masonería Filipina; su Origen, Desarrollo y Vicisitudes Hasta la Época Presente*. Manila, Bureau of Printing, 1920, pp. 28-35.

[47] Rizal, José: «La Masonería, conferencia leída en la logia Solidaridad hacia el año 1891». Consultado en la National Library of the Philippines.

Hay constancia de que el 27 de noviembre acudió junto a Marcelo del Pilar a la logia *Ibérica*, a la que estaba afiliado Miguel Morayta, para debatir acerca de la representación de los habitantes de Filipinas en las Cortes. Era una cuestión que ya había sido tratada en esta logia en presencia de Del Pilar un mes antes, aunque en esta ocasión el debate se centró en el tipo de sufragio que tendría que aplicarse para la elección de los diputados en el caso en el que se otorgara la representación. Varios miembros de la logia *Ibérica* defendieron que, si se concedía, los diputados deberían elegirse por sufragio universal, a lo que Rizal respondió que lo que convenía para Filipinas era el sufragio restringido. Marcelo del Pilar le apoyó en una argumentación que defendía que esa era la única forma de que se impusiera el «elemento liberal», ya que, si votaba toda la población, una gran parte de la misma se dejaría influir por las órdenes religiosas[48].

Unas semanas más tarde, a mediados de diciembre de 1890, la logia *Solidaridad* celebró las elecciones de dignatarios para el año siguiente. Julio Llorente, el más veterano en la logia, fue de nuevo elegido venerable y Marcelo del Pilar fue nombrado primer vigilante. Otros destacados miembros de la colonia filipina en Madrid como Dominador Gómez, Mariano Ponce, Pedro Serrano o Galicano Apacible también ocuparon puestos destacados, mientras que José Rizal fue elegido arquitecto revisor, uno de los cargos de menor importancia[49]. Esta votación parece haberse producido sin ninguna polémica, a diferencia de lo ocurrido dos semanas más tarde en un banquete organizado por los filipinos en la capital de España para celebrar el último día del año. A petición de Rizal, se organizó una elección para elegir al líder de la colonia de filipinos en España, lo que provocó discusiones entre los partidarios del autor del *Noli me Tangere* y aquellos de Mar-

---

[48] Adan Guanter, Manuel: «La Logia Ibérica nº 7 y la Independencia de Filipinas», en *La Masonería en la Historia de España: Actas del I Syomposium de Metodología Aplicada a la Historia de la Masonería Española*, editada por Ferrer Benimeli, José Antonio (pp. 124-125). Zaragoza, Diputación General de Aragón, Departamento de Cultura y Educación, 1989.

[49] Elecciones de cargos para el año 1890-1891. CDMH 736-11.

celo del Pilar. Este acontecimiento cristalizó las diferencias existentes entre los dos líderes filipinos en cuanto a la estrategia a seguir en el futuro en su campaña nacionalista y provocó la salida de Madrid de Rizal, que tras un breve paso por Francia se dirigió hacia Bélgica con el objetivo de publicar su segunda novela.

Del Pilar, por su parte, se mantuvo en España y unos meses después se convirtió en el venerable de la logia *Solidaridad*, que se mantuvo activa hasta mediados de 1894. Además, junto a Mariano Ponce se involucró en la gestión del Grande Oriente Español y ambos llegaron a integrar su gran consejo y obtuvieron los grados masónicos más altos otorgados por esta obediencia[50]. Su implicación en la masonería española facilitó la recogida de firmas a favor de una exposición en el Congreso que pedía la representación en Cortes de Filipinas. Para conseguirlas, los miembros de la logia *Solidaridad* enviaron varios escritos a las logias de la obediencia en los que criticaban la situación política en el archipiélago, mencionaban el apoyo a esta campaña del gran maestre Miguel Morayta e invocaban la mención a las provincias de ultramar realizada en el preámbulo de la constitución de la obediencia, dónde se afirmaba que la masonería debía extenderse en Filipinas para luchar contra el clericalismo. Además, alegaban que el caso de Filipinas era una de las «grandes causas progresivas y liberales»[51] de las que debían ocuparse los masones españoles.

De esta forma, entre 1891 y 1892 los miembros de la logia *Solidaridad* consiguieron reunir unas siete mil firmas de apoyo a la resolución de representación de los filipinos en las Cortes. Esta no fue presentada finalmente hasta 1895 junto a un proyecto de ley que no fructificó, pero el número de firmas recogidas fue todo un éxito y demuestra el apoyo que los filipinos encontraron entre los masones españoles en su campaña política[52].

Los miembros del movimiento de la Propaganda también fueron respaldados por los miembros del Grande Oriente Español en

---

[50] Ortiz de Andrés, María Asunción: *Masonería y Democracia en el Siglo XIX...*, p. 287.

[51] Logia *Solidaridad* a la logia *Firmeza* (Cádiz), 5/IV/1892, CDMH 736-A-11.

[52] Schumacher, John N.: *The Making of a Nation...*, p. 171.

otro importante proyecto: el de expandir la masonería en Filipinas entre los filipinos, que hasta ese momento habían estado apartados de los talleres masónicos existentes en las islas. Según recordaría dos décadas más tarde Mariano Ponce, la idea fue de Marcelo del Pilar, que obtuvo muy rápidamente el apoyo de Miguel Morayta, así como su compromiso de conseguir la autorización de la obediencia para poner el proyecto en marcha[53]. No hay constancia de cómo se consiguió este permiso, pero parece que se discutió en varias estancias de la obediencia, ya que en octubre de 1891 un masón filipino presentó para discusión en la logia *Ibérica* de Madrid un proyecto de reforma para la masonería en Filipinas[54].

Con este proyecto, Del Pilar probablemente pretendía reproducir en Filipinas lo que los filipinos habían experimentado en España gracias a su afiliación a las logias *Revolución* y *Solidaridad*. En estos talleres masónicos los filipinos habían podido formar parte por primera vez de un espacio de sociabilidad bien estructurado en el que se difundían principios liberales y en donde se podía hablar abiertamente de la situación política y social de Filipinas. Se trataba de algo que en España estaba permitido pero que en el archipiélago asiático seguía siendo inimaginable. Sobre todo, para los filipinos, que eran calificados automáticamente de filibusteros si ponían en duda el poder de las órdenes religiosas o pedían la realización de reformas del sistema colonial implantado en Filipinas.

En definitiva, la iniciación de varios filipinos en las logias masónicas españolas y en la década de 1880 y el apoyo de los miembros de esta institución a las reivindicaciones de los integrantes del movimiento de la Propaganda, hicieron que la masonería se convirtiera en un elemento importante dentro de la campaña nacionalista filipina. No solo sirvió para recoger firmas o apoyos políticos en la metrópoli, sino que también dio pie al desarrollo de nuevos espacios de sociabilidad en la colonia asiática.

---

[53] Ponce, Mariano: «La Masonería en Filipinas», en *Hojas Sueltas*, vol. VII (1914).
[54] Adan Guanter, Manuel: «La Logia Ibérica nº 7…», p. 126.

CAPÍTULO 2

Chivos expiatorios de la crisis del modelo colonial español en Filipinas

A finales de octubre de 1896, casi dos meses después del levantamiento organizado por el Katipunan que dio lugar al inicio de la Revolución filipina, el responsable de la guardia civil veterana de Manila, Olegario Díaz, escribió un informe en el que explicaba a sus superiores la génesis del movimiento revolucionario filipino. El escrito comenzaba así:

> Está plenamente comprobado que la masonería ha sido el factor principal para el desarrollo en estas islas, no sólo de las ideas avanzadas y antirreligiosas, sino principalmente para la fundación de sociedades secretas con carácter especialmente separatista[55].

Este guardia civil aseguraba que había adquirido esa convicción tras el examen de múltiples documentos requisados a reconocidos filibusteros filipinos, aunque el principal argumento que utilizaba para demostrarlo era que, según él, no había «ni uno solo de los jefes y organizadores de las asociaciones filibusteras descubiertas» que no fuera masón[56]. Esta tesis la compartía Manuel Luengo, el gobernador civil de Manila, que unas semanas

---

[55] E. Retana, Wenceslao: *Archivo del Bibliófilo Filipino...*, vol. III, p. 332.
[56] Ibidem, p. 336.

antes había enviado un escrito al ministro de Ultramar en el que aseguraba que las investigaciones realizadas habían permitido comprobar que la «infernal masonería» era «la base de la mala semilla sembrada» y el fundamento del Katipunan. Luengo añadía en su escrito al ministro que casi todos los habitantes del archipiélago filipino, «del jornalero al millonario», formaban parte de la masonería y afirmaba que desde que los peninsulares habían sido apartados de las logias, estas se habían dedicado a trabajos separatistas[57].

Esta teoría, utilizada desde muy pronto por las autoridades coloniales españolas para explicar la sublevación de finales de agosto de 1896, era la misma que llevaban defendiendo las órdenes religiosas presentes en el archipiélago desde que los miembros del movimiento de la Propaganda se iniciaron a la masonería en España. En 1898, sus superiores enviaron un escrito al ministro de Ultramar que resumía perfectamente esta hipótesis sobre la crisis del modelo colonial español en Filipinas. En el texto, culpaban a los masones de haber contribuido a difundir «doctrinas revolucionarias» que habían provocado «perturbaciones sociales y políticas» en el archipiélago y aseguraban que la masonería había sido el principal factor de la «desorganización social» que se había producido en la colonia asiática[58].

De esta forma, según los miembros de las órdenes religiosas, en los veinte años que habían separado al motín de Cavite de la creación de las primeras logias realmente filipinas en el archipiélago, no había tenido lugar ningún acontecimiento que hubiera puesto de manifiesto la oposición de los habitantes del archipiélago al sistema colonial. Olvidaban, por ejemplo, la manifestación que tuvo lugar en Manila el 1 de marzo de 1888, cuando cerca de trescientos gobernadorcillos de los suburbios de la capital se manifestaron junto a otros notables de la región pidiendo, entre otras cosas, la expulsión de las órdenes religiosas del archi-

---

[57] Ibidem, p. 250.
[58] *Vindicación de las Órdenes Religiosas en Filipinas Groseramente Calumniadas por la Masonería*. Salamanca, Imprenta de Calatrava, 1899, p. 30.

piélago, la incautación de sus haciendas y la entrega de sus parroquias al clero secular filipino[59].

Esta manifestación fue el acto más importante de una campaña anticlerical iniciada unos meses antes por un grupo de filipinos después de que las órdenes religiosas se opusieran a una serie de modificaciones del sistema colonial a escala local. Se trataban de las únicas reformas que el Gobierno español había impulsado en Filipinas desde el inicio de la Restauración, un período en el que, a diferencia de lo ocurrido en Cuba o Puerto Rico, no se había realizado ningún avance político en el archipiélago. De hecho, la censura y la vigilancia ejercida por el poder colonial con la colaboración de las órdenes religiosas había ido en aumento. Las libertades y las garantías individuales no estaban garantizadas y la libertad de expresión no existía en lo que se refería al clero y a la dominación española. Tampoco había partidos o asociaciones de carácter político, ya que cualquier reunión que no se convocara bajo el control de la administración colonial y de las órdenes religiosas y fuera susceptible de tratar temas políticos, era considerada como potencialmente sediciosa[60]. Eso es lo que había llevado a los miembros del movimiento de la Propaganda a desplazarse a la metrópoli para realizar sus demandas de reformas, pero no significaba que fueran los únicos filipinos descontentos con el sistema colonial existente en Filipinas.

El 6 de enero de 1892 se reunieron en Manila siete masones filipinos para fundar la logia *Nilad*, el primer taller masónico del archipiélago formado exclusivamente por nativos de las islas. Se trataba de Pedro Serrano Laktaw, José Ramos, Moisés Salvador, Timoteo Páez, Lorenzo Tuason, Tomas Tuason y José Kaknio. Probablemente la reunión había sido convocada por Serrano Laktaw, un maestro filipino nacido, al igual que Marcelo del Pilar, en la provincia de Bulacán. En 1888 se había trasladado a España

[59] Blanco Andrés, Roberto: «Enfrentados con "La Propaganda"...», p. 523.

[60] Huetz de Lemps, Xavier: «Una Escuela Colonial de Disimulación», en *Repensar Filipinas: Política, Identidad y Religión en la Construcción de la Nación Filipina*, editado por Elizalde Pérez-Grueso, María Dolores y M. Delgado, Josep (p. 149). Barcelona, Edicions Bellaterra, 2009.

para continuar sus estudios y en Madrid había participado en la campaña propagandista puesta en marcha por su paisano. También se había iniciado a la masonería y había participado activamente a las actividades de la logia *Solidaridad*. Antes de volver al archipiélago había sido nombrado delegado del GOE en Filipinas y la obediencia le había otorgado el poder de iniciar a nuevos masones y de crear talleres masónicos[61].

Para fundar la logia *Nilad*, Serrano contó principalmente con la colaboración de Moisés Salvador, Timoteo Páez y José Ramos, ya que tanto José Kaknio como Lorenzo y Tomás Tuason no tenían prácticamente experiencia masónica. Salvador, al igual que Serrano, había formado parte de la logia *Solidaridad* de Madrid y había vuelto a Filipinas en el mes de abril de 1891. Formaba parte de una rica familia del barrio de Quiapo, en Manila, donde había participado a la colecta de fondos para la campaña nacionalista junto a Timoteo Páez. Este comerciante provenía de otra conocida familia del barrio de Tondo y había sido iniciado a la masonería por Graciano López Jaena, que había hecho una brevísima estancia en Filipinas en la primavera de 1891. Por su parte, José Ramos, que fue elegido venerable de *Nilad*, era el único que había formado parte de las logias masónicas activas en el archipiélago en la década de 1880. Se trataba de un conocido comerciante de Manila, dueño del bazar «La Gran Bretaña», y además de haber participado a la organización de la manifestación del 1 de marzo de 1888, había contribuido a la financiación del movimiento de la Propaganda[62].

El número de miembros de la logia no tardó en aumentar. En poco más de un mes, se incorporaron dieciséis nuevos miembros entre los que se encontraban filipinos como el notario Numeriano Adriano, los abogados Modesto Español y Arcadio del Rosario, los industriales Doroteo Ong Junco y Luis Enciso Villa Real, el cirujano dentista Bonifacio Arévalo, el abogado León Apacible, el

---

[61] Ortiz de Andrés, María Asunción: *Masonería y Democracia en el Siglo XIX: el Gran Oriente Español...*, pp. 302-303.

[62] Schumacher, John N.: *The Propaganda Movement...*, p. 110.

comerciante Sixto Celis y el gobernadorcillo Timoteo Lanuza. Tanto Celis como Lanuza habían participado en la manifestación de 1888 y los otros filipinos mencionados eran conocidos por su relación con los miembros del movimiento de la Propaganda. Pero entre los miembros de la logia *Nilad* también había numerosos empleados, tenedores de libros o dependientes de comercio que no eran conocidos por sus actividades nacionalistas. Especialmente después de que el número de miembros de este taller masónico creciera aún más, ya que entre febrero y junio de 1892 se incorporaron al mismo otros sesenta filipinos.

Probablemente nunca llegaron a reunirse tantos masones en la misma tenida en Manila, ya que desde el mes de marzo los miembros de *Nilad* empezaron a crear otras logias en diferentes zonas de la capital filipina. La primera de ellas fue la logia *Balagtas*, que se fundó en el mes de marzo y fijó su sede en Sampaloc, al este de Manila. En el mes de mayo, un viaje de Pedro Serrano y Lorenzo Tuason por las provincias situadas al norte de Manila provocó la creación de cuatro logias: *Labong*, en Malabon; *Masala*, en San Fernando; *Majestad*, en Bakolor; y *Dampulan*, en Jaen. En ese mismo mes se crearon otras dos logias en Manila: la *Bathala*, en el barrio de Ermita, y la logia *Walana*, en Binondo; mientras que en la segunda mitad del año se fundaron las logias *Taliba* en San José del Trozo, y *Dalisay*, con sede en el barrio manileño de Santa Cruz. De esta forma, a finales de 1892 se habían fundado en Filipinas diez logias del Grande Oriente Español de las que formaban parte más de doscientos filipinos[63].

El nombre elegido por los masones del archipiélago para sus logias pone de manifiesto que en ese momento ya existía una cierta identidad filipina, ya que a pesar de pertenecer a una obediencia española y de utilizar el castellano como lengua en su vida masónica, la mayoría de las logias escogieron como título términos tagalos que en algunas ocasiones hacían referencia a la historia o la cultura de las islas filipinas. Es el caso de la logia *Ni-*

---

[63] Cuartero Escobés, Susana: *La Masonería Española en Filipinas... Vol. I*, p. 122.

lad, cuyo nombre evoca la planta que dio origen al nombre de la capital del archipiélago; o el de la logia *Bathala*, que se refiere a una divinidad tagala prehispánica. Lo mismo ocurrió con los nombres simbólicos elegidos por los masones filipinos al iniciarse en las logias. A pesar de que algunos escogieron nombres que eran habituales en las logias españolas como Cervantes, Prim, Velarde, Dagobert, Saturno, Luz o Terror; la mayoría prefirieron términos tagalos que en ocasiones tenían referencias a la historia o la cultura del archipiélago. Por ejemplo, algunos masones filipinos optaron por el nombre de vegetales endémicos de las islas como el árbol tindalo o la planta medicinal kamagsa, mientras que otros se decantaron por el de jefes prehispánicos como Lapu-lapu, Malitik, Raxa Matanda o Sikatuna. También hubo quien se refirió a episodios más cercanos de la historia del archipiélago, como el masón filipino que eligió como nombre simbólico Noli, en una clara referencia a la primera novela de José Rizal.

Y es que los escritos de los miembros del movimiento de la Propaganda, aunque habían sido censurados en el archipiélago asiático, habían conseguido llegar a diferentes capas de la sociedad filipina que estaban interesadas por la realización de reformas en la colonia asiática. No se conservan las listas de miembros de todas las logias presentes en Filipinas durante este período, pero el análisis de la profesión de los miembros de cuatro de las logias existentes en Manila en 1893, permiten hacer un esbozo del perfil de los masones de los talleres masónicos fundados en Filipinas en la década de 1890.

Las cuatro logias son *Balagtas, Taliba, Lusong* y *Modestia*. Las dos últimas habían sido fundadas en marzo y julio de 1893, en los barrios manileños de Tondo y Quiapo, respectivamente. Durante el año 1893 estas cuatro logias tuvieron en sus filas a un total de cuarenta y nueve filipinos entre los que había seis propietarios o rentistas, cuatro industriales, cuatro hombres de leyes, dos médicos, un cirujano dentista y un comerciante. También había tres agricultores, un militar, un maquinista, un grabador y cuatro artistas, aunque lo que más llama la atención es la cantidad de empleados en sus filas. Diez de los masones de estas logias eran descritos así, como empleados, en las listas de miembros. Pero además había cuatro tenedores de libros, cuatro dependientes de comercio, un cajero de comercio, un escribiente y un pasante de notaria. Es decir, que en total veintiún de los cuarenta y nueve miembros de estas logias podían ser considerados como empleados, es decir, un 42% de los filipinos afiliados a estos talleres masónicos[64].

LOGIAS FUNDADAS EN 1892 EN FILIPINAS

Logia	Sede	1er Venerable	Fecha
Nilad	Binondo (Manila)	Jose A. Ramos (Comerciante)	01/1892
Balagtas	Sampaloc (Manila)	Moises Salvador (Propietario)	03/1892
Labong	Malabon (Manila)	Pedro Camus	05/1892
Masala	San Fernando (Pampanga)	Jose S. Bañuelos	05/1892
Majestad	Bakolor (Pampanga)	Francisco Joven (Agricultor)	05/1892
Dampulan	Jaen (Nueva Écija)	Mamerto Natividad (Abogado)	05/1892
Bathala	Ermita (Manila)	Ambrosio Flores (Militar)	05/1892
Walana	Binondo (Manila)	Marciano Ramirez (Médico)	05/1892
Taliba	San Jose del Trozo (Manila)	Jose Dizon (Grabador)	08/1892
Dalisay	Santa Cruz (Manila)	Sixto Celis (Comerciante)	12/1892

Esta importante presencia de empleados en las logias tiene que ver con el desarrollo en Filipinas en las últimas décadas del siglo XIX de una nueva clase media urbana formada por filipinos que trabajaban para las casas comerciales o para la administración colonial. No tenían un nivel educativo tan alto como el de

---

[64] Listas de miembros de 1893 de las logias *Balagtas* (CDMH 270-A-3), *Taliba* (CDMH 259-A-2), *Lusong* (CDMH 271-A-4) y *Modestia* (CDMH 279-A-1).

los líderes nacionalistas, pero sí el suficiente para acceder a sus escritos y sumarse a sus críticas del sistema colonial, en el que ocupaban un lugar menos favorecido. Esto hacía que tuvieran mucho menos que perder que los miembros de clases más altas de la sociedad filipina y fueran más proclives a incorporarse a actividades que podían ser consideradas como sediciosas por las autoridades coloniales[65]. Ese era el caso de las logias masónicas, sobre todo a partir de la vuelta de José Rizal a Filipinas en el verano de 1892.

El 26 de junio de 1892 José Rizal desembarcó en Manila tras varios años en Europa, dónde había escrito y publicado su segunda novela, *El Filibusterismo*. Posteriormente se había desplazado a Hong Kong y tras intentar crear una colonia filipina en la isla de Borneo, había decidido volver al archipiélago para actuar *in situ* por la realización de reformas en Filipinas. Sin embargo, su estancia en Manila y sus alrededores tan solo duró diez días, el tiempo que las autoridades coloniales tardaron en encontrar una excusa para ordenar su deportación al sur del archipiélago, donde el líder nacionalista se vio forzado a residir hasta unos meses antes de su ejecución en 1896.

A pesar de su breve estancia en Manila, Rizal tuvo tiempo de crear la Liga Filipina, una organización de carácter político que fue fundada en una reunión celebrada en la capital del archipiélago el 3 de julio de 1892. A la misma asistieron una veintena de personas que escucharon a Rizal exponer los objetivos de la Liga y sus argumentos para explicar que la lucha política debía quitar España y volver al archipiélago[66]. Los principales objetivos de la Liga Filipina eran reunir a todo el archipiélago en un cuerpo «compacto, vigoroso y homogéneo», impulsar la educación, la agricultura y el comercio, así como la realización de reformas en Filipinas[67]. No se trataba de una sociedad revolucionaria y parece

---

[65] Cullinane, Michael: *Ilustrado Politics: Filipino Elite Responses to American Rule, 1898-1908*. Quezon City, Ateneo de Manila University Press, 2003, pp. 41-42.
[66] Anderson, Benedict: *Under Three Flags: Anarchism and the Anti-Colonial Imagination*. Londres, Verso, 2005, p. 138.
[67] Ibidem, p. 129.

que con su creación Rizal no aspiraba a mucho más de lo que se había hecho en Cuba una década antes, aunque los rumores sobre su creación bastaron para que las autoridades coloniales aumentaran la vigilancia sobre cualquier actividad que pudiera ser considerada como sediciosa.

De hecho, tras la deportación de Rizal algunos miembros del movimiento nacionalista entre los que se encontraban varios masones filipinos sufrieron represalias. Fue el caso de Mariano Alejandrino, León Apacible y Doroteo Cortés, que fueron obligados a cambiar su lugar de residencia; así como de Pedro Serrano, Antonio Consunji y Ruperto Lacsamana, que perdieron sus cargos de maestro de escuela, gobernadorcillo y teniente mayor, respectivamente[68]. Llama la atención que las autoridades coloniales actuaran en contra de estos masones y no persiguieran a los que habían participado en la reunión fundacional de la Liga Filipina, ya que, de los veinte fundadores de esta organización, doce eran masones.

Además del propio José Rizal, se trataba de Moisés Salvador, Arcadio del Rosario, Bonifacio Arévalo, Numeriano Adriano, Timoteo Páez, Doroteo Ong Junco, Dizón Zamora, Agustín de la Rosa, Mamerto Natividad, Timoteo Lanuza y José Dizón. Los cuatro primeros habían participado en marzo de 1892 a la creación la logia *Balagtas*, mientras que los otros estaban afiliados en ese momento a la logia *Nilad*. Los ochos fundadores de la Liga Filipina restantes no formaban parte de ningún taller masónico en ese momento, aunque cinco de ellos se iniciaron a la masonería varios meses después de la creación de esta organización política: Domingo Franco, Apolinario Mabini, Juan Zulueta, Deodato Arellano y Andrés Bonifacio[69].

---

[68] Logia *Balagtas* al gran consejo del GOE, Manila, 24/I/1893, CDMH 270-A-3.

[69] Andrés Bonifacio parece haber formado parte de la logia *Taliba*, de la que fue venerable José Dizón, aunque no se conserva ningún documento que lo demuestre. En todo caso, no se encontraba entre los diez filipinos que fundaron este taller masónico en agosto de 1892, por lo que su iniciación tuvo que producirse en una fecha posterior («Constitución en Ingreso en la Federación de la Resp. Log. Taliba nº 165 vall. De San José del Trozo (Manila, Filipinas)», CDMH 259-A-2). Ambrosio Salvador, Ambrosio Rianzares Bautista y Marcelino de Santos son los miem-

Estos cinco filipinos fueron los miembros más comprometidos de la Liga Filipina y unos meses después de la deportación de Rizal trataron de reconstruir la organización, aunque no tuvieron mucho éxito. Entre otras cosas, no encontraron el apoyo de muchos masones filipinos, que tras la detención de Rizal consideraban que este tipo de organización era demasiado avanzada para ellos[70]. Los masones que quisieron seguir colaborando con la campaña nacionalista parecen haberlo hecho principalmente a través del Cuerpo de Compromisarios, una nueva agrupación que se limitaba a recaudar dinero y a enviarlo a España para financiar las actividades de Marcelo del Pilar[71].

El fracaso de la Liga Filipina también influyó en el desarrollo del Katipunan, la sociedad secreta que provocaría el inicio de la Revolución filipina en agosto de 1896. Esta había sido fundada por Andrés Bonifacio, Deodato Arellano y José Dizón unos días después de la deportación de José Rizal en julio de 1892, aunque parece que estos filipinos planeaban su creación desde inicios de ese año[72]. Los tres habían asistido a la reunión fundacional de la Liga Filipina pero solo uno de ellos, José Dizón, era masón en ese momento. Se había iniciado en la logia *Nilad* en el mes de marzo de 1892 y en agosto fue uno de los impulsores de la fundación de la logia *Taliba* en el arrabal de San José del Trozo, convirtiéndose en su primer venerable[73]. Andrés Bonifacio y Deodato Arellano probablemente también formaron parte de esta logia en los meses posteriores y es posible que otros katipuneros formaran parte de *Taliba* durante este período, aunque el caso de este taller masónico parece ser una excepción ya que la mayoría de los masones filipinos se mantuvieron alejados de esta sociedad revolucionaria.

---

bros fundadores de la Liga Filipina que no parecen haber formado parte de la masonería durante estos años.
[70] Así lo aseguró Domingo Franco a Marcelo del Pilar en una carta de junio de 1893. M. Kalaw, Teodoro: *La Masonería Filipina...*, pp. 126-127.
[71] Schumacher, John N.: *The Propaganda Movement...*, p. 258.
[72] Richardson, Jim: *The Light of Liberty. Document and Studies on the Katipunan, 1892-1897*. Quezon City, Ateneo de Manila University Press, 2013, p. 1.
[73] «Constitución en ingreso en la Federación de la Resp. Log. Taliba nº 165 vall. De San José del Trozo (Manila, Filipinas)», CDMH 259-A-2.

De esta forma, no parece que la pertenencia a las logias del Grande Oriente Español fuera un factor decisivo en la radicalización de los filipinos, aunque sin duda pudo contribuir a la creación de estas organizaciones de carácter nacionalista al provocar el encuentro de habitantes del archipiélago con inquietudes políticas. De hecho, los masones del archipiélago asiático no consideraban que sus actividades fueran contrarias al dominio español en Filipinas. En una de sus primeras comunicaciones a los dignatarios del Grande Oriente Español, los miembros de la logia *Nilad* pidieron que hicieran todo lo posible para obtener «poco a poco» de los poderes públicos «tolerancia» con las actividades de las logias masónicas en el archipiélago asiático[74]. Algo que nunca consiguieron y que provocó que las tenidas masónicas se celebraran siempre utilizando las técnicas de disimulación que ya se habían vuelto habituales en la vida cotidiana de la sociedad filipina[75].

Incluso antes de la vuelta de Rizal al archipiélago, los masones filipinos habían utilizado la celebración de exámenes públicos en la casa-escuela de Binondo, dirigida por Pedro Serrano Laktaw, para festejar la recepción de los documentos que confirmaban la afiliación de la logia *Nilad* al Grande Oriente Español[76]. Después de la deportación del escritor hubo logias que redujeron el número de asistentes a cada tenida, que empezaron a celebrarse únicamente en casas particulares y con algún evento social como excusa para sortear la vigilancia de las autoridades. Los masones filipinos también llegaron a quemar documentos masónicos para evitar complicaciones con las autoridades coloniales[77].

Esto explica que la correspondencia de Marcelo del Pilar con los masones filipinos sea una de las pocas fuentes disponibles para comprender la evolución de las logias en el archipiélago asiático a partir de 1893. Aparte de las dificultades encontradas por las logias para desarrollar sus actividades, la vida de los masones del

---

[74] Cuartero Escobés, Susana: *La Masonería Española en Filipinas... Vol. I*, p. 116.
[75] Huetz de Lemps, Xavier: «Una Escuela Colonial de Disimulación...», p. 144.
[76] Cuartero Escobés, Susana: *La Masonería Española en Filipinas... Vol. I*, p. 118.
[77] Ibidem, p. 130.

archipiélago estuvo marcada por la creación del Consejo Regional de Filipinas.

La posibilidad de la creación de esta institución estaba reconocida en la constitución del Grande Oriente Español, que tenía un carácter federal, aunque su puesta en marcha en Filipinas se debió principalmente al enfrentamiento que tuvo lugar entre Pedro Serrano, el delegado enviado por el GOE al archipiélago, con buena parte de los talleres masónicos que se habían fundado en Filipinas. El motivo parece haber sido la malversación de fondos por parte de Serrano, que habría utilizado en beneficio propio parte del dinero recaudado por las logias masónicas con el objetivo de financiar la campaña propagandística liderada por Del Pilar en España. Esto parece haber provocado la organización de una asamblea impulsada por Apolinario Mabini que dio lugar a la creación del Consejo Regional, cuyo primer gran maestre fue Ambrosio Flores[78].

La creación de esta institución provocó una notable polémica tanto entre los masones filipinos como entre los dignatarios del Grande Oriente Español en Madrid, que aprobaron su constitución principalmente gracias a la intervención de Marcelo del Pilar. Según el líder propagandista filipino, Miguel Morayta no estaba muy convencido de su utilidad, por lo que en una carta dirigida a los dignatarios del Consejo Regional de Filipinas dio varias indicaciones de lo que, en su opinión, la masonería filipina debía hacer para consolidarse:

> Yo recomendaría al Consejo Regional que a la manera de que en las logias de su obediencia se estudien problemas de organización política, económica, militar de nuestro país. (…). Figuraos que España nos otorgue mañana a la intervención que venimos pidiendo en la gobernación del Estado ¿Qué soluciones concretas y positivas tenemos para ponerla en el actual [en] práctica? ¿Qué reformas tenemos pensadas para mejorar la situación del país, desarrollar sus fuentes de riqueza? Esto es lo que yo quisiera que vayan pensando las logias,

---

[78] M. Kalaw, Teodoro: *La Masonería Filipina...*, pp. 54-73.

que cada cual emita sus ideas y celebren conferencias en materias que dominan, el comerciante sobre comercio, el agricultor sobre agricultura, al militar sobre milicia y ese cúmulo de estudios será fecundo para todos. Así será útil la Masonería[79].

Esta era la concepción de la masonería que Del Pilar había aprendido en España y que había tratado de poner en práctica en Filipinas. Unas semanas antes había dado consejos similares a los miembros de la logia *Modestia*, a los que había animado a trabajar la disciplina y los hábitos de vida colectiva, pues consideraba que la falta de organización del movimiento filipino era el principal motivo por el que las peticiones de reformas no estaban obteniendo los resultados deseados[80].

Sin embargo, a partir de ese momento los masones filipinos tuvieron muchas dificultades para poner en práctica los consejos de Del Pilar, ya que las autoridades coloniales aumentaron notablemente la vigilancia de las actividades masónicas a causa de la presión recibida por parte de las órdenes religiosas. No hay documentos que prueben si los frailes promovieron realmente la persecución de los masones filipinos en el archipiélago asiático, aunque sí se conservan varios artículos publicados en España que demuestran que desde los medios católicos en la península trataron de presionar al Gobierno para acabar con las actividades masónicas en el archipiélago asiático.

En octubre de 1892 ya había aparecido un artículo en el diario *La Unión Católica* en el que se afirmaba que la expansión de las logias entre los filipinos eran responsable de la aparición de «pequeños trastornos» en la colonia[81]. Pero el periódico que más insistió en extender la teoría de que la masonería era un arma en contra de la colonización española del archipiélago asiático fue *La Política de España en Filipinas*, un quincenario que decía de-

---

[79] Marcelo del Pilar al Gran Consejo Regional de Filipinas, Madrid, 17/XII/1893, AGI, Archivo de Camilo García Polavieja y del Castillo, diversos, legajo 25, 8.
[80] Marcelo del Pilar a los miembros de la logia *Modestia*, Madrid, 3/XI/1894, AGI, Archivo de Camilo García Polavieja y del Castillo, diversos, legajo 25, 8.
[81] Feced, Pablo: «La masonería en Filipinas», *La Unión Católica*, vol. 5, nº X (1892).

fender «los intereses españoles en las colonias del Extremo Oriente» y que había sido creado en 1891 para responder a los artículos publicados en *La Solidaridad*. Sus principales redactores eran
Pablo Feced y Wenceslao Retana, dos españoles que habían vivido en el archipiélago y que eran muy críticos con los miembros
del movimiento de la Propaganda.

Entre finales de 1893 y principios de 1894, Pablo Feced publicó una serie de artículos con el título «La masonería en Filipinas»
en los que presentaba lo que, en su opinión, hacían las logias en
el archipiélago tras haber interceptado una serie de documentos
masónicos. Según él, la masonería en las colonias solo podía ser
sinónimo de independencia, por lo que las críticas de los masones a los frailes no eran otra cosa que una conjura contra España,
y los proyectos de expansión de las logias un intento de controlar
cualquier aspecto de la vida política y social en Filipinas. Feced,
que era conocido por sus escritos de naturaleza racista, trataba
con un tono paternalista a los filipinos y les aconsejaba que
abandonaran las logias, ya que los masones no habían hecho «ni
una parte mínima» de lo que los frailes o los militares habían hecho por el progreso del archipiélago[82].

Retana tenía una opinión similar y a finales de febrero de 1895
acusó al general Blanco, que había sido nombrado gobernador general de Filipinas dos años antes, de tolerar la actividad de las logias masónicas filipinas, que según él fomentaban «el odio profun-
do a todo lo español»[83]. Este artículo tuvo bastante repercusión y
probablemente fue lo que provocó una intervención en el Congreso del marqués de Lema. Este político conservador alertó, tras el
inicio de la Revolución cubana, sobre la situación en Filipinas y
aseguró que en el archipiélago existían un «gran número de logias
masónicas que son puramente focos separatistas»[84].

---

[82] Quioquiap (Feced, Pablo): «La Masonería en Filipinas», en *La Política de España en Filipinas*, 5/XII/1893, 19/XII/1893, 2/I/1894, 16/I/1894, 30/I/1894 y 13/I/1894.
[83] E. Retana, Wenceslao: «Los Males de Filipinas», en *La Política de España en Filipinas*, vol. 26, nº II (1895).
[84] «¡En Filipinas No Pasa Nada!», en *La Política de España en Filipinas*, vol. III, nº 26 (1895).

Su intervención coincidió con la publicación en varios periódicos españoles de una carta de un habitante español de Filipinas que aseguraba que «la propaganda masónica filibustera» había extendido el odio a todo lo español y que los indios estaban preparando una matanza de frailes[85]. Un tipo de rumores que estaban realmente circulando en Manila, como había indicado el masón filipino Apolinario Mabini a Marcelo del Pilar en una carta a inicios de 1895. En ese escrito Mabini también aseguraba que las fuerzas del orden habían recibido órdenes para interrumpir las reuniones masónicas y detener a sus asistentes, lo que había provocado la suspensión de las actividades de las logias que seguían activas, ya que a pesar de que sus miembros estaban acostumbrados a llevar a cabo sus trabajos con prudencia, no querían arriesgarse a ser arrestados. El masón filipino se quejaba de esta situación y afirmaba que no podía comprender como, siendo una asociación legal en España, la masonería era perseguida en el archipiélago, «donde se practicaba exactamente de la misma forma que la masonería española»[86].

La situación de las logias masónicas en Filipinas empeoró tras el cambio de Gobierno en España, donde el partido Conservador de Cánovas del Castillo volvió a tomar el poder. A inicios de abril de 1895 el nuevo ministro de Ultramar, Tomás Castellano, se dirigió al gobernador general de Manila indicándole que en Madrid había alarma por «trabajos separatistas» realizados a través de «propaganda masónica» en la que se excluía a los españoles y que se dirigía exclusivamente a los indios[87]. El general Blanco respondió al ministro que se habían destruido los trabajos masónicos «intentados por españoles en Cavite» e informó de que iba a reforzar la vigilancia[88]. A principios de mayo el ministro de Ul-

---

[85] Ibidem.

[86] Mabini, Apolinario: *The Letters of Apolinario Mabini.* Manila, National Heroes Comission, 1965, pp. 25-26.

[87] Ministro de Ultramar al Gobernador General de Manila, 4/IV/1895, AGMM, Depósito de la Guerra. Colección de documentos de la campaña de Filipinas, 5322-10.

[88] General encargado al señor Ministro, 5/IV/1895, AGMM, Depósito de la Guerra. Colección de documentos de la campaña de Filipinas, 5322-10.

tramar se dio «enterado con satisfacción» de las informaciones que le había enviado, aunque le comunicó que, aunque no se tratara de «temibles sociedades secretas», debía proceder contra ellas cualquiera que fueran sus fines[89].

Estas órdenes parecen haber sido definitivas para endurecer la vigilancia de las autoridades coloniales sobre los masones. Poco antes, el general Blanco había creado el Cuerpo de Vigilancia de Manila, una oficina de inteligencia que tenía como objetivo principal obtener informaciones sobre «los filibusteros, los antirreligiosos y los masones», por lo que muchos filipinos relacionados con el movimiento de la Propaganda o sospechosos de formar parte de las logias masónicas fueron puestos bajo vigilancia[90]. De esta forma, los masones se convirtieron en los principales sospechosos de una conspiración separatista de la que en la mayoría de los casos no tenían ninguna noticia.

El 21 de agosto de 1896 el general Blanco envió un telegrama al ministro de Ultramar en el que señalaba el descubrimiento de una vasta organización de «sociedades secretas con tendencias antinacionales». También indicaba la detención de veintidós personas, entre las que se encontraban «el Gran Oriente de Filipinas y otras de significación»[91]. Unos días antes, una denuncia del párroco agustino de Tondo y el registro de la imprenta del *Diario de Manila* habían llevado al descubrimiento del Katipunan, aunque las autoridades coloniales seguían estando muy lejos de conocer la estructura y el funcionamiento de la sociedad revolucionaria. De hecho, las detenciones que se habían llevado a cabo no sirvieron para detener un levantamiento que finalmente se produjo el 29 de agosto y provocó el inicio de la Revolución filipina.

La denominación que el general Blanco utilizó para referirse a las logias del archipiélago denota que el conocimiento del fun-

---

[89] Ministro de Ultramar al Gobernador General de Manila, 6/V/1985, AGMM, Depósito de la Guerra. Colección de documentos de la campaña de Filipinas, 5322-10.

[90] S. Justiniano, Maureen Cristin: «Dissent, Repression, and Revolution in the Late Nineteenth Century Philippines: New Perspectives on the Katipunan, 1892-1897», Tesis de doctorado en Historia, University of Wisconsin-Madison, 2016, pp. 218-219.

[91] «La Insurrección», en *La Política de España en Filipinas*, 15/VIII/1895-15/IX/1895.

cionamiento de la masonería filipina también era un misterio para las autoridades coloniales. Eso provocó que entre los detenidos se encontraran masones como Faustino Villaruel, Antonio Salazar, José Dizon, Moises Salvador, Domingo Franco, Numeriano Adriano o Luis Enciso Villa Real. Estos filipinos pasaron varios meses encarcelados y sus declaraciones, posiblemente obtenidas bajo tortura, fueron utilizadas en el proceso que dio lugar a la ejecución de José Rizal el 30 de diciembre de 1896. También se utilizaron para condenarlos a muerte, ya que doce días más tarde, en el mismo lugar que Rizal, fueron ejecutados junto a otros seis filipinos en lo que se conoce como el fusilamiento de los trece mártires de Bagumbayan.

Estos masones filipinos no fueron los únicos ejecutados tras el inicio de la revolución y muchos otros fueron detenidos o deportados a varios lugares del archipiélago asiático, de la península Ibérica o del norte de África. Sin embargo, su caso pone de manifiesto la dureza con la que las autoridades coloniales trataron a los masones filipinos a pesar de no tener, en la mayoría de los casos, pruebas de su implicación en actividades revolucionarias. Entre los siete masones que formaron parte de los mártires de Bagumbayan solo uno, José Dizon, había sido miembro activo del Katipunan. Los otros seis parecen haber formado parte de la Liga Filipina, pero cuando esta organización se disolvió, en lugar de incorporarse al Katipunan se unieron al Cuerpo de Compromisarios. En realidad, solo unas decenas de los varios centenares de filipinos que se afiliaron a las logias masónicas del archipiélago entre 1892 y 1896 se unieron a la Liga Filipina. Y de entre los que lo hicieron, la mayoría siguieron la misma trayectoria que los seis masones mencionados anteriormente. Solo una pequeña parte de ellos escogió el mismo camino que José Dizon y formó parte del Katipunan.

En conclusión, el guardia civil Olegario Díaz no estaba equivocado cuando afirmó en su informe de 1896 que los jefes de las asociaciones filibusteras descubiertas en Filipinas eran masones, aunque este argumento no parece suficiente para sostener que la masonería fue el principal responsable de la difusión de ideas avanzadas y antirreligiosas en el archipiélago, así como de la aparición de sociedades nacionalistas. A pesar de lo difundido por los medios cercanos a las órdenes religiosas, las ideas reformistas y contrarias al poder de los frailes ya estaban presente en Filipinas desde hacía décadas y se habían difundido de forma notable antes de la creación de las logias gracias a los escritos de los miembros del movimiento de la Propaganda. En cuanto a la Liga Filipina y al Katipunan, la creación de ambas organizaciones estuvo más ligada a la vuelta de José Rizal a Manila y a su deportación al sur del archipiélago que a la labor de la masonería. Los ataques de las órdenes religiosas al escritor filipino y el tratamiento que le reservaron las autoridades coloniales fueron la gota que colmó el vaso de las discriminaciones de las que los habitantes del archipiélago llevaban quejándose desde hace décadas. Eso hizo que algunos filipinos optaran por la vía revolucionaria y se decidieran a crear el Katipunan, una sociedad secreta que seguramente habría aparecido incluso si la masonería nunca hubiera iniciado a filipinos en las logias del archipiélago.

CAPÍTULO 3

Reorganización masónica y clientelismo político al inicio de la colonización estadounidense

Tras el inicio de la Revolución filipina y la persecución iniciada por las autoridades española, las logias masónicas del archipiélago no pudieron retomar sus actividades hasta finales de 1899. A los enfrentamientos entre los españoles y los revolucionarios filipinos les siguió una guerra entre estos y el ejército de los Estados Unidos, que se habían hecho con el control de Manila tras su intervención en la guerra de Cuba.

En principio, los revolucionarios filipinos habían considerado a los estadounidenses como aliados en su lucha contra los españoles y por su independencia, que fue proclamada por el general Aguinaldo el 12 de junio de 1898. Sin embargo, los americanos estimaron que los filipinos no estaban preparados para convertirse en un Estado independiente y pusieron en marcha un sistema colonial que en teoría tenía como objetivo enseñar la democracia a los habitantes del archipiélago. Se trataba de la doctrina de la *benevolent assimilation* impulsada por el presidente William McKinley, que paradójicamente tuvo como primera consecuencia el inicio de esta guerra entre las fuerzas de la Primera República Filipina y de los Estados Unidos.

Este conflicto duró oficialmente hasta 1902, aunque desde noviembre de 1899 el frente estuvo lo suficientemente lejos de Manila como para que la vida en la capital volviera poco a poco a la normalidad. De esta forma, las logias masónicas filipinas tuvieron la oportunidad de reorganizarse, ya que las nuevas autoridades coloniales no ponían ningún impedimento al desarrollo de actividades masónicas. De hecho, desde su llegada al archipiélago los militares americanos habían llevado a cabo trabajos masónicos y tras la llegada de los primeros civiles se organizó una asociación masónica que en 1901 dio lugar a la creación de la logia *Manila*, afiliada a la Grand Lodge of California[92].

Este taller masónico siguió el modelo de todas las asociaciones creadas por los norteamericanos en el archipiélago asiático en las primeras décadas del siglo XX y no admitió a filipinos en sus filas[93]. Solo hay constancia de que un masón nacido en el archipiélago formara parte de los talleres masónicos creados bajos los auspicios de la Grand Lodge of California hasta 1912. Se trata de Manuel Camus, un abogado filipino que se había iniciado a la masonería en Singapur y que formó parte durante varios años la logia *Manila*[94]. Su afiliación parece haber sido excepcional, por lo que, para los filipinos que querían retomar sus actividades masónicas al inicio de la colonización americana las logias del Grande Oriente Español seguían siendo la opción más lógica. La logia *Modestia*, que había sido la última logia en interrumpir sus actividades, no tardó en reorganizarse, aunque tuvo muchas dificultades para atraer a nuevos masones a sus filas. Todo lo contrario le ocurrió a una logia del Grand Orient de France que empezó a reunirse en Manila en 1901 y que tenía como principal impulsor a Trinidad Hermenegildo Pardo de Tavera, el líder del partido político más importante de Filipinas al inicio de la colonización norteamericana.

La primera reunión para reorganizar una logia del Grande Oriente Español tuvo lugar a mediados de noviembre de 1899[95]. Entre los quince masones que asistieron había ocho antiguos miembros del taller, aunque entre ellos no se encontraba Antonio Salazar, el último venerable de la logia en el período español,

---

[92] Gleek, Lewis E.: *The Manila Americans, 1901-1964*. Manila, Carmelo & Bauemann, 1977, p. 64.

[93] Ibidem, p. 63.

[94] «Acta de una conferencia semioficial con la Manila Lodge 342», 6/VI/1904, CDMH 279-A-1 y logia *Balagtas* al gran consejo del GOE, Manila, 20/IX/1910, CDMH 270-A-3.

[95] Logia *Modestia* al gran consejo del GOE, Manila, 24/XI/1899, CDMH 279-A-1.

que había sido uno de los mártires de Bagumbayan. Sí estaba José Reyes y Tolentino, el antiguo secretario de la logia, que también había sido detenido por las autoridades españolas, pero solo había sido condenado al exilio en España. Allí había recibido la ayuda de los masones del Grande Oriente Español, a los que les había prometido que trataría de revivir las logias masónicas a su vuelta al archipiélago asiático[96]. Este parece ser el motivo por el que la logia *Modestia* se reorganizó tan pronto, así como una de las razones de que los masones filipinos no pusieran en duda su afiliación a la obediencia masónica española. En uno de sus primeros escritos al gran consejo del GOE tras su reorganización, los miembros de esta logia expresaron su fidelidad afirmando su «incondicional adhesión y obediencia» al Grande Oriente Español y mostrando su respeto por Miguel Morayta[97].

Los dos primeros años de la logia no fueron fáciles debido a las dificultades para convencer a los antiguos miembros de las logias filipinas de volver a participar en la vida masónica. Hay que tener en cuenta que el contexto social en la capital del archipiélago había cambiado por completo, sobre todo con respecto a la influencia de las órdenes religiosas en el sistema colonial. Tras la llegada de los americanos, los frailes habían perdido todo su ascendiente en la administración colonial y, por ejemplo, los periódicos manileños podían criticar abiertamente a la Iglesia Católica[98]. Esto facilitaba las actividades de las logias masónicas, que ya no contaban con la animadversión de las autoridades coloniales, aunque también limitaba su atractivo. Los talleres masónicos habían dejado de ser el único hogar del anticlericalismo en Filipinas y probablemente eso influyó en las dificultades encontradas en las logias del GOE para atraer a los filipinos en los primeros años de la colonización norteamericana.

---

[96] Así lo afirmaba veinte años más tarde otro de los fundadores de la logia, Nageeb T. Hashim («Los días pasados», en *Acacia*, vol. 30, nº 11 (1920)).

[97] Logia *Modestia* al gran consejo del GOE, Manila, 24/XI/1899, CDMH 279-A-1.

[98] Cullinane, Michael: *Ilustrado Politics...*, p. 59.

Para cambiar esta situación, en 1902 los miembros de *Modestia* anunciaron en la prensa filipina la convocatoria de una asamblea general para masones del GOE activos y durmientes, es decir, que no se encontraban afiliados a ninguna logia en ese momento[99]. El acto de propaganda tuvo efecto, ya que a finales de ese año la logia superó el medio centenar de miembros. Estos masones eran, en su mayoría, filipinos que trabajaban en el mundo del comercio[100]. Entre ellos había un americano de origen libanés, llamado Nageeb T. Hashim[101], y un español, Alfonso Montes. Montes ya había formado parte de este taller una década antes y al inicio de la colonización norteamericana dirigía un periódico titulado *La Fraternidad* que tenía simpatías con el movimiento nacionalista filipino[102]. También formó brevemente parte de esta logia otro periodista, el también autor dramático Aurelio Tolentino, que había sido un miembro destacado del Katipunan y que tras el cambio de colonizador continuaba implicado en la lucha anticolonial mediante la escritura de obras de teatro consideradas «sediciosas» por las autoridades norteamericanas[103]. Entre los miembros de *Modestia* había al menos otros dos antiguos miembros del Katipunan: José Turiano y Estanislao Legaspi; un antiguo general revolucionario: Vicente Lukban; y dos firmantes de la declaración de independencia filipina: el venerable de la

---

[99] Cuartero Escobés, Susana: *La Masonería Española en Filipinas... Vol. II*, p. 20. La convocatoria se publicó en los periódicos *La Fraternidad* y *El Comercio*.

[100] Lista de miembros de la logia *Modestia*, CDMH 279-A-1. En el cuadro lógico del 21 de diciembre de 1902, treinta de los cincuenta y un miembros tenían como profesión «del comercio», «comerciante» o «tenedor de libros». Además, había nueve industriales, tres propietarios, dos medicos, un dentista, un farmacéutico y dos periodistas.

[101] Había llegado a Filipinas en 1892 y gestionaba varios negocios con su hermano, como por ejemplo un comercio de la calle Escolta y el teatro Grand Opera House (Clarence-Smith, William Gervase: «Middle Eastern Migrants in the Philippines: Entrepreneurs and Cultural Brokers», en *Asian Journal of Social Science*, vol. 32, nº 3 (2004) p. 432.

[102] Chea Godoy, Antonio: «La Prensa Filipina en Español Entre Dos Guerras (1899-1941)», en *Revista Internacional de Historia de la Comunicación*, vol. 1, nº 4 (2015), p. 29.

[103] Cullinane, Michael: *Ilustrado Politics...*, pp. 120-121.

logia, Valentín Polintan, y el primer vigilante, Epifanio Cuisia[104]. A pesar de ello, en su declaración de principios, proclamada en 1896 y ratificada en 1900, la logia dejaba claro que respetaba «la autoridad legalmente constituida» y aunque afirmaba que el patriotismo era una deuda «sagrada e ineludible en todo hombre digno de su país», reconocía que la mejor forma de servirla era a través del trabajo honrado[105].

En octubre de 1903, los miembros de la logia *Modestia* continuaron sus esfuerzos por revivir las logias del GOE en Filipinas al reorganizar la logia *Dalisay*. El comerciante filipino Sixto Celis, que ya había sido el venerable de esta logia en 1892, volvió a ocupar este puesto tras la refundación de este taller con sede en el barrio manileño de Santa Cruz[106]. Los miembros de esta logia también se dedicaban principalmente al comercio y a la industria, aunque entre las primeras afiliaciones hubo algunas personalidades residentes en esta zona de Manila como el abogado Ceferino de León, el letrado Modesto Reyes y su hermano Severino, un escritor autor de las primeras zarzuelas en tagalo. También llama la atención que a partir de ese momento se fueron incorporando a esta logia un grupo de masones relacionados con la marina mercante que en 1907 llegarían a constituir casi la mitad de los miembros de la logia[107]. Entre ellos había varios españoles y uno de ellos, Carlos E. Pombo, ocupó unos años más tarde el puesto de venerable de la logia. Este gerente de la compañía de transporte naval Pombo & Caballero fue probablemente el único español en ocupar este cargo en las logias filipinas del GOE durante la colonización americana.

---

[104] Lista de miembros de la logia *Modestia*, CDMH, 279-A-1. Richardson, Jim: «Counting the Signatures on the Declaration of Philippine Independence, June 12, 1898». https://independent.academia.edu/JimRichardson

[105] «Declaración de principios o conclusiones adoptadas por los principales de esta logia Modestia nº 199, en la Federación del Gran Oriente Español. Ratificados por los miembros actuales en unanimidad. Proclamado en 1896. Ratificado en 1900», CDMH, 279-A-1.

[106] «Acta de la reconstitución de la logia *Dalisay*», 28/X/1903, CDMH 276-A-3.

[107] Listas de miembros de la logia *Dalisay*, CDMH, 276-A-3.

Durante su primer año de actividad tras su reorganización, la logia *Dalisay* inició a dieciocho filipinos, afilió a trece antiguos masones y regularizado a otros dos más. Una ejemplo, según el venerable de la logia, de que aún existía «entusiasmo» por la institución masónica en Filipinas[108]. No obstante, en ese momento en Manila había otra logia creada por el político Trinidad H. Pardo de Tavera que ilustraba aún mejor este renovado interés por la masonería en el archipiélago.

Desde su llegada a Manila, los americanos habían buscado la colaboración con las élites filipinas para consolidar su dominio del archipiélago. A pesar de que algunos de sus miembros se habían implicado en el Gobierno revolucionario liderado por el general Aguinaldo, la recién proclamada República filipina generaba muchas dudas entre buena parte de la elite manileña, que no quería poner en peligro su poderío económico ni su posición en la sociedad filipina. Uno de los mejores ejemplos es el de Trinidad Hermenegildo Pardo de Tavera, un reputado médico filipino que había mantenido contactos con militares norteamericanos desde el mes de agosto de 1898. Un mes más tarde había participado en el Congreso de Malolos, que había promulgado la primera constitución republicana de Asia, y a principios de octubre había aceptado el puesto de director de la diplomacia filipina. Sin embargo, no había dejado de mantener contactos con los americanos y se había mostrado favorable al establecimiento de un protectorado filipino bajo soberanía estadounidense. Esto le había llevado a dimitir de su puesto en el gobierno de Aguinaldo un mes después de su nombramiento, situándose claramente del lado de los americanos antes del inicio de la guerra con los filipinos en febrero de 1899[109].

En los primeros años de la colonización norteamericana, Pardo de Tavera fue el mejor colaborador de las comisiones enviadas por el presidente de los Estados Unidos para evaluar la situación

---

[108] Logia *Dalisay* al gran consejo del GOE, 31/XII/1904, CDMH 276-A-3.

[109] Mojares, Resil B.: *Brains of the Nation: Pedro Paterno, T.H. Pardo de Tavera, Isabelo de los Reyes, and the Production of Modern Knowledge*. Quezon City, Ateneo de Manila University Press, 2006, pp. 138-143.

en el archipiélago asiático. De esta forma, cuando William Howard Taft, el nuevo gobernador de las islas, impulsó la creación de un partido político a finales de 1900, la elección de Pardo de Tavera como su primer presidente fue incuestionable[110]. El partido Federal, que sería el grupo político más importante de Filipinas hasta 1907, defendía un aumento de la autonomía filipina y tenía como fin incorporar al archipiélago a la federación estadounidense. Además, estaba a favor de la separación de la Iglesia y el Estado, así como de la americanización de la sociedad filipina. Estos últimos eran dos principios en los que, sin duda, había influido Trinidad H. Pardo de Tavera.

Y es que este filipino era hijo y sobrino de dos abogados conocidos por haber formado parte del grupo de liberales que durante el Sexenio Democrático habían defendido la realización de reformas en Filipinas. Tras la muerte de su padre, Trinidad había quedado bajo la protección de su tío Joaquín, que tras el motín de Cavite en 1872 había sido exiliado y había pasado casi cuatro años en las islas Marianas. En 1875, ante la prohibición de las autoridades de que volviera a Manila, decidió instalarse en París con su familia, incluyendo entre ellos a su sobrino. En la capital francesa Trinidad H. Pardo de Tavera estudió medicina y empezó a escribir sobre la lengua tagala tras haber pasado por la *École Nationale des Langues Orientales Vivantes*. Además, estuvo en contacto con miembros de corrientes de pensamiento radicales y se inició a la masonería en julio de 1891 en la logia parisina *Le Temple de l'Honneur et de L'Union* del Grand Orient de France. Se trataba del mismo taller masónico en el que se había iniciado a la masonería José Rizal y en octubre de ese mismo año los dos filipinos coincidieron en varias tenidas y obtuvieron al mismo tiempo el título de maestro masón[111].

---

[110] Paredes, Ruby R.: *The Partido Federal, 1900-1907: Political Collaboration in Colonial Manila*, Tesis de doctorado en Historia, University of Michigan, 1990, p. 220.

[111] Listas de miembros de la logia *Le Temple de l'Honneur Français*. BNF Département des Manuscrits, Fonds Maçonniques, FM2 977.

A pesar de la amistad que mantenía con algunos miembros del movimiento de la Propaganda, Pardo de Tavera nunca se implicó en su campaña política. Tras su vuelta en Filipinas en 1894 por motivos familiares mantuvo un perfil bajo hasta el inicio de la Revolución, de la que se mantuvo apartado hasta el verano de 1898. No obstante, compartía bastantes de las ideas defendidas por este grupo de nacionalistas, especialmente en lo relativo a la crítica del poder de las órdenes religiosas en Filipinas. A inicios de la colonización norteamericana se convirtió en la bestia negra de la Iglesia Católica en Filipinas y se mostró claramente a favor de la separación de la Iglesia y el Estado y en contra de la enseñanza de la religión en las escuelas públicas. Este posicionamiento, junto a su defensa de la americanización de la sociedad filipina como única vía para su modernización, le costó numerosas críticas de los miembros de la comunidad española en Filipinas, que le acusaron de atacar la colonización española y de ser un desagradecido. Esta polémica llegó a tal punto que el Gobierno de Madrid, tras una petición del cónsul español en Manila, le retiró todas las condecoraciones que había obtenido durante el período español[112].

La biografía de Pardo de Tavera explica los motivos por los que decidió promover la masonería al inicio de la colonización americana, así como su rechazó a afiliarse a una obediencia española. Teniendo en cuenta que las logias americanas no aceptaban a filipinos en sus filas, los más lógico habría sido que se hubiera incorporado a la logia *Modestia* o que hubiera creado otro taller masónico afiliado al Grande Oriente Español, al que además ya habían pertenecido en la década de 1890 buena parte de los masones con los que se disponía a crear la logia. Sin embargo, Pardo de Tavera eligió dirigirse al Grand Orient de France, la obediencia en la que se había iniciado a la masonería durante su estancia en Francia.

En la reunión fundacional de la logia sus miembros decidieron escoger como nombre del taller masónico el apellido de José Ri-

---

[112] Paredes, Ruby R. : *The Partido Federal...*, pp. 319-320.

zal. El encuentro se produjo el 19 de junio de 1901, el día del aniversario del nacimiento del héroe nacional filipino, al que decían tratar de homenajear al crear esta logia[113]. Eso es lo que explicaban en el primer escrito dirigido a la obediencia francesa, en el que justificaban su petición de afiliación por el hecho de que tanto Pardo de Tavera como Rizal habían sido miembros activos de una de sus logias[114].

Es probable que ya hubiera existido una logia del Grand Orient de France en Filipinas unas décadas antes, aunque este hecho no daba ningún derecho especial a la obediencia francesa a afiliar logias del archipiélago. Pardo de Tavera sabía que el Grande Oriente Español no vería con buenos ojos la implantación de un taller masónico del Grand Orient de France en Filipinas y en los meses posteriores a la petición de afiliación a la obediencia francesa, tuvo muchas dudas acerca de si ésta iba a ser aprobada. La respuesta definitiva tardó en llegar más de seis meses y el político filipino creyó que se debía a la falta de colaboración por parte de la obediencia española, que debía enviar a la francesa los títulos masónicos de los miembros de la logia *Rizal* que habían formado parte de sus talleres filipinos en el siglo XIX[115]. Estos se habían perdido a causa de la persecución realizada por las autoridades españolas tras el inicio de la revolución, por lo que la cooperación del GOE era indispensable para confirmar la afiliación de la logia al Grand Orient de France.

El político filipino no se equivocaba, aunque las buenas relaciones existentes entre el GOE y el GOF hicieron que la cuestión se solucionara a inicios de 1902. En un escrito que acompañaba al envío de los diplomas, la obediencia española afirmaba que, aunque deseaba conservar su influencia en un país que todavía consideraba «masónicamente suyo», aceptaba la creación de la

[113] Logia *Rizal* al Grand Orient de France, Manila, 19/VI/1901, BNF Département des Manuscrits, Fonds Maçonniques, FM2 146.

[114] «Procès-verbal de la Constitution de la loge Rizal», Manila, 19/VI/1901, BNF Département des Manuscrits, Fonds Maçonniques, FM2 146.

[115] T.H. Pardo de Tavera al secretario del Grand Orient de France, Manila, 26/XII/1901, BNF Département des Manuscrits, Fonds Maçonniques, FM2 146.

logia ante los hechos consumados y las explicaciones dadas por el GOF[116].

Entre 1902 y 1905 la logia *Rizal* tuvo una actividad notable y logró la afiliación de ciento cincuenta y dos filipinos, entre los que solo cinco abandonaron la logia en este período. Cuarenta y tres de ellos ya se habían iniciado a la masonería en el siglo XIX, la mayoría en los talleres filipinos del GOE, aunque también había algunos como Julio Llorente, Simplicio Jugo Vidal o Aristón Bautista que lo habían hecho en las logias españolas de esta obediencia. Más de la mitad del total de los miembros de la logia eran abogados, médicos, agricultores o propietarios[117]. También había un buen número de comerciantes o empleados de comercio, pero en un porcentaje menor que los de las logias del Grande Oriente Español[118].

Sin embargo, la diferencia más notable con respecto a las logias *Modestia* y *Dalisay* era la presencia de filipinos con cargos políticos en sus filas. En septiembre de 1901 Pardo de Tavera había sido uno de los tres filipinos nombrados en la Comisión Filipina, el principal órgano legislativo del nuevo poder colonial. Pero, además, entre los masones de la logia *Rizal* había miembros del gobierno de la ciudad de Manila, alcaldes de otras localidades, secretarios provinciales y hasta diecisiete filipinos que ocuparían el puesto de gobernador civil de una provincia del archipiélago mientras formaron parte de este taller masónico. Todos ellos eran miembros del partido Federal o estaban en la esfera de este grupo político, que en los primeros años de la colonización norteamericana tuvo la hegemonía a la hora de ocupar los principales cargos de la administración reservados a los filipinos.

---

[116] Grande Oriente Español al Grand Orient de France, Madrid, 10/I/1902, BNF Département des Manuscrits, Fonds Maçonniques, FM2 146.

[117] Ochenta de los ciento cincuenta y dos masones que formaron parte de esta logia ejercían una de estas cuatro profesiones. Había veinticuatro abogados, veintitrés agricultores, diecisiete propietarios y dieciséis médicos. Listas de miembros de la logia *Rizal*, BNF Département des Manuscrits, Fonds Maçonniques, FM2 146.

[118] Ibidem. Veintidós eran definidos como empleados, empleados de comercio, o «clerk», y además había quince comerciantes.

Tras el cambio de colonizador los miembros de la élite filipina habían pasado a ocupar puestos de mayor importancia en el sistema colonial, aunque como durante la época española, la mayoría de ellos eran nombrados por los principales cargos de la administración colonial. Esto provocó la reaparición de un clientelismo que en Manila y en las provincias cercanas a la capital estuvo dirigido por el partido Federal. Los cargos más apetitosos para los miembros de la élite filipina eran los de juez de primera instancia y de fiscal provincial en el caso de los abogados; y los de gobernador o de secretario provincial para los que buscaban tener mayor autoridad a nivel local. En ambos casos, la mejor forma de contar con más opciones para ocupar uno de estos cargos era formar parte del partido Federal o, más precisamente, «tener vínculos con los líderes más influentes del partido»[119].

El éxito de la logia *Rizal* probablemente estuvo ligado al desarrollo de estas relaciones de clientelismo en los primeros años de la colonización norteamericana, ya que Pardo de Tavera no era el único miembro importante del partido Federal que formaba parte de la logia. Tras la confirmación de afiliación al Grand Orient de France, dos de los primeros miembros en iniciarse fueron el abogado Juan Sumulong y el médico José Alemany, que unos meses más tarde entraron a formar parte del directorio del partido al mismo tiempo otros dos miembros de la logia, el propietario Mauro Prieto y el abogado Carlos Ledesma, eran nombrados miembros del consejo de gobierno de los federalistas[120]. Estos cuatro miembros de la élite manileña ocuparían, junto a Pardo de Tavera y al abogado José L. Quintos, los principales cargos de la logia hasta 1905, lo que demuestra la estrecha relación que existió entre este taller masónico y el partido Federal[121].

---

[119] Cullinane, Michael: *Ilustrado Politics...*, p. 69.

[120] Ibidem, p. 101.

[121] En los dos resultados de elecciones en la logia Rizal enviados al GOF, a principios de 1904 y de 1905, Pardo de Tavera había sido elegido venerable, Alemany primer vigilante, Ledesma segundo vigilante, Sumulong orador, Quintos secretario y Prieto tesorero. BNF Département des Manuscrits, Fonds Maçonniques, FM2 146.

La incorporación a la logia de una decena de gobernadores provinciales poco después de la celebración en Manila de una convención del partido entre finales de noviembre y principios de diciembre de 1902 parece indicar que había federalistas que veían en la logia *Rizal* una buena oportunidad para mejorar su situación en el partido. En ese momento, las estrechas relaciones entre los federalistas y las autoridades coloniales estaban provocando disputas internas, ya que era evidente la correlación entre una posición destacada en el partido y la posibilidad de ocupar un alto puesto en la administración[122]. Por lo tanto, el hecho de compartir un espacio de sociabilidad con Pardo de Tavera, José Alemany o Juan Sumulong sin duda atraía a los políticos que se encontraban en una segunda fila dentro del partido. Por otra parte, parece probable que los federalistas más destacados vieran en la masonería una buena oportunidad para mejorar sus relaciones con las élites provinciales, ya que hasta ese momento el partido estaba compuesto principalmente por miembros de la élite de Manila. Uno de los objetivos de la convención de finales de 1902 había sido, precisamente, aumentar los afiliados del partido fuera de la capital[123], por lo que lo ocurrido en el seno de la logia en los dos años posteriores parece estar ligado a esta iniciativa de los federalistas.

Si en los primeros meses de vida de la logia *Rizal* la mayoría de sus miembros residían en Manila, en 1903 y en 1904 el ochenta por ciento de los nuevos afiliados venían de otras localidades filipinas. Esta expansión desde la capital hacia otras zonas del archipiélago fue más importante en varias provincias dirigidas por gobernadores civiles que formaban parte de la logia y, especialmente, en Tarlac y Nueva Écija. De estas dos provincias situadas al norte de Manila, en la parte central de la isla de Luzón, provenían más de cuarenta de las afiliaciones que la logia Rizal registró hasta inicios de 1905 y entre esos nuevos masones se en-

---

[122] Cullinane, Michael: *Ilustrado Politics...*, p. 100.
[123] Ibidem, p. 102.

contraban las personalidades que dominarían la política de estas provincias durante casi una década[124].

El gobernador civil de Tarlac, Alfonso Ramos, se afilió a la logia Rizal en el mes de septiembre de 1902, cuando era el único miembro de la logia con residencia en esta provincia. A partir de ese momento y hasta inicios de 1905 hubo veinticinco habitantes más de Tarlac que se incorporaron a este taller masónico. Más de la mitad se definían como agricultores y nueve de ellos ya habían formado parte de diferentes talleres masónicos durante el período español. Sin embargo, lo más destacado es que entre los nuevos miembros de la logia *Rizal* residentes en Tarlac se encontraban un secretario municipal, un tesorero municipal, el tesorero provincial y el político que reemplazaría a Ramos como gobernador tras vencerle en las elecciones provinciales de 1906: Manuel de León[125]. Entre ellos también se encontraba José Espinosa, que se convertiría en gobernador de Tarlac posteriormente y que en 1912 sería elegido para representar a esta provincia en la Asamblea Filipina, aunque bajo la etiqueta del partido Nacionalista[126].

Por su parte, el gobernador civil de Nueva Écija era Epifanio de los Santos, que había sido nombrado en este puesto por la Comisión Filipina antes de incorporarse a la logia *Rizal* en septiembre de 1902. A partir de ese momento, comenzaron a afiliarse otros residentes en Nueva Écija entre los que había propieta-

---

[124] En total, se incorporaron a la logia veintiséis residentes de Tarlac, dieciséis de Nueva Ecija, nueve de Cagayan, nueve de Nueva Cáceres, siete de Iloílo, seis de Tayabas y seis de la isla de Negros. También había masones con residencia en Albay, Antique, Capiz, Samar, Infanta, Leyte, Pangasinan, Rizal, Zambales, Surigao y Laguna (Listas de miembros de la logia *Rizal*, BNF Département des Manuscrits, Fonds Maçonniques, FM2 146).

[125] El tesorero provincial era el americano Walter E. Jones. A partir de ese momento De León se convertiría en uno de los líderes provinciales con más fuerza del partido y gracias a la «extensa red de contactos» que había establecido, en las elecciones a la Asamblea Filipina de 1907 el partido Progresista (nuevo nombre del partido Federal) obtendría los dos escaños de la provincia de Tarlac. Uno de los dos diputados electos, Aurelio Pineda, también había formado parte de la logia *Rizal* desde 1904 (Cullinane, Michael: *Ilustrado Politics...*, pp. 168 y 296. Listas de miembros de la logia *Rizal*, BNF Département des Manuscrits, Fonds Maçonniques, FM2 146).

[126] Kalaw, Teodoro M.: *Directorio Oficial de la Asamblea Filipina. Tercera Legislatura. Primer período de sesiones*. Manila, Bureau of Printing, 1913, p. 104.

rios, médicos, comerciantes y abogados. De los dieciséis habitantes de esta provincia que se incorporaron a esta logia dos eran alcaldes y uno juez de paz, aunque lo más llamativo es la incorporación del abogado Isauro Gabaldón, que en 1906 se convirtió en el nuevo gobernador civil de esta provincia tras derrotar en las elecciones a Epifanio de los Santos. En ese momento se declaraba independiente e incluso tenía buenas relaciones con su predecesor, que no se preocupó en demasía por su derrota electoral[127]. Sin embargo, tras las elecciones a la Asamblea Filipina de 1907 Gabaldón se convirtió en uno de los principales líderes del nuevo partido Nacionalista y contribuyó a que éste sustituyera al partido Federal como el partido más importante de Filipinas.

Los ejemplos de lo ocurrido entre los miembros de la logia residentes en Tarlac y Nueva Écija son los más destacados, pero hay otros indicios que sugieren que la logia *Rizal* fue utilizada como un lugar para reforzar las redes políticas entre los miembros de la élite filipina que aspiraban a ocupar un puesto en la administración colonial[128]. Entre otras cosas, llama la atención que hasta nueve miembros de la logia fueron elegidos más tarde diputados de la Asamblea Filipina y algunos de ellos, como Juan Sumulong, Arturo Dancel e Isauro Gabaldón, ocuparon un puesto importante en el panorama político filipino incluso después del inicio declive del partido Federal y la pérdida de influencia de Trinidad Hermenegildo Pardo de Tavera[129].

El inicio del fin de la carrera política de Pardo de Tavera tuvo lugar en 1905, cuando William H. Taft, que había dejado de ser gobernador del archipiélago para convertirse en secretario de la guerra en Washington, le pidió que abandonara la Comisión Fili-

---

[127] Cullinane, Michael: *Ilustrado Politics...*, p. 164.

[128] Por ejemplo, Eduardo Feito, que era secretario provincial de Samar cuando se incorporó a la logia *Rizal* en 1903, se convirtió en gobernador de esa misma provincia en 1904 (Reyes, P.: *Directorio Biográfico Filipino, Contiene las Biografías de la Intelectualidad Filipina, Magistrados de la Corte Suprema y Jueces de Primera Instancia, Miembros de la Legislatura, Altos Funcionarios Públicos y Distinguidos Abogados y Médicos Filipinos*. Manila, Germania, 1908, pp. 19-20).

[129] Mojares, Resil B.: *Brains of the Nation...*, p. 105.

pina. Este hecho coincidió con una extraña decisión de los miembros de logia *Rizal*, que en una tenida celebrada el 31 de octubre de 1905 acordaron abandonar el Grand Orient de France. En un escrito enviado a la obediencia francesa los miembros de la logia explicaban que su situación en Filipinas era «absolutamente intolerable» debido a que en la capital se había creado una logia, *la Manila*, que estaba compuesta por «los elementos más distinguidos» de la sociedad americana de la ciudad y que estaba afiliada a la Grand Lodge of California. El problema era que esta potencia masónica no reconocía al Grand Orient de France y, a la inversa, la obediencia francesa no tenía relaciones con la norteamericana. Por eso, los masones de la logia *Rizal* se encontraban con «la dura necesidad» de separarse del Grand Orient de France para integrarse en otra obediencia que fuera reconocida por los norteamericanos[130].

Esta decisión provocó una respuesta airada de Gaston Bouley, uno de los miembros del gran consejo de la obediencia francesa, que a mediados de 1906 dirigió una carta personalmente a Pardo de Tavera reprochándole su decisión. Bouley no comprendía como habiéndose iniciado en una logia francesa, Pardo de Tavera podía abandonar los principios defendidos por el Grand Orient de France, que según él era el que continuaba en la verdadera tradición masónica al conservar como principal misión alcanzar «el progreso y la emancipación». En su opinión, los miembros de la logia *Rizal* deberían haber continuado a defender la «libertad de pensamiento y de consciencia» aunque ello les costara no poder entrar en los templos masónicos de los americanos. De lo contrario, precisaba Bouley con un punto de ironía, lo que tenía que haber hecho Pardo de Tavera era unirse a las logias americanas. De esta forma contaría con las relaciones que tanto deseaba y podría difundir «con prudencia» entre los masones americanos los principios «de libertad y de emancipación intelectual» que había aprendido en sus primeros años como masón y que Bouley

---

[130] «Extrait du procès-verbal de la tenue du 31/X/1905». BNF Département des Manuscrits, Fonds Maçonniques, FM2 146.

esperaba que todavía mantuviera. Al analizar la decisión de Pardo de Tavera y de los miembros de la logia Rizal, este masón francés apuntaba que la situación en Filipinas le recordaba a la de Cuba, donde la masonería también había experimentado una «evolución retrógrada» similar[131].

Bouley se refería a la americanización que había experimentado la Gran Logia de la Isla de Cuba desde el final de la guerra y que se había cristalizado con la ruptura de relaciones con el Gran Orient de France en abril de 1905, tan solo cinco meses antes de que la logia Rizal acordara abandonar la obediencia francesa. Esta decisión de la masonería cubana también había provocado la respuesta directa de un dirigente del Grand Orient de France a los altos cargos de la obediencia caribeña. En su escrito, afirmaba que, al tratar de seguir el modelo de la masonería americana, que «se aristocratizaba, se clericalizaba, se momificaba en un religiosismo totalmente ceremonial» y daba mayor importancia a los ágapes y banquetes masónicos que a las discusiones política, los masones cubanos se alejaban de los principios de la masonería. Además, consideraba que la ruptura con el Grand Orient de France no se trataba únicamente de una cuestión meramente masónica. La pérdida de una identidad masónica cubana era el mejor ejemplo de la pérdida de una identidad cubana propiamente dicha que se estaba produciendo a causa de la americanización de la sociedad y de la «abdicación del latinismo cubano»[132].

Tras esta polémica la logia *Rizal* pasó a solicitar su afiliación a la Grande Loge de France, otra obediencia francesa en la que aparentemente se mantuvo hasta 1909, cuando se incorporó al Grande Oriente Español[133]. En ese momento ya no formaba parte de la logia Trinidad H. Pardo de Tavera, que un año antes había cedido a las demandas de Taft y había decidido abandonar la

---

[131] Gaston Bouley a T.H. Pardo de Tavera, 27/VI/1906. BNF Département des Manuscrits, Fonds Maçonniques, FM2 146.

[132] Soucy, Dominique: *Masonería y Nación: Redes Masónicas y Políticas en la Construcción Identitaria Cubana (1811-1902)*. Santa Cruz de Tenerife, Ediciones Idea, 2006, p. 352.

[133] Cuartero Escobés, Susana: *La Masonería Española en Filipinas... Vol. II*, p. 172.

Comisión Filipina y terminar su carrera política. Quizás este también era el motivo por el que había dejado la masonería, ya que su reincorporación a la vida masónica en el archipiélago había estado muy ligada a su carrera política. En este sentido, llama la atención que incluso uno de los principales colaboradores filipinos de las autoridades coloniales no hubiera podido incorporarse a la logia de la Grand Lodge of California, que se formó prácticamente al mismo tiempo que la logia *Rizal*, y hubiera tenido que recurrir al Grand Orient de France para crear su propio taller masónico. Teniendo en cuenta que Pardo de Tavera defendía la americanización de la sociedad filipina, lo más lógico habría sido que él y sus seguidores se hubieran incorporado a una logia estadounidense, pero el segregacionismo de las asociaciones americanas en Filipinas en los primeros años del siglo XX no lo hizo posible.

En definitiva, durante los primeros años de la colonización norteamericana, el cambio de actitud de las nuevas autoridades con respecto a la masonería en Filipinas facilitó la reorganización de las logias masónicas, aunque también provocó que el atractivo de esta institución disminuyera debido al nuevo contexto político y, sobre todo, a la pérdida de influencia de las órdenes religiosas. Sin embargo, la logia *Rizal* demostró que la masonería podía cumplir una nueva función dentro del sistema político puesto en marcha en los primeros años del siglo XX en Filipinas. Sin embargo, su estrecha relación con el partido Federal hizo que su popularidad disminuyera como consecuencia del declive de este partido, que a finales de la primera década del siglo XX no pudo competir con el auge del movimiento nacionalista filipino.

CAPÍTULO 4

Felipe Buencamino y la resurrección nacionalista de las logias filipinas del Grande Oriente Español

El 30 de diciembre de 1903 los masones filipinos participaron por primera vez abiertamente en un evento público en Manila. Ese día se celebraba el séptimo aniversario de la muerte de José Rizal y en el barrio de Tondo, al norte de la capital, se había organizado un día de conmemoraciones en honor del héroe filipino. La jornada empezó a las ocho de la mañana en el teatro Rizal, donde se reunieron todos los asistentes y los representantes del club Mártires Filipinos, de la sociedad obrera Samahan ng May Pagasa, de la Congregación Presbiteriana de Tondo y de las logias del Grande Oriente Español. Por la mañana se celebró una primera procesión cívica hasta el lugar donde se había fundado la Liga Filipina y se colocó una caja conmemorativa en la base de un monumento dedicado a los creadores de esta organización. Tras un banquete masónico se celebró otra procesión, esta vez acompañando a los restos de Rizal desde su casa familiar hasta el monumento, que quedó inaugurado tras varios discursos. De los ocho filipinos que pronunciaron discursos, cuatro de ellos eran miembros de las logias del GOE y dos hablaron abiertamente de la institución masónica, en una escena que hubiera sido inimaginable durante la colonización española[134].

---

[134] «Programa de fiestas que tendrán lugar en los días 29 y 30 del actual en el Arrabal de Tondo, en honor del Dr. Rizal», CDMH 279-A-1. Logia *Modestia* al gran consejo del GOE, Manila, 15/II/1904, CDMH 279-A-1.

El cambio de actitud de las autoridades coloniales tras la llegada de los Estados Unidos a Filipinas había hecho posible que esta primera aparición pública de la masonería fuera posible, aunque a ello también había contribuido el impulso dado a la masonería filipina por un nuevo grupo de masones que tan solo un mes antes, precisamente en el barrio de Tondo, habían creado una nueva logia del GOE. El título elegido para este taller masónico había sido *Sinukuan,* El nombre simbólico que había utilizado Andrés Bonifacio cuando formó parte de la masonería filipina en los años 1890. Bonifacio había vivido durante muchos años en el barrio de Tondo y algunos fundadores de la logia le habían conocido personalmente, aunque la elección de este nombre parece, sobre todo, una forma de reivindicar la supervivencia del movimiento nacionalista en Filipinas en los primeros años de la colonización norteamericana.

Y es que la colaboración de los miembros del partido Federal con la administración colonial había encontrado muchos críticos en el archipiélago, que consideraban que este grupo político no representaba a la mayor parte de los filipinos. Por ese motivo había habido varios intentos de crear otros partidos de carácter nacionalista, pero las autoridades americanas no lo habían permitido e incluso habían aprobado una ley que prohibía la defensa pública de la independencia de Filipinas. Eso había provocado que el movimiento nacionalista se desplazara hacia otras áreas de la sociedad filipina y contribuyera a la expansión de organizaciones como la Unión Obrera Democrática, el primer sindicato del archipiélago; y la Iglesia Filipina Independiente, una escisión de la Iglesia Católica que en los primeros años del siglo XX fue una verdadera amenaza para la hegemonía católica en Filipinas[135].

Con la elección de *Sinukuan* como nombre de la logia, estos masones señalaban su pertenencia a este movimiento, ya que la figura de Bonifacio había sido en cierto modo olvidada al inicio de

---

[135] Ver Cullinane, Michael: «Emerging Opposition Politics in Manila, 1901-1902», en *Ilustrado Politics: Filipino Elite Responses to American Rule, 1898-1908*, editado por Cullinane, Michael (pp. 73-96). Quezon City, Ateneo de Manila University Press, 2003.

la colonización americana. Al menos así lo aseguraba el periódico filipino *La Redención del Obrero* al hablar del homenaje que había organizado una sociedad obrera en memoria de Bonifacio, que se produjo el mismo día en el que se celebró la primera reunión de la logia *Sinukuan* y al que habían asistido varios de sus fundadores[136]. Puede que esta coincidencia hubiera decidido a los miembros de este taller masónico a elegir ese nombre, aunque también es posible que ya lo hubieran previsto como una forma de presentarse como la antítesis de la logia *Rizal*, formada principalmente por miembros del partido Federal, ya que Rizal era un líder nacionalista cuya memoria los americanos respetaban e incluso fomentaban. En 1902, el 30 de diciembre había sido declarado día festivo en memoria de su ejecución y, unos meses antes, se había dado el nombre de Rizal a una provincia filipina[137]. Nada parecido había ocurrido con Andrés Bonifacio, cuya figura seguía siendo percibida como un ejemplo de la relación existente entre el movimiento nacionalista filipino y la lucha anticolonial.

Cualquiera que fuera el origen de la elección de su nombre, la creación de la logia *Sinukuan* a finales de noviembre de 1903 supuso un antes y un después para la masonería filipina. Este taller masónico fue el primero del Grande Oriente Español durante la colonización americana que no fue reorganizado, sino creado por un nuevo grupo de masones filipinos. Fue fundado por el abogado Felipe Buencamino, el médico Marciano Ramírez, el farmacéutico Daniel Morelos, el industrial Pablo D. Palma, el pastor evangelista Guillermo Zarco y los comerciantes o empleados de comercio Timoteo Páez, José T. Santiago, Bartolomé Páez, Mariano M. Reyes y Pascual Lintag[138].

Solo uno de estos masones había participado a las actividades de las logias del Grande Oriente Español desde la reorganización

---

[136] «Al padre de nuestras libertades», en *La Redención del Obrero,* Año I, nº 10, 10/XII/1903.

[137] Quibuyen, Floro C.: *A Nation Aborted: Rizal, American Hegemony, and Philippine Nationalism.* Quezon City, Ateneo de Manila University Press, 2008, p. 291.

[138] Lista de miembros de la logia *Sinukuan,* CDMH 788-A-2.

de la logia *Modestia* a finales de 1899. Era José Turiano Santiago, un empleado de comercio filipino que había ocupado un puesto destacado tanto en las logias del GOE en el siglo XIX como en la fundación del Katipunan, aunque antes del inicio de la Revolución había sido expulsado de esta sociedad secreta, acusado de haber revelado un documento secreto a un profesor de la Universidad de Santo Tomás[139]. Santiago había sido el autor de un discurso en el homenaje a Rizal sobre las diferencias entre el Katipunan y la masonería, en el que había afirmado que si la primera había buscado «la libertad de los filipinos», la institución masónica defendía «la paz, el orden y el progreso universal»[140].

Otro antiguo masón que había tenido un papel importante en el homenaje a Rizal y que formaba parte de la logia *Sinukuan* era Timoteo Páez. Páez había sido uno de los primeros miembros de las logias del GOE en Filipinas, así como uno de los fundadores de la Liga Filipina, lo que había provocado su detención por parte de las autoridades españolas en 1896. Después de nueve meses de prisión y un breve exilio en Hong Kong, había vuelto a Filipinas junto a los revolucionarios en junio de 1898, aunque poco más de un año después había sido capturado por los americanos y había terminado por aceptar la soberanía estadounidense en el archipiélago. Páez se había incorporado a la logia *Rizal* en 1902, aunque había sido uno de los pocos miembros de este taller masónico que lo había abandonado antes de que dejara de pertenecer al Grand Orient de France en 1905. Lo había hecho sin avisar, probablemente al fundar la logia *Sinukuan*, lo que había provocado las protestas de los miembros de la logia *Rizal*[141].

Algo parecido ocurrió con Ambrosio Flores, que se incorporó a la logia *Sinukuan* a inicios de 1904 después de abandonar la

---

[139] *Filipinos in History Vol. 3*. Manila, National Historical Institute, 1992, pp. 308-309.

[140] Logia *Modestia* al gran consejo del GOE, 15/II/1904, CDMH 279-A-1. Santiago también estaba muy implicado en el movimiento obrero y había asistido a este evento como presidente de la sociedad obrera Samahan ng May pag-asa.

[141] Logia *Rizal* al Grand Orient de France, Manila, 15/VII/1904, BNF Département des Manuscrits, Fonds Maçonniques, FM2 146.

logia *Rizal*, también de una forma polémica[142]. Flores era un antiguo militar que había formado parte del Ejército español y que en los años 1890 había tenido un papel importante en el seno de la masonería filipina, llegando a dirigir el Gran Consejo Regional de Filipinas. Tras el inicio de la revolución había pasado diecisiete meses en prisión y se había unido a las fuerzas del general Aguinaldo, en cuyo gobierno había ocupado puestos importantes. No obstante, se había entregado a los americanos poco después del inicio de la guerra y tras haber participado en la creación del partido Federal, desde 1902 ocupaba el puesto de gobernador de la provincia de Rizal[143]. En 1904 ya no estaba tan ligado al partido Federal y la prensa americana lo calificaba de nacionalista radical, lo que puede explicar su salida de la logia *Rizal*[144].

Santiago, Páez y Flores fueron los miembros más destacados de la logia *Sinukuan* en sus primeros meses de vida junto a Felipe Buencamino, que fue el elegido como venerable de este taller masónico a pesar de contar con mucha menos experiencia masónica que estos filipinos. Este abogado había sido iniciado a la masonería tan solo un año y medio antes gracias a Timoteo Páez, que había dirigido una ceremonia que algunos masones calificaban de irregular y que puede que se llevara a cabo ante la negativa de los miembros de *Modestia* a iniciarlo en su logia[145]. En todo caso, Buencamino parece haber sido el principal impulsor de la fundación de la logia y en los años posteriores se convertiría en el

[142] El abandono de la logia *Rizal* por parte de Flores había provocado las protestas de los otros miembros del taller del Grand Orient de France, que a pesar de haber recibido una carta de Flores dando explicaciones vagas sobre los motivos de su abandono de la logia, lo habían irradiado y habían pedido a su obediencia que le declarara masón irregular (Logia *Rizal* al Grand Orient de France, 15/VII/1904, BNF Département des Manuscrits, Fonds Maçonniques, FM2 146).

[143] Había participado a la creación del partido Federal en 1900 (A. Manuel, Esperidion y A. Manuel, Magdalena: *Dictionary of Philippine Biography Vol. 3*. Quezon City, Filipiniana Publishing, 1986, pp. 248-249).

[144] Cullinane, Michael: *Ilustrado Politics...*, p. 162.

[145] Cuartero Escobés, Susana: *La Masonería Española en Filipinas... Vol. II*, p. 47. La fecha de iniciación de Buencamino a la masonería es el 12 de abril de 1902 («Expediente personal Felipe Buencamino», CDMH, 144-22).

masón más influyente de Filipinas. Su peculiar biografía antes de iniciarse a la masonería permite comprender mejor algunas de las decisiones que tomaría posteriormente en el seno de las logias filipinas del Grande Oriente Español.

Felipe Buencamino nació en San Miguel, provincia de Bulacán, en 1847 y su juventud no fue muy diferente a la de los filipinos que lideraron el movimiento nacionalista en las últimas décadas del siglo XIX. Provenía de una familia mestiza de sangley, es decir, de origen chino, cuyo apellido antes de ser hispanizado era Magalingdaan, un término que Buencamino escogió como nombre simbólico al iniciarse a la masonería. A pesar de que su familia no formaba parte de la élite provincial, Buencamino pudo ser enviado a Manila para realizar estudios de Derecho en la Universidad de Santo Tomás, dónde destacó por sus resultados académicos[146].

Su paso por la universidad controlada por los dominicos también estuvo marcado por sus actividades al frente de un grupo de estudiantes cercano al movimiento liberal que había aparecido en Filipinas tras la Revolución española de 1868. Esto le costó pasar varios meses en prisión en 1869, aunque existen varias versiones acerca de los hechos que provocaron su detención. Parece claro que era el líder de un movimiento denominado Juventud Escolar Liberal que reclamaba la igualdad entre los alumnos españoles y filipinos, así como que era crítico con el control de la educación superior por parte de las órdenes religiosas. La versión más extendida es la narrada por Buencamino en sus memorias, donde afirma que, animado por una conversación mantenida con Antonio M. Regidor, uno de los líderes del grupo de reformistas, decidió utilizar el español en lugar del latín en una clase de derecho romano ante la sorpresa del catedrático, ya que se trataba de algo reservado a los nacidos en la península Ibérica[147]. Otras versiones apuntan a que Buencamino fue detenido por la aparición de no-

---

[146] Paredes, Ruby R.: *The Partido Federal...*, p. 31.
[147] Buencamino, Felipe: *Sesenta Años de Historia Filipina*, pp. 11-13.

tas anónimas en las aulas de la universidad que criticaban la forma en la que los profesores trataban a los estudiantes filipinos[148].

En todo caso, Buencamino pasó por prisión y salió gracias a la intervención de miembros de este grupo liberal como el padre Burgos, que le ayudó a recuperar las clases perdidas. Este sacerdote filipino fue ejecutado en 1872 por las autoridades españolas en la represión que siguió al motín de Cavite, un acontecimiento que puso fin a las actividades de este grupo de reformistas filipinos. También parece que tuvo consecuencias en la actitud de Buencamino, que no volvió a estar implicado en actividades nacionalistas hasta bien entrado el período revolucionario. Otro motivo que puede explicar su pérdida de militantismo es su matrimonio con una mujer proveniente de una familia de la élite provincial de Pampanga, que le llevó a codearse con altos cargos de la administración colonial[149].

Tras terminar sus estudios universitarios, Buencamino ocupó diferentes puestos en la burocracia del sistema colonial y trabajó como abogado[150]. Entre sus clientes parece que estuvieron los miembros de la familia Rizal[151], aunque mantuvo buenas relaciones con las autoridades hasta el inicio de la Revolución filipina. A pesar de ello, según indica en su autobiografía el propio Buencamino, en estos años solía reunirse con un amigo de juventud con el que recordaba el compromiso que habían establecido de trabajar por «la emancipación política» de Filipinas y de vengar las ejecuciones de 1872[152].

En agosto de 1896 Buencamino se encontraba en la provincia de Ilocos Sur, donde ejercía como registrador de la propiedad. Tras la llegada de Fernando Primo de Rivera a Filipinas como gobernador general, Buencamino se puso a su disposición y lideró un batallón de voluntarios filipinos debido a que, según él, había

---

[148] Schumacher, John N.: *Revolutionary Clergy...*, pp. 16-17.

[149] Buencamino, Felipe: *Sesenta años...*, p. 24.

[150] Paredes, Ruby R.: *The Partido Federal...*, p. 515.

[151] Felipe Buencamino, *Sesenta años...*, p. 37.

[152] Ibidem, p. 24.

Álvaro Jimena

mantenido una buena amistad con Primo de Rivera durante su primera estancia en Filipinas en la década de 1880[153]. Así, participó en distintas batallas y obtuvo una condecoración española, la medalla de Carlos III[154]. Después de la tregua de Biak-na-bató y la toma de Manila por parte de los Estados Unidos fue enviado por el nuevo gobernador español para negociar una alianza con el general Aguinaldo. Sin embargo, el líder revolucionario rechazó recibirle y lo tomó como prisionero durante varias semanas. Esta reclusión y las conversaciones con varios oficiales españoles que se habían rendido hicieron que Buencamino decidiera unirse a las fuerzas revolucionarias y publicara un manifiesto para justificar su decisión. En este documento reproducía la carta que había enviado al Capitán General español en Filipinas, en la que explicaba que para él era hora de apoyar al general Aguinaldo porque durante la guerra se había dado cuenta de que los españoles no eran superiores:

> Visto el triste ejemplo de su cobardía y torpeza dejándose copar por los revolucionarios filipinos sin hacer la debida resistencia y poniendo siempre en vanguardia a mis voluntarios, me convencí que los españoles ni son valientes ni son superiores a nosotros y que ya son del todo impotentes para defender su imperio y soberanía sobre los filipinos[155].

Durante un año y medio se mantuvo junto al general Aguinaldo, colaborando en la redacción de la Constitución filipina y ocupando puestos importantes en el gobierno revolucionario[156]. Primero fue secretario personal de Aguinaldo, después secretario

---

[153] Ibidem, p. 43.

[154] Paredes, Ruby R.: *The Partido Federal...*, p. 515.

[155] El manifiesto se titulaba «Felipe Buencamino a sus Queridos Hermanos los Filipinos». CDMH 219-A-1.

[156] Ocupó los puestos de secretario especial de Aguinaldo, secretario de fomento, director de justicia militar y secretario de asuntos extranjeros (Paredes, Ruby R.: *The Partido Federal...*, p. 515). Según Schumacher, tuvo mucha influencia sobre Aguinaldo en lo que a política religiosa se refiere (Schumacher, John N.: *Revolutionary Clergy...*, p. 116).

de fomento, a continuación, director de justicia militar y por último secretario de asuntos extranjeros. Al ocupar este último cargo, en 1899 envió varias comunicaciones al cónsul español en Manila quejándose de la brutalidad de los americanos en la guerra[157]. Sin embargo, en noviembre de ese mismo año fue capturado por las fuerzas estadounidenses y tras cinco meses incomunicado decidió aceptar la soberanía estadounidense. No solo eso, sino que, tras su puesta en libertad se convirtió en uno de los principales defensores de la firma de un acuerdo que trajera de vuelta la paz al archipiélago. Como explicaría Buencamino unos años más tarde, la lectura del código municipal, la ley sobre el matrimonio y el procedimiento criminal implantado por los americanos en Manila hicieron que se diera cuenta de que los derechos por los que se había enfrentado a los españoles «estaban asegurados» con la llegada del nuevo colonizador[158].

En ese momento su decisión sorprendió bastante a los filipinos y sumada a sus anteriores cambios de bando hizo que su desprestigio fuera completo, según el cónsul español en Manila[159]. Parece que los americanos tampoco lo consideraban como un socio de confianza, ya que William Howard Taft llegó a definirlo como un «chaquetero de gran experiencia» y rechazó sus propuestas políticas en varias ocasiones[160]. No obstante, su insistencia a la hora de pedir la creación de un grupo político formado por filipinos que defendiera la paz con los americanos contribuyó a la

---

[157] Felipe Buencamino al cónsul español en Manila, 5, 7 y 9/VIII/1899. Archivo del Ministerio de Asuntos Exteriores y Cooperación, AMAEC-H-1953. Consulado de Manila (1899-1903).

[158] Buencamino, Felipe: *United States Congress House, Committee on Insular Affairs, Statement before the Committee of insulars affairs on conditions in the Philippines Islands by Felipe Buencamino*. Government Print office, Washington, 1902, p. 36.

[159] El cónsul español en Manila al ministro de Estado (Manila, 31/VIII/1900, Archivo del Ministerio de Asuntos Exteriores y Cooperación, AMAEC-H-1953, Consulado de Manila (1899-1903)).

[160] Taft utiliza la expresión *turncoats of great experience* para definir en una carta a Buencamino y a Pedro Paterno, otro filipino que también hizo gestiones para intentar llegar a un acuerdo de paz (Paredes, Ruby R.: *The Partido Federal...*, p. 219).

creación del partido Federal[161]. Buencamino participó en la reunión fundacional del partido en noviembre de 1900 y en los dos años siguientes ocupó un lugar destacado en su organización, aunque no fue nombrado para ocupar ningún puesto destacado en la administración colonial[162]. Estos cargos fueron otorgados a los miembros del partido que habían apoyado a los americanos desde su llegada a Manila y que defendían la incorporación del archipiélago a la federación norteamericana. Buencamino no mantenía una buena relación con estos federalistas, entre los que se encontraba Pardo de Tavera, y su viaje a Estados Unidos en 1902 degradó aún más su situación en el seno del partido.

En Washington, Buencamino compareció ante la comisión de asuntos insulares del Congreso americano y realizó una serie de declaraciones sorprendentes con respecto a los motivos por los que apoyaba la soberanía de los Estados Unidos en el archipiélago asiático. Tras calificar a William Howard Taft de ídolo para los filipinos a la misma altura que Rizal o Aguinaldo, Buencamino afirmó que quería ser ciudadano americano y que, si Filipinas se convertía en una colonia, no volvería a las islas. Más tarde, trató de negar el haber luchado contra los filipinos y explicó que si se había unido a los revolucionarios era porque no podía ser «más español que los españoles». Por último, reconoció que si quería convertirse en americano no era «por amor» sino por conveniencia: ya que los filipinos habían obtenido numerosas ventajas sin gastar un céntimo y que estaban protegidos frente a los ataques de naciones extranjeras, ¿cómo no iba a estar a favor de formar parte de los Estados Unidos?[163]

---

[161] Ibidem, pp. 215-218.

[162] Se convirtió en el único miembro filipino del «Civil board service», un puesto de responsabilidad pero que no tenía la influencia de los ocupados por otros miembros del partido (Cullinane, Michael: *Ilustrado Politics...*, p. 68).

[163] «Now we have all those advantages without spending a cent, and we are free from the threats of other foreign nations. Why should we not be Americanists? It would not be for love we do this, if you do not wish that it be so, but it is for the natural convenience of every man; we must be Americains» (*Statement before the Committee of insulars...*, United States Congress House, Committee on Insular Affairs, p. 50).

Unos años más tarde Buencamino trataría de explicar sus palabras en esta comparecencia afirmando que en ese momento consideraba que la independencia inmediata de Filipinas podía provocar una guerra civil, y que por ello pensaba que la mejor opción era la anexión a los Estados Unidos en vista de una futura independencia en lugar de la colonización que se había dado finalmente[164]. De todas formas, las declaraciones no fueron del agrado de buena parte de los miembros del partido Federal, que en octubre de 1902 aceptaron su dimisión, presentada tras una polémica con uno de los líderes del partido[165]. Esto provocó el abandono de la primera línea política filipina por parte de Buencamino, que no tardó en acercarse a los miembros del movimiento nacionalista de oposición a los federalistas que había surgido en Manila unos meses antes.

Ante la imposibilidad de crear partidos nacionalistas, Buencamino se centró en la colaboración con organizaciones anticlericales. Antes de abandonar el partido Federal, en 1901, había sido nombrado presidente de la congregación Presbiteriana de Tondo y había colaborado con varios misioneros llegados desde Estados Unidos, contribuyendo decisivamente a que varios miles de filipinos asistieran cada domingo a servicios religiosos protestantes[166]. También había estado implicado en las protestas celebradas en Tondo en contra de la devolución de las parroquias a las órdenes religiosas[167] y fue una figura clave en la creación de la Iglesia Filipina Independiente. A Buencamino se le considera como uno de los filipinos que contribuyó a crear un clima contrario a la Iglesia Católica al inicio de la colonización norteamericana, lo que llevó a los sacerdotes filipinos a romper su vínculo con Roma y crear esta

---

[164] Buencamino, Felipe: «Declaraciones del Sr. Buencamino. No le ha Comprendido el País», en *El Renacimiento*, vol. 26, nº VI (1907).

[165] Cullinane, Michael: *Ilustrado Politics...*, p. 99.

[166] Clymer, Kenton J.: *Protestant Missionaries in the Philippines, 1898-1916: an Inquiry into the American Colonial Mentality*. Urbana, University of Illinois Press, 1986, pp. 115-116.

[167] Paredes, Ruby R.: *The Partido Federal...*, p. 285.

organización[168]. El abogado filipino también colaboró de forma más concreta y, por ejemplo, fue uno de los principales organizadores de la ceremonia inaugural de la IFI, que tuvo lugar a finales de octubre de 1903 en el barrio de Tondo y en la que tuvo un papel clave junto a otros dos futuros miembros de la logia *Sinukuan*, Timoteo Páez y el farmacéutico Daniel Morelos[169].

Por lo tanto, la incorporación de Buencamino a las logias del GOE en Filipinas parece ser un paso más en su camino como militante anticlerical. El abogado filipino encontró en las logias masónicas en lugar ideal para propagar sus ideas contrarias al poder de la Iglesia católica y se convirtió en muy poco tiempo en el masón más destacado del archipiélago. En los textos que publicó en los años posteriores en las revistas masónicas filipinas no dudaba en recordar constantemente que la misión de la masonería en las islas consistía en destruir «el fanatismo, la intolerancia y el despotismo» inculcado por la Iglesia Católica[170]. Por ese motivo, animaba a los masones a actuar en diferentes ámbitos de la sociedad filipina, especialmente en la educación. Creía que era necesario crear centros de enseñanza laicos que lucharan contra la educación «atrasada» y «reaccionaria» difundida desde las universidades controladas por las órdenes religiosas. De hecho, él mismo creó en Tondo un centro educativo llamado Rizal University, que tenía como objetivo «cultivar la inteligencia para hacer de la Razón la soberana de la vida»[171].

A inicios de la colonización americana Buencamino también era un notable propietario y en 1904 cedió uno de sus locales en Manila para que sirviera como templo masónico de las logias *Modestia*, *Dalisay* y *Sinukuan*. Su inauguración tuvo lugar en el mes de abril de 1904 y a partir de ese momento el número de miem-

---

[168] Schumacher, John N.: *Revolutionary Clergy*..., p. 224.

[169] Achutegui, Pedro S. de y Bernad, Miguel Anselmo: *Religious Revolution in the Philippines; the Life and Church of Gregorio Aglipay, 1860-1960*. Manila, Ateneo de Manila, 1961, pp. 199-200 y 253.

[170] Magaling-daan: «La masonería en Filipinas», en *Delta*, vol. X, nº 5 (1906).

[171] Buencamino, Felipe: «Labor Masónica», en *Boletín Oficial de la Gran Logia Regional de Filipinas*, vol. X, nº 30 (1908).

bros de las logias del GOE fue aumentando de manera progresiva. Hasta finales de 1906 se produjo la creación de seis nuevos talleres masónicos. La mayoría de ellos se fundaron gracias a la iniciativa de miembros de la logia *Sinukuan,* que se habían marcado como objetivo alcanzar las siete logias activas necesarias, según los estatutos del Grande Oriente Español, para crear una estructura regional similar al Consejo Regional de los años 1890.

La primera logia surgida gracias a la labor de la logia *Sinukuan* fue la logia *Mabini,* fundada en la localidad de Aparri, provincia de Cagayán. El principal impulsor de la creación de este taller masónico fue Venancio Concepción, un antiguo general revolucionario que había sido de los primeros en incorporarse a la logia *Sinukuan* y que era conocido en el movimiento de oposición nacionalista de Manila[172]. Concepción era originario de la provincia de Cagayán y desde finales de 1905 pidió permiso para iniciar a nuevos masones en esta zona del norte de la isla de Luzón. De esta forma creó un triángulo masónico que gracias al rápido aumento del número de miembros en pocos meses se convirtió en logia, adoptando como título el apellido del líder revolucionario Apolinario Mabini. A inicios de 1908 la logia ya había iniciado a setenta y tres filipinos y había construido un templo masónico[173]. Entre los miembros de la logia se encontraban personalidades destacadas de esta zona y parece que tuvo una influencia considerable en la política de esta provincia. En el seno de la logia llegó a decidirse cuál de sus miembros debía mantener su candidatura ante las elecciones a presidente municipal para no provocar discordias entre masones[174], y en 1909 el propio Venancio Concepción fue elegido diputado en las segundas elecciones a la Asamblea Filipina por esta provincia[175].

---

[172] Cullinane, Michael: *Ilustrado Politics...*, p. 81.

[173] *Boletín Oficial Grande Oriente Español,* vol. VIII, nº 22 (1906). Año XIV, nº 172.

[174] «Memoria leída en la tenida del 18 de enero de 1908, logia *Mabini*», CDMH 274-A-3.

[175] También se presentó en 1912, aunque fue batido por el nacionalista Crescencio V. Masigan (Kalaw, Teodoro M.: *Directorio Oficial de la Asamblea Filipina...*, p. 49).

Más cerca de Manila, en la localidad de Cavite, los miembros de la logia *Sinukuan* también impulsaron en septiembre de 1906 en Cavite la creación de la logia *Bagong Buhay*. Todos sus fundadores ya eran masones, pero habían pertenecido a otras obediencias masónicas, por lo que Timoteo Páez, miembro de la logia *Sinukuan*, se desplazó a esta localidad situada a unos kilómetros al sur de la capital para regularizarlos y presidir la inauguración de este taller masónico[176]. Esta logia también tuvo un éxito considerable y hasta 1909 inició a medio centenar de filipinos. Además, impulsó la creación de varias logias en la provincia de Cavite a las que unos años más tarde se incorporarían varios filipinos que habían jugado un papel importante durante el período revolucionario, como el general Emilio Aguinaldo[177].

En 1906, unos días antes de la creación de la logia *Bagong Buhay*, los miembros de la logia *Sinukuan* habían impulsado la reorganización de tres logias en Manila: *Walana*, *Lusong* y *Nilad*. La primera de ellas, con sede en el arrabal de Binondo, fue reorganizada por ocho masones que ya habían formado parte de la misma en los años 1890[178]. Las otras dos, sin embargo, volvieron a estar activas gracias a miembros de la logia *Sinukuan*, que trataban de revivir los talleres masónicos que habían existido en la capital filipina al final del período español, aunque no tuvieran ninguna relación con estas logias más allá de ser masones del Grande Oriente Español[179]. De hecho, los primeros venerables de

---

[176] Los diez masones reunidos el 4 de septiembre de 1906 para crear esta logia habían formado parte de diferentes logias en el siglo XIX: Ladislao Diwa, Catalino Nicolas, Hugo Adorable, Hermenegildo Maldonado, Gregorio Medina, Andrés Perez, Eulogio Santiago, Basilio San José, y Juan M. Santos. Los cuatro últimos eran miembros de las logias del Grande Oriente Nacional de España. Ladislao Diwa, por su parte, había sido miembro de la logia *Taliba,* la más cercana al Katipunan, y también había formado parte de esta sociedad secreta (Cuartero Escobés, Susana: *La Masonería Española en Filipinas... Vol. II*, p. 111).

[177] Aguinaldo se incorporó a la logia *Pilar* en junio de 1914, reuniendo a cerca de doscientos hermanos en la ceremonia de afiliación («El Ven. H. Emilio Aguinaldo», *Hojas Sueltas*, vol. VII (1914)).

[178] Cuartero Escobés, Susana: *La Masonería Española en Filipinas... Vol. II*, p. 88.

[179] Ibidem, p. 69, nota 112.

la logia *Lusong* y *Nilad* en el siglo XX fueron dos jóvenes filipinos que habían nacido después de 1880, por lo que no podían haber formado parte de estas logias durante la colonización española.

El nuevo venerable de la logia *Nilad* tras su reorganización fue Ramon Diokno, un filipino que tenía muy buena relación con Felipe Buencamino y que a pesar de su juventud en ese momento era presidente de la Unión del Trabajo de Filipinas, un sindicato creado tras la desaparición de la Unión Obrera Democrática. En muy poco tiempo Diokno consiguió popularizar de nuevo la logia *Nilad*, que rápidamente volvió a convertirse en una de las logias más importantes de Manila. En un escrito enviado al gran consejo del GOE en septiembre de 1906, Diokno afirmaba que en el archipiélago asiático se estaba viviendo un «verdadero período de resurrección masónica» gracias a la propaganda que estaban realizando los miembros de la logia *Sinukuan*[180]. Sin embargo, también alertaba acerca de un supuesto peligro de absorción de las logias del GOE por la masonería norteamericana, que estaba tratando de atraer a los masones filipinos.

Se trata de un argumento similar al utilizado por Buencamino en una carta enviada a la obediencia española en la misma fecha. En ella Buencamino afirmaba que era necesario crear una estructura regional para impedir que los masones norteamericanos monopolizaran la institución en las islas. Según el abogado filipino, los estadounidenses habían pedido una autorización a su obediencia para crear su propia gran logia y utilizar el castellano como una de las lenguas oficiales:

> Existe un verdadero peligro, serio y formal para la familia masónica española en estas Islas. Con el idioma castellano ellos quieren introducirse en todos los puntos de Filipinas; con eso mismo y con la gran logia que piensan instalar quieren ahora ahogar la familia masónica española en estas islas y con ella a nosotros los que somos de esa obediencia. (…) Somos leales al Grande Oriente Español y nada hay que ante ella nos tenga preferencia, como no sea nuestra eman-

---

[180] Logia *Nilad* al gran consejo del GOE, Manila, 3/IX/1906, CDMH 289-A-1.

cipación en el futuro cuando tengamos condiciones bastantes para erigirnos en oriente independiente con la venia y aprobación de nuestro querido Grande Oriente Español[181].

Este fragmento llama la atención por la ambigüedad del mensaje de Buencamino, cuyas palabras recuerdan a los discursos en los que trataba de explicar sus cambios de bando durante el período revolucionario. Al mismo tiempo que decía preocuparse por el futuro del GOE en Filipinas, afirmaba que aspiraba a obtener la independencia masónica, aunque no reconocía que probablemente ese era uno de los motivos por los que deseaba crear una estructura regional. En todo caso, el problema era que según la constitución del GOE se necesitaban siete logias para crear una logia regional y en ese momento algunos de los nuevos talleres masónicos creados en el archipiélago todavía no habían recibido su carta constitutiva de la obediencia española. Por ese motivo, Felipe Buencamino pedía flexibilidad al gran consejo de la orden y planteaba la siguiente pregunta: «¿La Masonería se ha hecho para la Constitución, o la Constitución para la Masonería?»[182].

Buencamino no esperó a recibir una respuesta del Grande Oriente Español y seis días más tarde envió un nuevo escrito en el que comunicaba que los masones filipinos habían creado la Gran Logia Regional de Filipinas y pedía su afiliación al Grande Oriente Español. En el escrito enviado al gran consejo de la obediencia, Buencamino, que había sido elegido gran maestre de la nueva entidad regional, resumía la evolución de la masonería en el archipiélago desde la reorganización de la logia *Modestia* y volvía a presentar como principal argumento a favor de la creación de la Gran Logia Regional el peligro de ser absorbidos por la masonería norteamericana[183]. No obstante, en su escrito, Buencamino también hacía referencia a las dudas de algunos masones filipinos, que consideraban la creación de esta logia prematura al no ha-

---

[181] Logia *Sinukuan* al gran consejo del GOE, Manila, 3/IX/1906, CDMH 788-A-2.
[182] Ibidem.
[183] Logia *Sinukuan* al gran consejo del GOE, Manila, 9/IX/1906, CDMH 788-A-2.

berse regularizado la situación de al menos siete logias del GOE en el archipiélago. Esto había provocado un largo debate entre los asistentes a la reunión fundacional de la Gran Logia Regional, aunque finalmente los masones filipinos habían decidido aprobar su creación debido a que, en su opinión, existía «un peligro inminente» que trataba de suprimir la jurisdicción del Grande Oriente Español en Filipinas[184].

En resumen, después de unos inicios difíciles al principio de la colonización norteamericana, en 1906 las logias del Grande Oriente Español en Filipinas habían recuperado la popularidad que habían tenido durante el período español y habían conseguido fundar una estructura regional similar al Consejo Regional de Filipinas que había sido organizado en 1893. Esta evolución se había dado principalmente gracias al impulso de un nuevo grupo de masones organizados alrededor de Felipe Buencamino y que estaban relacionados con el movimiento nacionalista de oposición al partido Federal que había surgido en Manila. Ellos habían animado a los masones durmientes a reorganizar sus logias y cuando no habían tenido respuestas positivas lo habían hecho ellos mismos o habían creado nuevos talleres masónicos. Esto les había permitido plantearse la creación de la Gran Logia Regional de Filipinas, que finalmente habían fundado a pesar de las dudas sobre su legalidad. Para ello, habían alegado la existencia de un peligro de absorción por parte de la masonería norteamericana y la necesidad de salvaguardar la permanencia de la obediencia española en Filipinas.

Esta decisión, sin embargo, iba a provocar una gran polémica entre Felipe Buencamino y algunos de los miembros de las logias del GOE en el archipiélago, que eran muy críticos con la orientación que el abogado estaba dando a la masonería filipina.

---

[184] Ibidem.

CAPÍTULO 5

Cuando la política inunda la vida masónica: la Gran Logia Regional de Filipinas y las elecciones de 1907

Hasta 1904 las relaciones entre los masones filipinos y los masones norteamericanos residentes en el archipiélago asiático habían sido prácticamente inexistentes. Ese año, el venerable de la logia *Manila*, que estaba formada por hombres de negocios y altos funcionarios americanos[185], hizo una consulta a la Grand Lodge of California preguntando acerca de sus relaciones con el Grande Oriente Español. Hasta ese momento los masones norteamericanos habían considerado irregulares las logias del GOE en Filipinas e incluso habían puesto en marcha una campaña para desacreditarlas[186]. Sin embargo, los dirigentes de la gran logia californiana respondieron al venerable Squier que reconocían al Grande Oriente Español como potencia masónica regular, y que los masones americanos y los filipinos podían considerarse como miembros de una «misma familia universal»[187].

Esta comunicación provocó la primera visita de los miembros de la logia *Manila* a los talleres del GOE, que tuvo lugar el 2 de junio de 1904. Según el acta enviada por Valentín Polintán, los masones filipinos recibieron con «simpatía y regocijo» a los masones americanos. El estadounidense H. G. Squier fue el que to-

---

[185] Una de las pocas referencias sobre la composición de esta logia americana es la que aparece en Gleek, Lewis E.: *The Manila Americans...*, p. 64.

[186] Cuartero Escobés, Susana: *La Masonería Española en Filipinas... Vol. II*, p. 20.

[187] Logia *Modestia* al gran consejo del GOE, 19/VI/1904, CDMH 279-A-1.

mó durante más tiempo la palabra para comunicar a los masones filipinos que les visitaba debido a que tras la consulta a la Grand Lodge of California consideraba que era su deber establecer relaciones fraternales entre sus logias[188]. Las palabras de Squier fueron bien recibidas por los masones filipinos, que unos días después solicitaron al GOE establecer un pacto de alianza entre sus logias y la logia *Manila*[189]. Además, en la misma reunión algunos filipinos respondieron a Squier. El más destacado fue Felipe Buencamino, que subrayó el hecho de que después de la persecución que había sufrido la masonería en Filipinas, «la noble nación americana» permitiera a las logias reunirse libremente. Además, afirmó que la visita de los masones americanos era muy importante para el futuro de la masonería en Filipinas, ya que solo con la unión de todos los masones del archipiélago se podrían alcanzar los objetivos de la institución masónica[190].

Esta vez las palabras de Buencamino parece que eran sinceras, ya que en las semanas posteriores estuvo tratando con los masones americanos la posibilidad de fusionar las logias del GOE con la logia *Manila* para crear una nueva obediencia filipina. En la sede del Grande Oriente Español en Madrid conocieron la existencia de estas conversaciones gracias a una carta del masón filipino Sixto Celis, venerable de la logia *Dalisay*, que aseguraba que este proyecto había sido planteado por el venerable de la logia *Sinukuan*. A él se había opuesto principalmente el venerable de la logia *Modestia*, el filipino Tomás Alfonso, que consideraba que era irrealizable y que significaría un «desagradecimiento sin precedentes» hacia el Grande Oriente Español[191].

La obediencia española reaccionó nombrando a Valentín Polintán, uno de los miembros de la logia *Modestia*, nuevo delegado del GOE en Filipinas. Polintán envió a una carta a Buencamino

---

[188] «Acta de una conferencia semioficial con la Manila Lodge 342, F&AM, de Manila, Islas Filipinas», 6/VI/1904, CDMH 279-A-1.
[189] Logia *Modestia* al gran consejo del GOE, Manila, 19/VI/1904, CDMH 279-A-1.
[190] «Acta de una conferencia semioficial con la Manila Lodge 342, F&AM, de Manila, Islas Filipinas», 6/VI/1904, CDMH 279-A-1.
[191] Logia *Dalisay* al gran consejo del GOE, Manila, 10/II/1905, CDMH 276-A-3.

pidiéndole explicaciones acerca de esas conversaciones y el abogado filipino respondió afirmando que no habían tenido ningún carácter oficial y que el proyecto había fracasado «en su propia génesis». Además, volvía a alabar la labor que el Grande Oriente Español había llevado a cabo en el archipiélago, no abandonando nunca a los masones filipinos a pesar de «las extremadas desavenencias políticas» que habían separado al pueblo español y al pueblo filipino[192].

Las tensiones aparecidas tras la reunión de 1904 parecen estar al origen de las que volvieron a resurgir tras la reunión fundacional de la Gran Logia Regional de Filipinas, ya que tanto los miembros de la logia *Dalisay* como los de la *Modestia* se opusieron a su aprobación por parte del Grande Oriente Español. Los miembros de estas logias no tardaron en enviar escritos a Madrid en los que denunciaban las numerosas irregularidades que se habían producido a la hora de crear la Gran Logia Regional de Filipinas[193].

El español Carlos Pombo, el nuevo venerable de la logia *Dalisay*, era el más crítico con la dirección que la masonería filipina había tomado de la mano de Felipe Buencamino y el grupo de masones que le rodeaba. En una carta dirigida al gran consejo de la orden, Pombo afirmaba que las logias filipinas estaban llevando a cabo una política de iniciaciones equivocada, admitiendo a personas que no cumplían los requisitos mínimos o que directamente no reunían «las condiciones morales» necesarias para ser masones. Admitía que crear una logia regional era una necesidad, pero había que hacerlo con calma y sin desacreditar al GOE, por lo que recomendaba nombrar a tres masones filipinos para que controlaran la autonomía con la que estaban actuando las logias del archipiélago[194]. En una carta dirigida a Miguel Morayta, Pombo era todavía más pesimista y aseguraba al líder del Grande Oriente Español que los actos de este grupo de masones podían

---

[192] Logia *Sinukuan* a Valentin Polintan, 20/VI/1905, CDMH 788-A-2.
[193] Tomas Alfonso al gran secretario del GOE, Manila, 30/IX/1906, CDMH 279-A-1 y logia *Modestia* al gran consejo del GOE, 1/X/1906, CDMH 279-A-1.
[194] Logia *Dalisay* al gran consejo del GOE, Manila, 10/IX/1906, CDMH 276-A-3.

causar el desprestigio de la obediencia y auguraba «épocas tanto o más dolorosas que las del año 96» debido a que la orientación que Buencamino quería darle a la masonería tendía «a meterla de lleno en la política militante»[195].

Este mismo masón español recibiría dos meses más tarde una carta de Henry H. Bandholtz, un masón americano y miembro de la policía colonial estadounidense. En este escrito, que Pombo reenvió rápidamente al gran consejo del GOE, Bandholtz afirmaba que le habían llegado noticias de que había logias de obediencia española en Filipinas cuyo propósito principal no era la masonería, sino las discusiones «políticas y sediciosas». Por eso recomendaba a los masones españoles investigar, ya que estaba seguro de que la obediencia española no quería «mancillar el nombre de la masonería»[196]. Viniendo de este alto cargo de la Constabulary se trataba de una advertencia muy a tener en cuenta[197]. Sin embargo, se trata del único documento existente de un miembro de las autoridades coloniales norteamericanas haciendo referencia a actividades «sediciosas» de las logias filipinas. Según Buencamino, se trataba de una estrategia de los masones americanos para conseguir la suspensión de la Gran Logia Regional, ya que según la constitución del GOE los derechos masónicos de esta institución podían ser suspendidos por cuestiones de orden público[198].

Los dignatarios de la obediencia española parecen haber creído la versión de Buencamino, que en marzo de 1907 volvió a dirigirse al gran consejo de la orden realizando una nueva petición de admisión de la logia regional en el seno del GOE. El abogado

---

[195] Carlos Pombo a Miguel Morayta, Manila 10/IX/1906, CDMH 276-A-3.

[196] Henry H. Bandholtz a Carlos Pombo, Manila, 18/XII/1906, CDMH, 281-A-1.

[197] Bandholtz se convertiría 1907 en general de la policía colonial. Para llegar a ese puesto tras ser un simple comandante del ejército seis años antes se había unido a una docena de clubs y sociedades que eran populares entre los miembros de la comunidad americana en Manila, entre ellos la masonería (McCoy, Alfred W.: *Policing America's Empire. The United States, the Philippines, and the Rise of the Surveillance State*. Madison, Wisconsin, University of Wisconsin Press, 2009, p. 239).

[198] Gran Logia Regional de Filipinas al gran consejo del GOE, Manila, 18/III/1907, CDMH 278-A-1.

filipino aseguraba que los miembros de las logias *Modestia* y *Dalisay* habían cambiado de opinión a causa de la presión de los masones americanos, que habían creado dos logias más, una de las cuales estaba compuesta por altos funcionarios estadounidenses que hablaban español y que, según Buencamino, habían intentado atraer a algunos miembros del GOE[199]. Este argumento parece haber convencido definitivamente a los dirigentes de la obediencia española, que dos meses más tarde aprobaron la afiliación de la Gran Logia Regional de Filipinas[200]. El acto de instalación tuvo lugar en septiembre de 1907 y Valentín Polintán, el delegado del GOE en el archipiélago, pronunció un discurso en el que alababa el desarrollo de la masonería filipina desde 1903 y afirmaba que la gran logia regional significaba «el renacimiento» del Consejo Regional de 1894[201].

La tregua entre los masones filipinos que había llevado a la instalación definitiva de la Gran Logia Regional de Filipinas no duró mucho tiempo. Carlos Pombo ya había anunciado a finales de 1906 que, en su opinión, la insistencia de Felipe Buencamino por crear la Gran Logia Regional estaba relacionada con la próxima celebración de las primeras elecciones a la Asamblea Filipina[202]. Estas se celebraron a finales de julio de 1907 y no tardaron en tener consecuencias notables en la masonería filipina.

Esta cámara legislativa era una de las principales aspiraciones de la élite filipina desde el inicio de la colonización norteamericana y había sido reconocida por el Congreso americano en 1902, cuando había aprobado una ley que preveía la creación de una asamblea representativa cuando se cumplieran una serie de condiciones. En 1907, no obstante, la elección de los diputados de esta cámara legislativa se realizó con un tipo de sufragio muy limitado por el que apenas el 3% de la población podía votar. Es-

---

[199] Ibidem.

[200] *Boletín Oficial Grande Oriente Español*, 29/V/1907, XV nº 181.

[201] «Discurso de Valentín Polintán en la instalación oficial de la Gan Logia Regional de Filipinas», 14/IX/1907, CDMH 278-A-1.

[202] Carlos Pombo a Miguel Morayta, Manila 10/IX/1906, CDMH 276-A-3.

to provocó que los nuevos partidos políticos surgidos en Filipinas se dirigieran a la misma clase social y defendieran unas ideas similares, convirtiendo el apoyo a un candidato en una cuestión de relaciones o intereses personales. De esta forma, se produjo un aumento de la importancia de las redes personales, así como la aparición de disputas entre los miembros de la élite que optaban a la elección a un mismo puesto en la Asamblea Filipina[203].

El declive que estaba experimentando el partido Federal desde que William Howard Taft abandonara el puesto de gobernador civil de Filipinas en 1903 hizo que la competencia entre los miembros de la oposición a este partido aumentara, sobre todo en los lugares en los que la victoria de los nacionalistas parecía más evidente[204]. El mejor ejemplo fue el caso de Manila, dónde todavía no se había celebrado ninguna elección desde el inicio de la colonización norteamericana. Además, hasta 1906 no se había autorizado la creación de partidos que defendieran abiertamente la independencia, por lo que no existía ninguna organización nacionalista bien establecida. Esto provocó que en el año precedente a las elecciones de julio de 1907 se produjeran numerosas negociaciones entre diferentes personalidades que se disputaban el liderazgo nacionalista en Manila y que estaban divididas principalmente en dos grupos[205].

El primero de ellos se denominaba la Unión Nacionalista. En realidad, se trataba de la fusión de dos partidos que en el momento de su creación tenían una postura muy diferente sobre la cuestión de la independencia de Filipinas, aunque posteriormente habían llegado a un acuerdo. Para ello había ayudado que sus miembros ttuvieran un perfil muy similar. Se trataba de filipinos que habían estado implicados en el movimiento nacionalista en las últimas décadas del período español, vivían en la capital del archipiélago y

---

[203] Salamanca, Bonifacio S.: *The Filipino Reaction to American Rule, 1901-1913*. Hamden, Shoe String Press, 1968, pp. 55-58.

[204] Cullinane, Michael: *Ilustrado Politics...*, p. 286.

[205] Stanley, Peter W.: *A Nation in the Making: the Philippines and the United States, 1899-1921*. Cambridge, Harvard University Press, 1974, p. 128.

tenían un marcado carácter hispanizado. Los dos principales líderes de este grupo de nacionalistas de Manila eran Rafael del Pan y Dominador Gómez, dos filipinos que se habían iniciado a la masonería en las logias madrileñas del Grande Oriente Español en los años 1880, aunque posteriormente habían tenido trayectorias muy diferentes. Tras completar sus estudios en España Del Pan había vuelto a Manila, aunque durante el período revolucionario había residido en Europa y en Estados Unidos, dónde había ejercido como representante del Gobierno del general Aguinaldo. En 1902 había vuelto a Filipinas y en muy poco tiempo se había convertido en uno de los abogados más prestigiosos de Manila, así como uno de los políticos nacionalistas moderados con mejor reputación[206].

Dominador Gómez tenía fama de ser mucho más radical. Durante su estancia en España para completar sus estudios de medicina, había sido uno de los miembros más activos del movimiento de la Propaganda, colaborando con Marcelo H. del Pilar en las actividades de las logias masónicas filipinas, en la redacción de artículos en *La Solidaridad* y en la organización de eventos con la Asociación Hispano-filipina. Tras obtener su doctorado sirvió como médico militar en el Ejército español en la guerra de Cuba, aunque cuando volvió a Madrid en 1898 se convirtió en uno de los líderes del Comité Filipino de Madrid y escribió artículos contra el imperialismo americano en el diario *Filipinas ante Europa*. Después de su vuelta al archipiélago en 1902 fue el principal responsable del aumento de miembros de la Unión Obrera Democrática, que llegó a tener más de veinte mil afiliados bajo su presidencia. Sin embargo, se trataba de un sindicato que no era visto con buenos ojos por las autoridades coloniales, que acusaron a Gómez de malversación de fondos y acabaron con esta organización poco después de una multitudinaria celebración del primero de mayo de 1903[207].

---

[206] *Filipinos in History: Vol. 2*. Manila, National Historical Institute, 1990, pp. 82-83.

[207] Más información sobre este filipino en Jimena, Álvaro: «Dominador Gómez (1866-1930): un Nacionalista Demasiado Radical e Hispanizado Para Presidir la Asamblea Filipina», en *Ayer. Revista De Historia Contemporánea*, pp. 1-24. Consultado en: https://doi.org/10.55509/ayer/1932.

Este fue el inicio de los problemas de Dominador Gómez con la justicia colonial norteamericana, que le envió en prisión en varias ocasiones. Para defenderse Gómez contó con la ayuda de Rafael del Pan, que ejerció como su abogado defensor. La buena relación entre ambos probablemente contribuyó a que los dos grupos políticos formados por Del Pan y Gómez encontraran un acuerdo para fusionarse en la Unión Nacionalista unos meses antes de las elecciones y para convertirse en los candidatos del movimiento nacionalista filipino en el distrito sur y norte de Manila, respectivamente.

Este acuerdo fue aprobado inicialmente por el partido Independista Inmediatista, el otro principal grupo nacionalista de Manila. Estaba formado por jóvenes nacionalistas ligados a los revolucionarios y que tenían conexiones con las elites provinciales de diferentes zonas de Filipinas. Su mejor representante era Justo Lukban, un médico que se había unido al general Aguinaldo desde el inicio de la Revolución filipina y había sido uno de los pocos que le habían acompañado a Hong Kong tras la firma del pacto de Biak-na-Bato. Después, había acompañado al líder revolucionario durante su lucha contra los americanos y había sido uno de los diputados del Congreso de Malolos. Sin embargo, tras las primeras derrotas del ejército filipino en Luzón, Lukban había aceptado la soberanía estadounidense y en 1900 había sido nombrado inspector de Sanidad en su provincia natal[208]. A partir de 1902 había estado implicado en diversas iniciativas que habían tratado de formar en Manila un partido de oposición al partido Federal que defendiera la independencia de Filipinas, aunque también había sido acusado de participar en conspiraciones contra la dominación americana junto a sus hermanos Cayetano y Vicente[209].

Justo Lukban se había iniciado a la masonería unos meses antes de la celebración de las elecciones en la logia *Sinukuan* y había escogido como nombre simbólico «Inmediatista», el término

---

[208] *Filipinos in History: Vol. 2*. Manila, National Historical Institute, 1990, pp. 9-11.

[209] «La causa contra los hermanos Lukban», en *El Renacimiento*, vol. 15, nº III (1904). Vicente Lukban había sido un importante general revolucionario.

con el que eran conocidos los miembros de su partido[210]. Un partido que se transformó en la Liga Popular Nacionalista poco después de que Rafael del Pan y Dominador Gómez hubieran sido elegidos candidatos a los escaños de Manila en un cónclave de todos los grupos nacionalistas de la capital, ya que Justo Lukban y una parte de los inmediatistas no aceptaron finalmente estas nominaciones. Por ello formaron esta liga para apoyar su candidatura por el distrito norte de Manila y la de Fernando Guerrero, el director del periódico nacionalista *El Renacimiento*, por el distrito sur de la capital[211]. Esta organización tuvo entre sus miembros a masones como Felipe Buencamino, que albergó en su Rizal University la primera reunión de esta plataforma y declaró en uno de sus primeros mítines que volvía la política activa para apoyar las candidaturas de Lukban y Guerrero. Santiago Barcelona, otro miembro de la logia *Sinukuan* y antiguo médico personal de Aguinaldo durante la revolución, fue nombrado presidente de uno de los comités de la Liga, mientras que otros destacados masones de las logias del GOE como Timoteo Páez y Ramón Diokno también participaron activamente en la polémica campaña electoral que se desarrolló en las semanas previas a las elecciones, sobre todo en las disputas entre Lukban y Gómez, que competían por el distrito norte de Manila. Esto provocó que algunos periódicos de la capital filipina incluyeran a las logias masónicas entre las organizaciones que apoyaban a Justo Lukban y llevaban a cabo un «sospechoso nacionalismo»[212].

Dominador Gómez ganó las elecciones por el escaño del distrito norte de Manila al obtener treinta y un votos más que Justo

---

[210] Logia *Sinukuan* al gran consejo del GOE, Manila, 6/IV/1907, CDMH 788-A-2.

[211] Fernando María Guerrero había formado parte de la logia *Rizal* del Grand Orient de France y cuando esta se afilió al Grande Oriente Español en 1909 todavía era uno de sus miembros (Cuartero Escobés, Susana: *La Masonería Española en Filipinas... Vol. II*, pp. 171-172).

[212] Buencamino, Felipe: «Tribuna Política. El Culto al Derecho», en *El Renacimiento*, vol. VI, nº 17 (1907). Un año más tarde uno de los pocos masones españoles de las logias filipinas del GOE afirmaría que Buencamino era responsable de que «la prensa seria de esta capital se haya ocupado con soberano desprecio de la masonería» (Abelardo Cuesta a Víctor Gallego, *Manila*, 11/V/1908, CDMH 268-A-1).

Lukban. Sin embargo, esto no supuso el fin de la polémica entre ambos políticos, ya que Lukban puso un recurso contra la obtención del acta de diputado por Gómez debido a que no residía es su circunscripción y a que, en su opinión, no tenía la ciudadanía filipina. Esto provocó la creación de un comité en la Asamblea que estudió el caso durante varios meses y finalmente obligó a Gómez a dimitir, según él, para no «malograr el prestigio de la Asamblea»[213]. Pero Gómez volvió a presentarse a las elecciones parciales que se organizaron en abril de 1908 para elegir a un nuevo diputado por el distrito norte de Manila. Esta segunda vez ganó por más de cuatrocientos votos a Justo Lukban, aunque tras su victoria volvió a renunciar a formar parte de la cámara legislativa filipina.

La polémica entre Justo Lukban y Dominador Gómez tuvo graves consecuencias en el seno de la masonería filipina debido a que poco antes de que Lukbam se iniciara en la logia *Sinukuan*, Gómez había solicitado su afiliación a la *Modestia*. En principio, ningún masón filipino se había opuesto a la incorporación de Gómez a las logias del GOE, una obediencia masónica a la que ya había pertenecido a finales del siglo XIX en España. Sin embargo, el 3 de mayo de 1907, el mismo día en el que estaba prevista su incorporación a la logia *Modestia*, esta fue suspendida por la protesta de algunos masones pertenecientes a otros talleres masónicos, que para impedirlo alegaban que Gómez estaba siendo investigado por los tribunales[214]. Se trataba de algo cierto, aunque parece que la polémica con Lukban fue la principal responsable de que se presentara esta protesta, ya que en ese momento ya habían comenzado las disputas partidistas entre los candidatos nacionalistas de Manila.

A finales de 1907 la cuestión de la afiliación de Dominador Gómez volvió a plantearse en el seno de la logia *Modestia* a petición de Pedro Rodríguez, un miembro de este taller masónico que había sido elegido diputado de la Asamblea unos meses an-

---

[213] Gómez, Dominador: «Una Carta al Speaker», *El Renacimiento*, vol. 18, nº II (1908).
[214] Tomás Alfonso al gran consejo del GOE, Manila, 20/VI/1908, CDMH 279-A-1.

tes, al igual que Gómez[215]. El venerable de *Modestia* pidió su opinión al respecto al gran consejo del GOE en Madrid, que respondió describiendo los antecedentes masónicos de Gómez, que había formado parte de la logia *Solidaridad* y la logia *Ibérica* en España, y declarando que no había ningún motivo para oponerse a su afiliación. Además, llamaba la atención sobre el hecho de que la oposición a su admisión estuviera basada en diferencias políticas y afirmaba que el deber de los masones era «prescindir de las opiniones políticas y religiosas» al analizar las candidaturas de afiliación si se trataba de hombres libres, honrados y de buenas costumbres[216].

Según quedó reflejado en la tenida que celebraron el 23 de abril de 1908, la mayoría de los miembros de la logia *Modestia* estaban de acuerdo con que Gómez cumplía con estos requisitos. La reunión había sido convocada para reconsiderar la afiliación de Gómez a propuesta de Valentín Polintán, que además de ser miembro de la logia *Modestia* era el consejero del GOE en Filipinas. Polintán consideraba que se habían cometido irregularidades en el proceso de afiliación de Gómez y afirmaba que, a pesar de haber sido absuelto por los tribunales, la reputación de Gómez se había visto dañada y eso podría provocar protestas de otros masones con respecto a su incorporación a la logia *Modestia*. Sin embargo, tras un intenso debate se sometió a votación si se aceptaba la afiliación de Dominador Gómez y ésta quedó aprobada por veinte votos a favor y cuatro en contra[217].

Al día siguiente, el previsto para la afiliación de Dominador Gómez, la logia *Modestia* recibió una carta de la Gran Logia Regional de Filipinas en la que que se le comunicaba que estaba suspendida provisionalmente a causa de las irregularidades come-

---

[215] Rodríguez, diputado por Cebú, también formaba parte de la Unión Nacionalista (*Plataforma y Reglamento del Partido Unión Nacionalista*. Manila, Impresiones La República, 1906).

[216] El gran consejo del GOE a la logia *Modestia*, Madrid, 24/I/1908, CDMH 279-A-1.

[217] «Acta de la tenida celebrada por la logia *Modestia* el día 23 de abril de 1908», CDMH 279-A-1.

tidas al aceptar la incorporación de Gómez a sus filas[218]. Esto provocó la indignación de los miembros de la logia *Modestia*, que respondieron rechazando la autoridad de la estructura regional al considerar que todavía no había sido reconocida oficialmente por el GOE. Así se inició una polémica que incluyó la publicación de manifiestos y el envío de protestas al gran consejo del Grande Oriente Español, que unos meses después acabó poniéndose del lado de la Gran Logia Regional y confirmó la suspensión definitiva de la logia *Modestia*. De esta forma, el GOE apoyó la postura del grupo de masones cercanos a Buencamino, que consideraban a Dominador Gómez «indigno» de ser afiliado a la institución masónica y explicaban sus intentos para incorporarse a la masonería filipina como un complot organizado por los jesuitas y las órdenes religiosas para desprestigiar a las logias del Grande Oriente Español[219].

Las protestas que llegaron a partir de ese momento a la sede de la obediencia española por parte de los dos últimos venerables de la logia *Modestia* utilizaban argumentos menos complotistas. Según el masón filipino Tomás Alfonso, la división que había surgido en la masonería filipina se debía a la polémica existente entre Gómez y Lukban, que había hecho que la política inundara la vida cotidiana de las logias filipinas[220]. Pedro Rodríguez, por su parte, culpaba más precisamente a Felipe Buencamino y a Ramón Diokno, que habían sido «los patrocinadores» de Lukban para el cargo del diputado a la Asamblea Filipina por el distrito de Manila. Según Rodríguez, la logia *Modestia* había aceptado la afiliación de Gómez porque no había tenido en cuenta cuestiones políticas, al contrario que estos dos masones, que estaban utilizando la masonería como medio «para satisfacer las ambiciones de unos cuantos y para conseguir el encumbramiento que no alcanzaron en la sociedad civil»[221].

---

[218] Logia *Modestia* al gran consejo del GOE, Manila, 8/VI/1908, CDMH 279-A-1.
[219] Timoteo Páez al gran consejo del GOE, Manila, 18/VII/1908, CDMH 278-A-1.
[220] Tomas Alfonso al gran consejo del GOE, Manila, 20/VI/1908, CDMH 279-A-1.
[221] «Manifiesto de la logia *Modestia*», CDMH 279-A-1.

Abelardo Cuesta, un masón español que también formaba parte de la logia *Modestia* en el momento de la suspensión de este taller masónico, fue más allá en las críticas al grupo de masones liderado por Felipe Buencamino. Unos meses antes, Cuesta ya había mandado al gran consejo una carta firmada por varios masones que afirmaba la existencia de un complot organizado por los dignatarios de la Gran Logia Regional y que tenía como objetivo separarse del GOE «para formar en estas Islas un Gran Oriente especial filipino» [222]. En varios escritos enviados en la primavera de 1908, Cuesta insistía en la veracidad de esta teoría y afirmaba que masones como Valentín Polintán, Timoteo Páez, Santiago Barcelona o el propio Buencamino eran «furibundo antiespañoles». Además, aseguraba que habían convertido la Gran Logia Regional en un «centro político katipunero», lo que podía provocar una intervención de la administración colonial [223].

Según Cuesta, uno de los principales errores que se habían cometido durante la reorganización de las logias del GOE en Filipinas era la mala selección de los nuevos miembros. En su opinión, las tres cuartas partes de los masones filipinos carecían de condiciones para serlo por falta de instrucción, de medios de subsistencia o por razones de moralidad, y entre estos últimos señalaba como ejemplos los casos de destacados políticos nacionalistas como los hermanos Vicente y Filemón Sotto o Manuel Quezón [224]. Para él, la situación tenía difícil solución y afirmaba que lo mejor era disolver la Gran Logia Regional, aunque eso provocara la desaparición de la mayoría de las logias del GOE en Filipinas, y poner al frente de la masonería filipina a Rafael del Pan o a otro masón español con un alto grado masónico que hasta ese momento se habían mantenido fuera de las logias del GOE

---

[222] «Carta a Miguel Morayta, Gr: 33º Gran Maestre del Grande Oriente Español», 15/IV/1908, 281-A-1. Incluían una lista con los líderes de este complot. En ella se encontraban la mayoría de los dignatarios de la GLR; diez miembros de la logia *Sinukuan,* tres de la *Dalisay,* tres de la *Modestia* y otros cuatro masones a los que había que sumar «otros cuyos nombres no los hemos conseguido tener».

[223] «Report de Abelardo Cuesta», 11/V/1908, CDMH 268-A-1.

[224] Abelardo Cuesta al gran consejo del GOE, Manila, 25/V/1908, CDMH 268-A-1.

por los «espectáculos antimasónicos» que se habían producido en el seno de la masonería filipina[225].

Las críticas de Abelardo Cuesta no tuvieron consecuencias, ya que el gran consejo del GOE en ningún momento puso en duda la decisión de la Gran Logia Regional de Filipinas con respecto a la suspensión de la logia *Modestia*. Esto significó la salida de las logias del Grande Oriente Español en Filipinas de una buena parte de los masones de esta logia, que habían sido los pioneros de la reorganización de los talleres del GOE en los primeros años de la colonización americana. Entre ellos también se encontraban algunos de los masones más críticos con la creación de la Gran Logia Regional de Filipinas y con la visión de la institución masónica que había defendido Felipe Buencamino desde la creación de la logia *Sinukuan*[226].

Por lo tanto, la celebración de elecciones a la Asamblea Filipina provocó un enfrentamiento entre los masones que habían impulsado la reorganización de las logias del GOE en 1899, afiliados a la logia *Modestia*, y los que habían impulsado su popularización a partir de 1902, que estaban ligados a la logia *Sinukuan* y ocupaban puestos destacados en la Gran Logia Regional de Filipinas. El grupo liderado por Felipe Buencamino aprovechó la iniciación de Dominador Gómez en la logia *Modestia* para suspender las actividades de esta logia e imponer su visión de la masonería.

---

[225] Ibidem.

[226] Algunos de ellos, como Carlos Pombo y Abelardo Cuesta, se unieron en 1909 a la logia *Luz de Oriente*, que más tarde se convertiría en la logia *Minerva*, del Gran Oriente Lusitano Unido. Esta logia contaría en sus filas con otros eminentes filipinos como Francisco Ortigas, Rafel del Pan, Macario Adriático, Teodoro Sandiko, o Juan Atayde («Reseña Histórica de la Logia *Minerva*», en *Acacia*, vol. X, nº 15, 1920).

CAPÍTULO 6

La Asamblea filipina: ¿una cámara legislativa de carácter masónico?

En diciembre de 1914, varios miembros de la logia *Nilad* enviaron un escrito al Grande Oriente Español en el que pedían un reconocimiento por la labor masónica que estaban realizando en Manila. Indicaban que se trataba de la logia con el mejor templo masónico de Filipinas, que era la única que editaba y distribuía mensualmente un boletín masónico, que había sido la primera en organizar una «brillante serie de conferencias mensuales» y que realizaba numerosas donaciones a instituciones benéficas, además de ayudar a huérfanos y viudas de antiguos masones. También destacaban la valía de sus miembros:

> [La logia *Nilad*] Es la que cuenta entre las logias de la federación en estas islas y de entre las de otros orientes, con mayor número de obreros en sus columnas, entre los que se cuentan nueve miembros de la cámara legislativa de Filipinas, once abogados, dos gobernadores provinciales, autoridades municipales, médicos, profesores, muchos propietarios, industriales e intelectuales y varios prominentes en la política, en el comercio y en las artes[227].

---

[227] Logia *Nilad* al gran consejo del GOE, Manila, 19/XII/1914, CDMH 289-A-1.

Efectivamente, esta logia con sede en Manila era, con 127 miembros, la que contaba con un mayor número de masones entre todas las logias filipinas del GOE, que habían experimentado un notable crecimiento tras la creación de la Gran Logia Regional de Filipinas a pesar de la polémica que provocó la suspensión de la logia *Modestia*. A finales de 1914 había unos veinticinco talleres masónicos en el archipiélago que contaban en sus filas algo más de mil afiliados[228].

A pesar de que la profesión de empleado seguía siendo la más habitual entre los miembros de esta logia, así como de la mayoría de los talleres masónicos del archipiélago, es cierto que algunos de los afiliados de la logia *Nilad* eran destacados miembros de la élite política, comercial y artística de Filipinas. Entre ellos había un notable número de abogados, una profesión que al inicio de la colonización norteamericana se había convertido prácticamente en un pasaporte para obtener un puesto destacado dentro del nuevo sistema colonial[229]. Y es que desde el cambio de colonizador el acceso de filipinos a cargos de importancia había sido mucho mayor que durante el dominio español y se acentuó aún más con la política de filipinización puesta en marcha por el gobernador Francis B. Harrison, nombrado en 1913 por el presidente demócrata Woodrow Wilson.

Esto explica la presencia en las logias filipinas del GOE durante la segunda década del siglo XX de diversas autoridades locales y de varios gobernadores provinciales. Sin embargo, para comprender el notable número de miembros de la Asamblea Filipina que formaron parte de estos talleres masónicos también hay que tener en cuenta la estrecha relación que existió entre algunas de estas logias y el partido Nacionalista, que tras las elecciones de 1907 se había convertido en el grupo político más destacado de Filipinas.

La inauguración de la Asamblea Filipina fue un momento clave en la vida política del archipiélago. Para los filipinos la nueva

---

[228] «La Labor de Nuestra Gran Logia», en *Hojas Sueltas*, vol. XI (1914).
[229] Cullinane, Michael: *Ilustrado Politics...*, p. 339.

cámara legislativa constituía un gran paso adelante en su búsqueda de autonomía política, mientras que para los americanos significaba poner fin a la amenaza de una rebelión dirigida por los elementos más radicales de la élite filipina[230]. Ambas interpretaciones se vieron reforzadas gracias a los malos resultados del partido Progresista, el antiguo partido Federal; y al éxito de los candidatos del movimiento nacionalista, al que en el momento de la inauguración de la Asamblea pertenecían cincuenta y siete de los setenta y ocho diputados que formaban la cámara legislativa[231]. Además, la elección del joven nacionalista Sergio Osmeña como presidente de la Asamblea aseguró la colaboración de los nacionalistas con las autoridades coloniales. Osmeña, que a pesar de no haber cumplido treinta años ya había sido gobernador de la provincia de Cebú, tenía muy buenas relaciones William Cameron Forbes, un alto funcionario americano que ocuparía el puesto de gobernador general entre 1909 y 1913.

Su elección como presidente de la Asamblea Filipina se produjo, entre otras cosas, gracias a la polémica surgida en torno a la elección de Dominador Gómez como diputado por el distrito norte de Manila. Tras su victoria en las elecciones, Gómez era el político más popular de la capital y el único que aspiraba a presidir la Asamblea entre la generación de nacionalistas más veteranos que habían formado parte del movimiento de la Propaganda. El recurso de Justo Lukban y la creación de una comisión legislativa para estudiar el caso de Gómez hicieron que no pudiera presentar su candidatura a presidente de la cámara, algo que convino tanto a Osmeña como a las autoridades coloniales, que no veían en el antiguo líder sindical un socio de confianza[232].

La polémica entre Justo Lukban y Dominador Gómez probablemente contribuyó a popularizar la logia *Sinukuan*, que se convirtió en uno de los espacios de sociabilidad predilectos de la nueva generación de nacionalistas filipinos que se hicieron con el

---

[230] Ibidem, p. 314.

[231] Ibidem, p. 319.

[232] Cullinane, Michael: *Ilustrado Politics...*, pp. 325-326.

control de la política del archipiélago. Y es que, poco después de la inauguración de la Asamblea Filipina esta logia incorporó a sus filas a tres de los principales líderes del recién creado partido Nacionalista: Manuel Quezón, Isauro Gabaldón y Rafael Palma.

Isauro Gabaldón ya sabía cómo la institución masónica podía ser útil a la hora de establecer redes en el campo político, ya que había integrado la logia *Rizal*, del Grand Orient de France, poco antes de su elección como gobernador de Nueva Écija en 1905. En ese momento mantenía buenas relaciones con los miembros del partido Federal, aunque se declaraba independiente y no se incorporó a ningún partido hasta su elección como diputado a la Asamblea Filipina por el partido Nacionalista[233]. Fue durante esta primera legislatura cuando se afilió a la logia *Sinukuan*, de la que formo parte al menos hasta su elección como senador en 1916. A pesar de ello, Gabaldón no ocupó en ningún momento puestos de oficial en esta logia o en la Gran Logia Regional de Filipinas, algo que puede deberse a que entre 1912 y 1916 ocupó de nuevo el puesto de gobernador provincial de Nueva Écija[234].

Manuel Quezón, por su parte, se inició a la masonería a inicios de 1908 en la logia *Sinukuan*[235]. Su buena relación con Justo Lukban y sus conexiones con los fundadores del partido Inmediatista fueron probablemente lo que provocaron su iniciación en esta logia, a la que se mantuvo afiliado durante dos décadas. Entre 1909 y 1916 ocupó el puesto de representante de Filipinas

---

[233] Ibidem, p. 253.

[234] Isauro Gabaldón aparece en la lista de miembros de la logia *Sinukuan* de 1910 a 1916. En esos años no ocupa ningún puesto de oficial y solo aparece como miembro de la comisión de justicia de la logia en 1910 (Listas de miembros de la logia *Sinukuan*, CMDH 788-A-2).

[235] El documento más antiguo conservado en el CDMH en el que Quezón es mencionado como miembro de la masonería es una carta enviada por la logia *Sinukuan* al gran consejo del GOE en el mes de mayo de 1908. Los oficiales de esta logia comunicaron que Quezón iba a realizar un viaje a Europa y que probablemente iba a visitar la sede de la obediencia española. También decían que habían otorgado el grado de maestro masón a Quezón antes del tiempo reglamentario a causa de sus «cualidades personales y masónicas». Por lo tanto, lo más probables es que se haya iniciado a la masonería unos meses antes del envío de esta carta (Logia *Sinukuan* al gran consejo del GOE, Manila, 23/V/1908).

ante el Congreso de los Estados Unidos, por lo que pasaba una buena parte del año en Washington. A pesar de ello, cada vez que volvía a Manila participaba en las actividades de la logia, que en varias ocasiones organizó banquetes masónicos en los que el político explicaba a los masones filipinos su labor en la capital estadounidense[236].

Rafael Palma, ocupó durante este período puestos de alta responsabilidad tanto en el seno de la masonería como en la política filipina. Palma era conocido por su trabajo como periodista durante el período revolucionario y en los primeros años de la colonización americana fue una de las principales figuras de la oposición nacionalista al partido Federal. Entre otras iniciativas, había dirigido *El Renacimiento*, uno de los periódicos más críticos con la colonización americana al inicio del siglo XX[237]. Poco antes de las elecciones a la Asamblea Filipina, Palma se encontraba entre los nacionalistas más conocidos de Filipinas y fue elegido diputado por la provincia de Cavite. Fue entonces cuando se afilió a la logia *Bagong Buhay*, pero después de haber sido el primer nacionalista nombrado miembro de la Comisión Filipina en 1908, integró la logia *Sinukuan*, de la que fue venerable en 1914 y 1915[238]. En ese momento Palma estaba considerado como la tercera figura la más importante del partido Nacionalista tras Osmeña y Quezón[239].

Tanto en la primera legislatura de la Asamblea Filipina, de 1907 a 1909, como en la segunda, de 1909 a 1911, el número de diputados activos en las logias filipinas no superó la decena. Además de Manuel Quezón, Rafael Palma e Isauro Gabaldón, en

---

[236] Por ejemplo, en el mes de diciembre de 1912 («Banquete masónico», en *Boletín Oficial Grande Oriente Español*, vol. XII, nº 31, 1912). «El discurso de este venerable hermano se basó en los trabajos que hubo realizado en la Cámara de Representantes de los Estados Unidos, dedicando una gran parte a disertar extensamente acerca de los derechos y deberes de un perfecto ciudadano. Su discurso, así como los pronunciados por los demás hermanos fueron escuchados con gran interés y aplaudidos con entusiasmo por los concurrentes».

[237] Cullinane, Michael: *Ilustrado Politics...*, pp. 81-83, 137-140, y 307-308.

[238] Listas de miembros de la logia *Sinukuan*, CDMH 788-A-2.

[239] *Filipinos in History: Vol. 2*. Manila, National Historical Institute, 1990, pp. 77-81.

la primera legislatura solo hubo otros cuatro diputados que formaban parte activamente de las logias del GOE. Se trataba del cebuano Filemón Sotto, que se inició en la logia *Sinukuan*; de Pedro Rodríguez, que ocupó un puesto destacado en la logia *Modestia* antes de su suspensión; de Fernando Guerrero, que siguió formando parte de la logia *Rizal* hasta que se incorporó al GOE en 1909; y de Justo Lukban, que finalmente sustituyó a Dominador Gómez en el escaño por el distrito norte de Manila.

Tras las elecciones de 1909, entre los diputados masones solo Sotto, Gabaldón y Lukban conservaron su escaño, aunque hubo otro antiguo miembro de la cámara, Candelario Borja, que se afilió a la logia *Sinukuan* durante la legislatura. Lo mismo hicieron Leoncio Grajo, representante de la provincia de Sorsogon, y Venancio Concepción, diputado por la provincia de Cagayan. En esta legislatura también hubo dos masones activos de la logia *Nilad*: Teodoro Kalaw, diputado por Batangas, y Eulalio Causing, representante de Cebú. También formaba parte de la segunda legislatura como diputado de la provincia de Batangas el médico Galicano Apacible, que se había iniciado a la masonería en la logia *Solidaridad* de Barcelona en 1890 y había vuelto a la vida masónica tras afiliarse a la logia *Taliba* en 1908.

Teniendo en cuenta que la Asamblea Filipina estaba constituida por unos ochenta diputados, que aproximadamente el diez por ciento de ellos fueran masones no es un dato que llame especialmente la atención. Sin embargo, en la tercera legislatura, que esta vez fue de cuatro años y se extendió de 1912 a 1916, esta cifra se triplicó. Veintitrés de los ochenta y un diputados que formaron parte de la Asamblea Filipina durante estos años participaron a la vida de las logias filipinas, lo que significa que un 28% de los miembros de esta cámara eran masones activos de las logias del Grande Oriente Español.

La ausencia de instituciones similares en otras colonias durante este período hace difícil la realización de comparaciones, pero este porcentaje de masones activos en la Asamblea Filipina supera con creces al de otras cámaras legislativas conocidas por el notable número de masones en sus filas, como las Cortes de la Segunda República española o los primeros años de la cámara de diputados de la Tercera República francesa. En ambos casos, nunca hubo más de un quince por ciento de masones entre sus miembros[240]. Además, en el caso de la tercera legislatura de la Asamblea Filipina, llama la atención el hecho de que la gran mayoría de los diputados masones formaran parte de las logias *Nilad* y *Sinukuan*, ya que solamente tres de estos veintitrés políticos no estaban afiliados a estas dos logias manileñas. Se trataba de Galicano Apacible, que había sido reelegido diputado por Batangas y formaba parte de la logia *Taliba*; del abogado Pedro Guevara, miembro de la logia *Pinagsabitan*, con sede en la provincia de Laguna, en la que había sido elegido diputado; y del también abogado Julián Ocampo, que en 1915 creó la logia *Isarog* en la provincia de Ambos Camarines, por la que era representante en la Asamblea.

Los otros veinte diputados masones formaban parte de las logias *Nilad* o *Sinukuan* y solamente dos de ellos, Eulalio Causing y Leoncio Grajo, ya habían formado parte de una de estas logias en la anterior legislatura. Del resto, solo tres habían sido miembros activos de la masonería filipina antes de formar parte de la Asamblea filipina: Isidoro Santos, un conocido médico que se había iniciado a la masonería en 1890 mientras realizaba sus estudios en España y que había vuelto a la vida activa afiliándose a la logia *Sinukuan* en 1907; Luis Morales y Tomas Gómez, que también habían estado afiliados a esta logia antes de ser elegidos diputados por las provincias de Tarlac y Samar, respectivamente.

Por lo tanto, hubo quince diputados que se iniciaron a la masonería en las logias *Nilad* o *Sinukuan* durante la tercera legislatura

---

[240] Según Jean-Paul Delahaye, el 15% de los diputados que formaban parte de la cámara baja francesa entre 1880 y 1882 eran masones. Entre los senadores, solo lo eran un 7%. (Delahaye, Jean-Paul: «Les Francs-Maçons et la Laïcisation de l'École. Mythe et réalités», en *Histoire de l'Éducation*, 2006, n° 109, pp. 33-73). Según J. Ignacio Cruz, solamente un 15% de los diputados de la primera legislatura de la Segunda República española eran masones activos. En la segunda y la tercera legislatura esa cifra bajó hasta el 6% (Cruz, J. Ignacio: «Los Diputados Masones en las Cortes de la II República (1931-1936)», en *Masonería, Política y Sociedad*, editado por Ferrer Benimeli, José Antonio. Zaragoza, Centro de Estudios Históricos de la Masonería Española, 1989, pp. 123-188).

de la Asamblea Filipina. Seis de ellos ya habían sido diputados anteriormente[241], por lo que hubo nueve que se iniciaron a la masonería poco después de estrenarse como miembros de la Asamblea. De entre ellos, cinco de ellos eran representantes de la provincia de Pangasinan[242]. Estas cifras revelan que durante estos años estas dos logias manileñas se convirtieron en un espacio de sociabilidad clave para los miembros del partido Nacionalista. Es llamativo que en estas tres legislaturas solo hubo dos diputados miembros de las logias filipinas del GOE que no estaban afiliados a este partido[243]. Por lo tanto, parece evidente que los diputados de la Asamblea que no provenían de la capital veían en las logias *Nilad* y *Sinukuan* un espacio de sociabilidad ideal para estrechar sus relaciones con algunos de los líderes nacionalistas más destacados.

Tras las elecciones a la Asamblea Filipinas de junio de 1916, el número de diputados que también eran masones activos disminuyó drásticamente, ya que solo seis de los noventa miembros de la cámara legislativa formaban parte de las logias filipinas en ese momento. Sin embargo, la aprobación de la ley Jones en agosto de ese mismo año transformó la Asamblea Filipina en la Cámara de Representantes y creó una nueva cámara legislativa elegida por los filipinos, el Senado, que pasó a cumplir las funciones de la Comisión Filipina. En las elecciones senatoriales de octubre de 1916 se designaron a los veinticuatro miembros de esta nueva cámara y siete de ellos, es decir, un 29%, eran en ese momento miembros activos de las logias del Grande Oriente Español.

---

[241] Era el caso de Amando Avanceña, representante de la provincia de Iloílo; José Fuentebella, diputado por Ambos Camarines; de Filemón Pérez, representante de Tayabas; de Estanislao Granados, diputado por Leyte; Nicolas Capistrano, representante de la provincia de Misamis; y José Zurbito, diputado por Sorsogon.

[242] Se trataba de Rufo Cruz, Rodrigo Pérez, Hugo Sansano, Pedro Sison y Vicente Solís, diputados por Pangasinan. Los otros cuatro nuevos diputados y casi simultáneamente masones fueron Rafael Alunan, representante de Negros Occidental; Domingo Díaz, representante de la provincia de Albay; Pablo Tecson, diputado por la provincia de Bataan, y José Tirol, representante de Capiz.

[243] Vicente Solís, diputado por Pangasinan en la tercera legislatura, era independiente; y José Tirol, diputado por Capiz también en la tercera legislatura, formaba parte del partido Progresista.

Todos ellos eran abogados y miembros del partido Nacionalista. Se trataba de Pedro Guevara, miembro de la logia *Pinsagnabitan*; de Pedro Sison y Nicolás Capistrano, afiliados a la logia *Nilad*; y de José Altavas, Isauro Gabaldón, Rafael Palma y Manuel Quezón, que en ese momento formaban parte de la logia *Sinukuan*. Quezón, que había dejado su puesto en Washington tras la aprobación de la ley Jones, fue nombrado presidente del Senado y a partir de ese momento empezó a tratar de disputar el liderazgo del partido Nacionalista a Sergio Osmeña, que seguía ocupando el puesto más destacado de la cámara baja. Como indica en sus memorias Francis B. Harrison, el gobernador general de Filipinas en ese momento, en esta disputa dentro del partido Nacionalista Manuel Quezón contaba, entre otros apoyos, con el de los miembros de la masonería[244]. También le apoyaban los filipinos más progresistas y, de hecho, durante esta legislatura el Senado aprobó varios proyectos legislativos de carácter liberal que fueron modificados o rechazados por la Cámara de Representantes[245].

Uno de ellos fue un proyecto de ley del divorcio, que ya había sido discutido en la segunda legislatura de la Asamblea Filipina tras una propuesta del masón y político nacionalista Teodoro Kalaw que había provocado una airada reacción de la Iglesia Católica[246]. Mientras que en el Congreso de Malolos la cuestión de la separación entre la Iglesia y el Estado había sido uno de los temas más polémicos a la hora de redactar la constitución de la Primera República filipina[247], el sistema colonial implantado por los Esta-

---

[244] Burton Harrison, Francis: *The Corner-Stone of Philippine Independence*. New York, The Century Company, 1922, pp. 227-228.

[245] Guéraiche, William: *Manuel Quezon: les Philippines de la Décolonisation à la Démocratisation*. París, Francia, Maisonneuve & Larose, 2004, pp. 39-40.

[246] Kalaw, Teodoro M.: *Aide-de-Camp to Freedom*. Manila, Teodoro M. Kalaw Society, 1965, p. 88.

[247] Ver Aguilar, Filomeno V.: «Las Relaciones Iglesia-Estado en la Constitución de Malolos de 1899: Filipinización y Visiones de la Comunidad Nacional», en *Gobernar Colonias, Administrar Almas: Poder Colonial y Órdenes Religiosas en los Imperios Ibéricos (1808-1930)*, editado por Huetz de Lemps, Xavier; Álvarez Chillida, Gonzalo y Elizalde Pérez-Grueso, María Dolores, pp. 149-179. Madrid, Casa de Velázquez, 2018.

dos Unidos no había dejado ningún tipo de dudas al respecto y además había disminuido la importancia de las órdenes religiosas en el sistema educativo. Sin embargo, durante la primera década del dominio americano, el matrimonio solo había sido objeto de una resolución decretada por el gobernador militar MacArthur que no hacía ninguna referencia a los mecanismos para su disolución. Por lo tanto, seguía estando regulado por lo establecido en las Partidas de Alfonso X el Sabio, que no reconocían la anulación del matrimonio[248].

Por este motivo los diputados discutieron la creación de una ley del divorcio y Teodoro Kalaw fue el encargado de defender el proyecto más liberal. Su pertenencia a la masonería no era desconocida para la opinión pública filipina, ya que en la prensa de Manila llegaron a publicarse noticias en las que se afirmaba que los masones habían organizado un banquete masónico para tratar el proyecto de la ley del divorcio. Este hecho fue negado por los miembros de la logia *Nilad*, que redactaron una resolución en la que afirmaban que la institución masónica debía evitar la publicidad de sus trabajos, que solo debían evidenciarse ante la sociedad a través «de los beneficios que de ellos se derivaron sin que por nadie se sepa que los masones hayan tenido que ver con ellos»[249].

De acuerdo con un escrito recibido por el gran consejo del GOE unos meses más tarde, esto es lo que había ocurrido finalmente con la ley del divorcio. Los miembros de la logia *Sinukuan* afirmaban que, a pesar de contar con la oposición de las corporaciones religiosas, los Jesuitas y la prensa católica, su «pequeño esfuerzo» había tenido resultado y habían conseguido la aprobación del proyecto de ley en la Asamblea. En su opinión, era un buen ejemplo de que la masonería era «respetada» y que empezaba a propagar sus principios en la sociedad[250].

---

[248] Fisher, Frederick Charles: *Monograph on Marriage and Divorce in the Philippines*. Manila, The Lawyers' Co-operative Publishing Company, 1926, pp. 13-14.

[249] Logia *Nilad* al gran consejo del GOE, Manila, 21/I/1911, CDMH 290-A-1.

[250] Logia *Sinukuan* al gran consejo del GOE, Manila, 24/XII/1911, CDMH 788-A-2. En esta comunicación, los miembros de la logia *Sinukuan* afirmaban que habían puesto en marcha una Liga Anticlerical como se lo había pedido el GOE pero que

Sin embargo, lo que ocurrió posteriormente con el proyecto de ley del divorcio no daba la razón a los miembros de esta logia. *La Assemby Bill* nº497, *An Act on marriage and divorce* fue aprobada por la cámara legislativa filipina, pero después tenía que ser validada por la Comisión, la institución que ejercía la función de cámara alta en el sistema colonial. Para tomar una decisión sobre este proyecto de ley tres de sus miembros realizaron un informe y dos de ellos, miembros del partido Progresista, se opusieron al proyecto porque se oponía «a las creencias de la inmensa mayoría de los habitantes del archipiélago» y podía provocar «más problemas de los que trataba de remediar»[251]. El único miembro del comité que apoyó la aprobación de la ley fue el nacionalista y masón Rafael Palma, que aseguraba que la legislación existente estaba obsoleta y que una ley conservadora sobre el divorcio como la que se había aprobado en la Asamblea serviría «para moralizar a la sociedad y dar una forma de remediar su infortunio» a los que no eran felices con su matrimonio[252]. Las dos propuestas fueron sometidas a voto y se impuso el veto a la ley del divorcio a pesar de la oposición de Juan Sumulong, otra destacada figura del antiguo partido Federal que había formado parte de la logia *Rizal*, del Grand Orient de France. Sumulong consideraba que la ley podía mejorarse, pero ante aquellos que afirmaban que la idiosincrasia de los filipinos hacía poco recomendable su aprobación, aseguraba que el hecho de que fueran muy pocos los que fueran a beneficiarse de ella no la hacía menos indispensable[253].

Por lo tanto, el proyecto no fue aprobado, principalmente por el rechazo de los miembros de la Comisión que formaban parte del partido Progresista. Sin embargo, en ese momento los dos

---

no lo consideraban tan necesario en Filipinas. En su opinión, la existencia de la Iglesia Filipina Independiente, la presencia de protestantes y, en definitiva, «el estado político y civil» del archipiélago, así como «las condiciones sociales de la masa popular» no hacían necesaria la puesta en marcha de una organización de este tipo.

[251] Se trataba de José de Luzuriaga y de Gregorio Araneta («Philippines Legislature», *Journal of the Philippine commission,* vol. 5, nº 1, 1908, pp. 833-835).

[252] Ibidem, p. 833.

[253] Ibidem, p. 834.

principales líderes del partido Nacionalista tampoco estaban a favor de la aprobación de esta ley. Sergio Osmeña, que era conocido por su conservadurismo y por su buena relación con la Iglesia Católica, pensaba que era una ley prematura para los filipinos[254]. Quezón, por su parte, comunicó a Teodoro Kalaw en una carta escrita desde Washington que pensaba que no era el mejor momento para aprobarla. En este texto, Quezón se autodefinía como un librepensador, afirmaba que no creía en la indisolubilidad del matrimonio y decía que la ciencia debía ser la religión del futuro. Sin embargo, consideraba que era «muy inoportuno» aprobar la ley del divorcio en ese momento, ya que según él la Iglesia Católica estaba empezando a darse cuenta de que la colonización norteamericana podía perjudicarle y los votos católicos todavía podían ser útiles para los nacionalistas en su objetivo de obtener la independencia[255].

A finales de 1916 la opinión de Quezón había cambiado, ya que una vez instalado como presidente del Senado sí apoyó un nuevo proyecto de ley del divorcio e incluso propuso una versión más progresista. En esta ocasión fue Filemón Sotto, que en la primera década del siglo XX había formado parte de la logia *Sinukuan*, el que presentó un proyecto de ley que reconocía el derecho al divorcio en dos supuestos: adulterio por parte de la mujer o concubinato por parte del marido. El Senado lo aprobó tras una enmienda presentada por Manuel Quezón que defendía la igualdad de sexos y aceptaba el divorcio en caso de adulterio por parte de cualquiera de los dos esposos. A lo largo de estos debates, varias logias masónicas volvieron a apoyar el proyecto de ley mediante la publicación de resoluciones de «simpatía y adhesión» al mismo que fueron enviadas a los miembros de ambas cámaras legislativas[256]. La medida fue aprobada definitivamente

---

[254] Kalaw, Teodoro M.: *Aide-de-Camp to Freedom...*, p. 90.

[255] Ibidem, pp. 90-91.

[256] «Resolución haciendo constar la simpatía y adhesión de la respetable logia *Bagumbayan* nº 352, del Grande Oriente Español, al proyecto de ley de divorcio absoluto pendiente de consideración en ambas cámaras de la legislatura del país», 25/XI/1916, CDMH 236-A-1.

tras pasar por la cámara baja aunque la enmienda de Quezón fue rechazada y el proyecto de ley volvió a su forma original[257].

En conclusión, la estrecha relación de ciertas logias del Grande Oriente Español con algunos líderes del partido Nacionalista hizo que a finales de la primera y durante la segunda década del siglo XX la presencia de filipinos con cargos políticos en los talleres masónicos del archipiélago se convirtiera en habitual. El número de representantes de las cámaras legislativas filipinas llegó a ser sorprendente, sobre todo en la segunda legislatura de la Asamblea y en la primera del Senado, algo que probablemente se explica por la búsqueda de nuevas redes personales por parte de los nuevos diputados que llegaban a Manila y por la importancia que adquirieron dentro del partido nacionalista destacados masones como Rafael Palma o Manuel Quezón.

Sin embargo, no parece que los principios masónicos tuvieran una gran influencia en las políticas desarrolladas por estas cámaras legislativas filipinas. La única medida en la que los miembros de las logias del GOE parecen haber intentado influir fue en los diversos intentos de creación de una ley de divorcio. No obstante, este proyecto tardó más de un lustro en aprobarse definitivamente y cuando lo hizo fue porque coincidió con la agenda de los líderes del partido Nacionalista, no por la influencia de la masonería filipina.

---

[257] Quirino, Carlos y Roces, Alejandro R.: *Quezon, Paladin of Philippine Freedom.* Manila, The Community Publishers, 1971, p. 123.

CAPÍTULO 7

Hispanismo o americanización: el debate sobre
la soberanía masónica del archipiélago filipino

En el mes de diciembre de 1912, las tres logias de la Grand Lodge
of California existentes en Manila se reunieron y decidieron crear
la Grand Lodge of Free and Accepted Masons of the Philippine
Islands. De acuerdo con un escrito enviado a las obediencias masónicas de todo el mundo, los motivos que habían llevado a los
masones americanos residentes en Filipinas a crear una gran logia
eran los problemas que provocaban la lejanía con la sede de la
obediencia californiana. Además, consideraban que el archipiélago se trataba de un «territorio libre masónicamente», por lo que,
al contar con el número de logias necesario para crear esta estructura, habían decidido crear una gran logia[258].

El hecho de que los masones americanos consideraran el archipiélago filipino un "territorio libre" y la ausencia de cualquier
tipo de mención a la Gran Logia Regional de Filipinas, que había
sido creada varios años antes, demuestran que en ese momento
las relaciones entre americanos y filipinos en el campo masónico
eran prácticamente inexistentes y que los estadounidenses igno-
raban las logias filipinas a pesar del destacado rol político que tenían algunos de sus miembros. Tras la propuesta de fusión tras la

---

[258] «Grand Lodge of Free and Accepted Masons of the Philippine Islands», Manila,
26/XII/1912, CDMH 278-A-1.

reunión celebrada en 1904, los masones americanos habían dejado de visitar las logias filipinas y en 1910 habían cambiado su postura oficial con respecto a los talleres del GOE en el archipiélago, publicando una resolución por la que los consideraban irregulares[259]. A partir de 1914, los miembros de la Grand Lodge of Free and Accepted Masons of the Philippine Islands empezaron a aceptar a filipinos en sus logias e insistieron en este punto, afirmando que la obediencia española no tenía derechos masónicos en Filipinas y animando a los masones del archipiélago a abandonar el GOE e incorporarse a su gran logia. Así comenzó una polémica sobre la jurisdicción masónica de Filipinas que no se resolvió hasta 1917 y provocó el cruce de numerosas acusaciones entre los masones filipinos y los norteamericanos que residían en el archipiélago.

Esta disputa por el control de masonería entre las grandes logias americanas y las obediencias masónicas españolas ya se había dado en los dos otros territorios que habían pasado a estar bajo control de los Estados Unidos tras el Tratado de París en 1898. En el caso de Cuba se trataba de una disputa que se prolongaba desde las últimas décadas del siglo XIX, cuando la masonería norteamericana había apoyado la creación de grandes logias cubanas dependientes de la institución masónica en Estados Unidos a pesar de la existencia de logias pertenecientes a obediencias españolas. Tras la guerra, la Gran Logia de la Isla de Cuba se había consolidado como la obediencia más importante de la isla y se había americanizado hasta el punto de romper relaciones con el Grand Orient de France en 1905[260].

En Puerto Rico la masonería española y, sobre todo, el Grande Oriente Español, se había mantenido como la obediencia mayori-

---

[259] Logia *Balagtas* al gran consejo del GOE, Manila, 20/IX/1910, CDMH 270-A-3. El venerable de la logia Balagtas se lo comunicaba así al GOE en 1910: «últimamente por informes fidedignos y precisos que tengo he sabido que dicha Logia *Manila* ha declarado irregular a las logias españolas, como así denomina a las filipinas, y a tal extremo llegó que hasta gestionó de la Respetable Logia *Perla de Oriente* de la obediencia de la Gran Logia de Escocia para que aquella no permitiera entrar en su Templo a los miembros de las Logias filipinas».

[260] Soucy, Dominique: *Masonería y Nación...*, p. 348.

taria hasta finales del siglo XIX a pesar de la creación de una gran logia puertorriqueña dependiente de las obediencias cubanas. Tras el cambio de colonizador las logias del Grande Oriente Español se reorganizaron a pesar las protestas de esta Gran Logia Soberana de Puerto Rico, que no pudo impedir la creación por parte de los masones del GOE en la isla de una Gran Logia Regional de Puerto Rico en 1912 similar a la que había sido creada unos años antes en Filipinas[261]. Esta cuestión, junto a la implantación de logias del GOE en diversos estados de la unión norteamericana, provocó varias disputas entre la obediencia española y las grandes logias americanas en el seno de diversas organizaciones masónicas internacionales. Los americanos acusaban al Grande Oriente Español de poner en marcha una política «antiamericana» en Puerto Rico y Filipinas y pidieron en varias ocasiones el abandono de estos territorios por la obediencia española[262].

El origen de estas disputas estaba en la división del movimiento masónico que se había producido a mediados del siglo XIX, cuando las principales obediencias belga y francesa habían eliminado de sus estatutos los artículos que prohibían las discusiones políticas y religiosas en las logias, así como la obligación de creer en el Gran Arquitecto del Universo y en la inmortalidad del alma. Esto provocó un gran escándalo entre los masones anglosajones e hizo que la Gran Logia de Inglaterra rompiera relaciones con estas obediencias y con las que siguieran su modelo, lo que provocó la aparición de dos familias masónicas. Por un lado, la de las obediencias consideradas regulares, ya que mantenían relaciones con la Gran Logia de Inglaterra; y por el otro, la de las obediencias irregulares o latinas, que en general estaban muy ligadas al Grand Orient de France y permitían las discusiones polí-

[261] Ayala, José A.: *La Masonería de Obediencia Española en Puerto Rico en el Siglo XIX*. Murcia, Universidad de Murcia, 1991, pp. 245-251.

[262] Sánchez Ferré, Pere: «Los Pleitos de Territorialidad en el Seno de la AMI: el Caso del Gran Oriente Español y sus Logias Americanas (1900-1930)», en *Masonería Española y Americana Vol. I*, editado por Ferrer Benimeli, José Antonio (p. 392). Zaragoza, Centro de Estudios Históricos de la Masonería Española, 1993.

ticas y religiosas, además de la afiliación de agnósticos y ateos[263]. Aparentemente, los estadounidenses no veían con buenos ojos que en los territorios que habían adquirido tras el Tratado de París la masonería latina fuera mayoritaria, y probablemente este fue uno de los motivos por los que trataron de imponer su gran logia entre los filipinos a partir de 1914.

A pesar del desarrollo que habían experimentado las logias del Grande Oriente Español en el archipiélago asiático, la organización de la Gran Logia Regional de Filipinas y sus relaciones con el gran consejo de la obediencia española dejaban mucho que desear. Entre 1908 y 1911 no hubo comunicación entre ambas entidades y en los primeros años de la segunda década del siglo XX los escritos de los grandes maestros de la estructura regional eran principalmente quejas por la falta de atención y peticiones para obtener una mayor autonomía que remediara los inconvenientes que causaba la gran distancia existente entre la sede del GOE y sus logias en Filipinas[264]. Según Juan N. Aragón, el gran maestre en 1912, la Gran Logia Regional de Filipinas funcionaba tan sólo como «un cuerpo intermediario» entre el GOE y los talleres masónicos del archipiélago, por lo que prácticamente lo único que sabían acerca de la vida de las logias eran el nombre de sus dignatarios. Esto le impedía, por ejemplo, realizar un censo exacto de los masones afiliados al GOE en Filipinas[265].

Esta situación de la logia regional y sus poco fluidas relaciones con el gran consejo del Grande Oriente Español probablemente fueron uno de los motivos por los que los masones filipinos tardaron en responder a la creación de la Grand Lodge of Free and Accepted Masons of the Philippine Islands. También parece que

---

[263] Álvarez Lázaro, Pedro: «Origen, Evolución y Naturaleza de la Masonería Contemporánea», en *Maçonaria, Egreja e Liberalismo. Masonería, Iglesia y Liberalismo, Actas da Semana da Faculdade de Teologia, Porto, 1994*, editado por Álvarez Lázaro, Pedro (pp. 46-53). Porto, Madrid, 1996.

[264] El gran maestre de la Gran Logia Regional de Filipinas al gran consejo del GOE, Manila, 1/VII/1911. CDMH 278-A-1.

[265] El gran maestre de la Gran Logia Regional de Filipinas al gran consejo del GOE, Manila, 3/V/1912, CDMH 278-A-1.

influyó la postura ambigua de Felipe Buencamino acerca de la actitud a tomar con los masones americanos, ya que este abogado filipino volvió a ocupar la gran maestría de la Gran Logia Regional de Filipinas en 1913 y 1914. No fue hasta 1915, cuando ya había abandonado su puesto al frente de la estructura regional, cuando comunicó la nueva coyuntura a los dignatarios del Grande Oriente Español. Lo hizo en una carta dirigida a Miguel Morayta en la que volvía a utilizar su peculiar vocabulario para analizar la situación masónica en el archipiélago y las repercusiones que tenía para las logias de la obediencia española.

En el escrito Buencamino explicaba que en ese momento el GOE contaba con veinte logias en Filipinas, mientras que en el archipiélago también había una logia del Grande Oriente Lusitano Unido, otra de la Gran Logia de Escocia y varias de obediencia americana. Según Buencamino, el problema para las logias del GOE era que las americanas habían comenzado a aceptar a filipinos en sus filas y habían creado su propia gran logia, lo que podía provocar que los americanos –«audaces como el que más y prevalidos de su soberanía temporal en las Islas»– establecieran un Oriente Filipino para después absorber al resto de logias de otros orientes. Por ello afirmaba que los masones filipinos debían adelantarse y crear un «Gran Oriente de Filipinas bajo los auspicios del Grande Oriente Español»[266].

De esta forma, Buencamino volvía a resucitar la idea de crear una obediencia masónica filipina. En su opinión, esto no significaba que hubiera disminuido el aprecio de los filipinos por la masonería española o el recuerdo de su papel en la última década del siglo XIX, pero las circunstancias les obligaban a crear un oriente filipino independiente. Por ese motivo, proponía al propio Morayta desplazarse a gastos pagados hasta Filipinas para presidir la instalación de esta nueva estructura masónica[267]. Morayta respondió poco después comunicándole que debido a su avanzada edad le era imposible hacer el viaje hasta el archipiélago asiático,

---

[266] Felipe Buencamino a Miguel Morayta, Manila, 28/II/1915, CDMH 252-A-8.
[267] Ibidem.

aunque afirmaba haber tratado la cuestión con el gran consejo de la orden. Buencamino contestó planteando sus dudas acerca de los derechos del GOE sobre la jurisdicción masónica del archipiélago tras la creación de la Grand Lodge of Free and Accepted Masons of the Philippine Islands. Además, seguía insistiendo en que muy a su pesar la única solución era separarse del GOE y crear un oriente filipino, afirmando de forma dramática: «amamos a España y amamos al Grande Oriente Español, pero amamos también nuestra propia existencia sin la cual no podemos vivir»[268].

La ambigüedad de la postura de Buencamino se puso de manifiesto con la llegada al puesto de gran maestre de la Gran Logia Regional de Filipinas de Teodoro Kalaw, que fue mucho más reactivo a la hora de responder a las amenazas que según los masones filipinos se cernían sobre las logias del Grande Oriente Español. En su discurso de toma de posesión en mayo de 1915 ya manifestó que era hora de que los filipinos actuaran ante la situación de la masonería en el archipiélago y tres meses más tarde organizó una asamblea de maestros masones cuya primera decisión fue redactar una resolución de protesta por la creación de la gran logia fundada por los americanos. El documento afirmaba que Filipinas no era territorio masónicamente libre y acusaba a la Grand Lodge of Free and Accepted Masons of the Philippine Islands de haber infringido los derechos de soberanía jurisdiccional de la Gran Logia Regional de Filipinas, que había sido creada con anterioridad, y del Grande Oriente Español, que «desde tiempo inmemorial y sin renuncia ni abandono por su parte, ha estado ocupando masónicamente el territorio filipino»[269].

La defensa de Teodoro Kalaw de los derechos masónicos del Grande Oriente Español en Filipinas era mucho más decidida que la de Felipe Buencamino. En una carta enviada a Miguel Morayta en agosto de 1915 Kalaw explicó detenidamente la problemática aparecida tras la creación de la GLFAMPI y la puesta en marcha

---

[268] Felipe Buencamino a Miguel Morayta, Manila, 6/IX/1915, CDMH 278-A-1.
[269] «Memoria sobre la reorganización de la Gran Logia Regional de Filipinas», 1916, CDMH 252-A-8.

de «una activísima labor de propaganda» por parte de los masones americanos para atraer a los miembros del GOE. Para Kalaw, lo más grave era que los estadounidenses estaban imponiendo su cultura en el archipiélago y ya había filipinos educados en el sistema colonial americano que se habían incorporado a sus logias, lo que en el futuro podía convertir esa disputa en una «guerra civil» entre masones filipinos:

> Aunque los americanos dejen las Filipinas, su influencia, sus instituciones, y especialmente su idioma quedarán aquí por mucho tiempo, sino para todo el tiempo. Jóvenes intelectuales educados en instituciones americanas figuran ya en las logias por ellos fundadas. Estoy convencido de que están dispuestos a sostener su Gran Logia, aun cuando políticamente Filipinas dejase de pertenecer a los Estados Unidos. Ese es su objeto. Si la cuestión se redujera a una lucha entre logias americanas, las de ellos, logias filipinas, las nuestras, el asunto no tendría importancia. Pero no es así: desde el momento en que ellos instituyen logias filipinas, integradas por ilustrados filipinos, la lucha será entre filipinos mismos, lo cual no podemos ni debemos permitir[270].

Para contextualizar las palabras de Kalaw hay que tener en cuenta que se trataba de uno de los principales defensores de la cultura hispana. Con su defensa de las logias de obediencia española en Filipinas no estaba haciendo otra cosa que aplicar al ámbito masónico los principios por los que llevaba luchando desde hacía más de una década en la prensa filipina.

Teodoro Kalaw era un conocido periodista, abogado y político nacionalista. Nacido en 1884, desde la primera década del siglo XX destacó por sus artículos en la prensa nacionalista de Manila. En 1903, al mismo tiempo que completaba sus estudios en la Escuela de Derecho, se incorporó a la redacción del periódico *El Renacimiento*, del que llegó a ser director en 1907 con tan solo veintitrés años. De hecho, estaba al frente de esta publicación

---

[270] Teodoro Kalaw a Miguel Morayta, 27/VIII/1915, CDMH 252-A-8.

cuando en 1908 se publicó el conocido editorial titulado «Aves de Rapiña». Este artículo hizo que el americano Dean Worcester, entonces secretario de Interior y miembro de la Comisión Filipina, pusiera una denuncia por libelo que unos meses más tarde supuso el cierre de este periódico[271].

A partir de ese momento Kalaw se dedicó plenamente a la política en el seno del partido Nacionalista y fue diputado y secretario de la Asamblea Filipina antes de convertirse en subsecretario y más tarde secretario del departamento de interior en 1921[272]. No obstante, más que por su papel en la política Teodoro Kalaw es recordado como intelectual y como autor de numerosas obras sobre la historia de Filipinas. Es considerado como uno de los principales exponentes del filipinismo, la corriente que a principios del siglo XX defendió la conservación de los elementos hispanos existentes en la cultura filipina frente a los partidarios de la americanización del archipiélago[273]. Este debate estuvo muy presente en la prensa filipina durante las dos primeras décadas de la colonización norteamericana debido a los esfuerzos realizados por el nuevo colonizador por implantar la lengua y la cultura anglosajona, ya que lo consideraba un paso fundamental para implantar un sistema democrático en el archipiélago y llevar a cabo la «asimilación benevolente» por la que habían llegado al archipiélago. La llegada de profesores norteamericanos poco después del inicio del dominio norteamericano es la medida más conocida de la política educativa americana en Filipinas, que fue la única que

[271] Ver Cano, Gloria: «El Renacimiento Frustrado. Análisis de un Diario Proto-Nacionalista con Alma Española», en *Filipinas, un País Entre Dos Imperios*, editado por Elizalde Pérez-Grueso, María Dolores, y Delgado Ribas, Josep María (pp. 299-328). Barcelona, Edicions Bellaterra, 2011.

[272] *Filipinos in History: Vol. 3*. Manila, National Historical Institute, 1990, pp. 135-140.

[273] Mojares, Resil B.: «The Formation of Filipino Nationality Under U.S. Colonial Rule», en *Philippine Quarterly of Culture and Society*, vol. 34, nº 1 (2006), p. 14. Mojares señala a Jorge Bocobo, Teodoro Kalw, Epifanio de los Santos y Rafael Palma como los principales defensores del filipinismo.

se mantuvo dirigida por un funcionario estadounidense hasta el inicio de la Mancomunidad en 1935[274].

El debate entre sajonistas y filipinistas parece haber surgido en los primeros años del siglo XX en el seno del Liceo de Manila y de la Escuela de Derecho, dos instituciones gestionadas por filipinos en las que se educaron buena parte de los miembros de la élite filipina que dirigieron el país durante la colonización norteamericana[275]. Entre los profesores de estas instituciones se encontraba Trinidad Hermenegildo Pardo de Tavera, que fue el principal ideólogo del partido Federal y el más convencido defensor de la incorporación del archipiélago a la federación estadounidense. Pardo también defendía la transformación de la sociedad filipina a través de la adopción de la civilización anglosajona, estableciendo una dicotomía entre «pasado y presente, tradición y modernidad, religión y secularismo, y la colonización española y estadounidense»[276]. En este sentido daba mucha importancia a la adopción del inglés como lengua común entre los filipinos y a su utilización tanto en la enseñanza como en el gobierno. Se trataba de una postura contraria a la de otros intelectuales que frecuentaban la Escuela de Derecho como el propio Teodoro Kalaw, Felipe G. Calderón o Rafael Palma, que también tuvieron un papel importante en la redacción del periódico *El Renacimiento*.

Este diario fue el portavoz de la oposición nacionalista de Manila y llevó a cabo varias campañas en contra de la utilización del inglés en las escuelas y a favor del mantenimiento del español como idioma oficial en Filipinas[277]. En sus páginas también se publicaron algunos de los artículos que propagaron la teoría de que el idioma español transmitía mejor que el inglés los senti-

---

[274] Ver Rodao, Florentino: «Spanish Language in the Philippines: 1900-1940», en *Philippine Studies: Historical and Ethnographic Viewpoints*, vol. 45, no 1 (1997), pp. 94-107.

[275] Cullinane, Michael: *Ilustrado Politics...*, p. 130.

[276] Mojares, Resil B.: *Brains of the Nation...*, p. 181.

[277] Cano, Gloria: «El Renacimiento Frustrado…», p. 310.

mientos del «alma filipina»[278]. Esta idea fue duramente criticada por Pardo de Tavera en varias ocasiones, pero a pesar de ello esta corriente filipinista fue la predominante entre los intelectuales filipinos en las dos primeras décadas del siglo XX, sobre todo entre aquellos ligados al partido Nacionalista[279].

Y es que, aunque bajo el dominio español el castellano no se extendiera entre la mayor parte de la población filipina, el idioma del colonizador fue adoptado por las élites como lengua franca ante la existencia de numerosas lenguas en el archipiélago. Estos filipinos estaban completamente sumergidos en la cultura hispana, como lo demuestra que durante las primeras décadas del siglo XX el castellano siguiera siendo la principal lengua de la vida política y que en este período se produjera un auge de la literatura filipina en español[280].

La cultura hispana parece haber adoptado incluso un cierto carácter anticolonial al inicio de la dominación americana[281]. Antes la imposibilidad de expresar la oposición al nuevo dominio colonial en el campo político, la defensa del castellano se convirtió en una forma de resistencia cultural al poder estadounidense[282]. Tras la legalización de los partidos nacionalistas y la victo-

---

[278] El origen de esta teoría parece haber sido el artículo «La Hegemonía Española en el Alma Filipina», publicado por Rafael Palma en 1900 en el periódico *El Nuevo Día*. En 1905 Teodoro Kalaw y Felipe G. Calderon retomaron este tema en las páginas de *El Renacimiento* poco después del inicio de la campaña realizada por este periódico en defensa como lengua oficial en los tribunales filipinos (Palma, Rafael: «La Hegemonía Española en el Alma Filipina», en *El Nuevo Día*, vol. V, nº 5 (1900) (publicando en *Cultura Filipina*, V/1914). Calderón, Felipe G.: «¿Desaparecerá el Alma Filipina? A T. M. Kalaw», en *El Renacimiento*, vol. VI, nº 10, 1905).

[279] Mojares, Resil B.: «The Formation of Filipino Nationality Under U.S. Colonial Rule», *Philippine Quarterly of Culture and Society*, vol. 34, nº 1 (2006), p. 15. Rodao, Florentino: «Spanish Language in the Philippines…», p. 101.

[280] Ver Ortuño Casanova, Rocío, y Gasquet, Axel: *El Desafío de la Modernidad en la Literatura Hispanofilipina (1885-1935)*. Leiden, Brill, 2022.

[281] Rodao, Florentino: «Spanish Language in the Philippines…», p. 101.

[282] En 1906 James Leroy, un funcionario colonial americano que había residido en Filipinas y que aconsejaba a Taft sobre la situación en el archipiélago, señaló a los defensores de la conservación de esta «alma filipina» como los principales opositores a la consolidación de la colonización americana (Cano, Gloria: *The "Spanish Colonial*

ria de esta corriente en las elecciones a la Asamblea Filipina en 1907, este filipinismo hispanizado permitió a la élite nacionalista marcar diferencias con los colonizadores y justificarse frente a los elementos de la sociedad filipina que defendían un nacionalismo más radical[283].

En todo caso, parece claro que en la década de 1910 la mayoría de la élite filipina seguía estando hispanizada, aunque los efectos de la elección del inglés como lengua del sistema educativo hacía presagiar un cambio en el futuro próximo. En el seno de la masonería esta problemática había surgido ya en 1906, cuando al reorganizar la logia *Nilad*, Ramón Diokno había planteado la posibilidad de traducir los documentos masónicos al tagalo para poder iniciar a aquellos filipinos que no dominaban el castellano pero que eran «capaces y dignos» de formar parte de la masonería. Según Diokno, ya en ese momento la «avalancha» del idioma inglés en las instituciones educativas y el cambio de colonizador había hecho que muchos «jóvenes ilustrados» descuidaran el castellano para estudiar el inglés, por lo que el uso de las lenguas vernáculas podía ser interesante para aumentar el número de miembros de las logias filipinas[284].

En 1915 Felipe Buencamino hizo un comentario similar en una de sus cartas a Miguel Morayta. Incluso si a la hora de crear la Gran Logia Regional de Filipinas había utilizado como argumento que las logias americanas habían adoptado el castellano para atraer a los filipinos, en ese momento afirmaba que la juventud filipina, «después de dieciséis años de enseñanza del inglés, habla el inglés y no el castellano», lo que limitaba el número de candidatos a las logias del GOE y hacía que pudieran verse arrastrados a las logias americanas[285]. Esta situación también la señala-

---

Past" in the Construction of Modern Philippine History: A Critical Inquiry Into the (Mis)Use of Spanish Sources, Tesis de doctorado en Historia, National University of Singapore, 2005, p. 128).

[283] Mojares, Resil B.: «The Formation of Filipino Nationality...», p. 15.

[284] Logia *Nilad* al gran consejo del GOE, Manila, 3/IX/1906, CDMH 289-A-1.

[285] Felipe Buencamino a Miguel Morayta, Manila, 6/IX/1915, CDMH 278-A-1.

ron algunas de las logias situadas en las provincias filipinas más alejadas de la capital[286], aunque hasta ese momento tanto en Manila como en las regiones cercanas esta cuestión no había impedido que las logias del GOE aumentaran considerablemente su número de afiliados. De hecho, en las logias del GOE también había masones que se manifestaban en favor de la conservación del español porque se trataba de la lengua que mejor expresaba los sentimientos filipinos[287].

En realidad, los masones filipinos consideraban que el avance del inglés en la sociedad filipina podía comprometer el futuro de las logias filipinas del GOE, sobre todo después de que las logias americanas hubieran comenzado a aceptar a originarios del archipiélago en sus filas. En 1914 Rafael Palma, en ese momento venerable de la logia *Sinukuan*, se pronunció al respecto al responder a un escrito del GOE por el que los miembros de su taller masónico eran nombrados hermanos predilectos. Palma afirmaba que los filipinos deseaban conservar la lengua con la que habían aprendido «los ideales de libertad, igualdad y fraternidad de los hombres y de los pueblos» pero dudaba de que el español pudiera conservarse «por mucho tiempo más allá de dos generaciones» debido a «las circunstancias y las conveniencias de este país»[288]. Sin duda se refería a las políticas de americanización implantadas por el sistema colonial de los Estados Unidos, cuyos representantes, al igual que Pardo de Tavera, seguían afirmando que se trataba de un paso necesario en la modernización de la sociedad filipina para alcanzar las condiciones necesarias para ejercer el autogobierno.

---

[286] Por ejemplo, la logia *Maguindanaw*, situada en la isla de Mindanao (Cuartero Escobés, Susana: *La Masonería Española en Filipinas... Vol. II*, p. 184).

[287] Se trata de los miembros de la logia *Banahaw*, en Antimonan, Tayabas. Querían mantener el español como lengua oficial: «Nos conviene hacer todos los medios para que esta lengua sea la oficial en este país y por nuestra parte pondremos todo nuestro esfuerzo para que sea un hecho» (Cuartero Escobés, Susana: *La Masonería Española en Filipinas... Vol. II*, p. 184).

[288] Logia *Sinukuan* al gran consejo del GOE, Manila, 15/II/1914, CDMH 788-A-2.

Desde mediados de 1915 Teodoro Kalaw mantuvo una intensa correspondencia con varios masones norteamericanos en los que debatía sobre la cuestión de la soberanía masónica de Filipinas. Desde un primer momento, Kalaw se negó a aceptar que las logias filipinas del Grande Oriente Español fueran irregulares, ya que la obediencia española estaba bien implantada en el archipiélago desde los años 1890 y, además, la Gran Logia Regional de Filipinas había sido creada varios años antes que la Grand Lodge of Free and Accepted Masons of the Philippine Islands. Los masones americanos, por su parte, insistían en que el archipiélago filipino era un territorio «masónicamente libre» debido a que la GLRF era una estructura regional dependiente del GOE y no una obediencia masónica propiamente dicha. De hecho, en su opinión las únicas logias que se podían calificar de «filipinas» eran las de la GLFAMPI, mientras que las lideradas por Kalaw eran «logias españolas, la mayoría de cuyos miembros son filipinos»[289].

La respuesta de Kalaw no se hizo esperar. En su opinión, no había duda de que las logias del GOE eran las que representaban a la «Masonería Nacional Filipina» debido a que en sus filas habían militado algunos de los más conocidos patriotas filipinos y a que la mayoría de sus miembros eran originarios del archipiélago. En este sentido, Kalaw recordaba a los masones norteamericanos que al crear la GLFAMPI en ningún momento se habían puesto en contacto con los masones filipinos y que, en sus dos primeros años de vida, esa gran logia no había aceptado a ningún nativo del archipiélago entre sus miembros. Por lo tanto, afirmaba que seguirían luchando por un derecho que consideraban legítimo, ya que según los principios masónicos no podía dejarse de lado toda la tradición masónica filipina «por una interpretación convencional de los principios que rigen en nuestra Institución»[290].

Lo que Kalaw no comunicó a los masones americanos en ningún momento es que desde julio de 1915 los masones filipi-

---

[289] «Una Discusión Importante Sobre la Soberanía Territorial de Filipinas», en *Hojas Sueltas*, vol. X (1915).
[290] Ibidem.

nos habían decidido que la única alternativa a la incorporación a la GLFAMPI era la creación de un oriente filipino con el beneplácito y la ayuda del Grande Oriente Español. Sí se lo dijo a Miguel Morayta en marzo de 1916, cuando le comunicó que los masones filipinos habían decidido que era necesaria «la constitución de una Gran Logia Nacional Soberana para poder luchar contra las fuerzas invasoras de la masonería americana»[291]. Y es que la GLFAMPI había conseguido el reconocimiento de varias logias extranjeras, entre ellas la Gran Logia de Escocia, mientras que la protesta enviada el año anterior por la Gran Logia Regional de Filipinas solo había recibido algunas contestaciones, «a veces favorables, a veces desfavorables»[292]. Además, mientras se daban los pasos necesarios para llevar a cabo este proyecto, Kalaw pidió al GOE que aumentara el poder del gran maestre de la Gran Logia Regional de Filipinas, ya que desde que ocupaba ese puesto se había dado cuenta de las dificultades para mantener la unidad y la disciplina entre las logias filipinas con las pocas competencias que tenía hasta ese momento. En su petición subrayaba el hecho de que las decisiones del gran consejo tardaban cuatro o cinco meses en llegar y que en las circunstancias en las que se encontraban era demasiado tiempo. Por ese motivo, concluía que era necesario realizar reformas si los masones españoles querían «conservar la adhesión y la amistad de los miles y miles masones filipinos y de las veintiséis logias» del GOE que había en ese momento en Filipinas[293].

Finalmente, en octubre de 1916 Teodoro Kalaw envió al GOE todos los documentos necesarios para llevar a cabo la reforma que desembocaría en la creación de una Gran Logia Nacional de Filipinas. Entre ellos destacaba el proyecto de constitución de esta obediencia, en cuya redacción habían participado, según Kalaw, «las inteligencias masónicas más

---

[291] Teodoro Kalaw a Miguel Morayta, Manila, 17/III/1916, CDMH 252-A-8.
[292] Ibidem.
[293] Ibidem.

preclaras del país»[294]. Sin embargo, no todos los masones filipinos sentían tanto aprecio por el Grande Oriente Español como Teodoro Kalaw y entre ellos hubo discusiones acerca de si era necesario contar con el beneplácito de la obediencia española para proclamar la creación de la Gran Logia Nacional de Filipinas. Finalmente se decidió dar un plazo de seis meses para recibir una respuesta antes de tomar más medidas[295].

Por este motivo Kalaw insistió en su escrito a Morayta de la necesidad de dar una respuesta positiva a su demanda si el Grande Oriente Español quería seguir estando presente en Filipinas. Una de las razones por las que los masones filipinos habían tardado más de un año en enviar los documentos necesarios para realizar la reforma de la Gran Logia Regional de Filipinas era que estaban esperando la aprobación de la Ley Jones. Este texto, que finalmente fue aprobado por el Congreso norteamericano a finales de agosto de 1916, otorgaba la autonomía en el gobierno a Filipinas y prometía la independencia futura del archipiélago. Por este motivo, según afirmaba Kalaw, los masones filipinos consideraban que, ya que habían conseguido la autonomía política, no era lógico que los filipinos siguieran dependiendo de un poder extranjero en el campo masónico. Además, creía que se trataba de una oportunidad para que España se resarciera de lo ocurrido en los últimos años del siglo XIX:

> Los masones filipinos creen –y con razón– que, si ellos por la Ley del Congreso de los Estados Unidos son capaces para un gobierno político, no hay razón por qué se les debe negar capacidad para un gobierno masónico propio. Estados Unidos rectificó la obra de España al reconocer en menos tiempo al pueblo filipino su derecho al gobierno propio. España puede deshacerse de alguna manera de este error, haciendo que la Francmasonería es-

---

[294] Teodoro Kalaw a Miguel Morayta, Manila, 14/X/1916, CDMH 252-A-8.
[295] «Memoria sobre la reorganización de la Gran Logia Regional de Filipinas», 1916, CDMH 252-A-8.

pañola, de quien todavía depende la Francmasonería Filipina, al separarse de la española, con quien ha convivido mucho tiempo en paz y en amor, podrá colmarla de toda clase de bendiciones, como ahora el pueblo filipino no tiene más que bendiciones para Estados Unidos por la ley que le ha concedido su libertad[296].

Por lo tanto, al igual que una década antes, los intentos de los masones americanos por atraer a los masones filipinos habían provocado una reacción opuesta. Si en la primera ocasión habían provocado indirectamente la creación de la Gran Logia Regional de Filipinas, en este momento los masones filipinos pretendían dar un paso más allá y fundar su propia obediencia masónica. Sin embargo, los masones americanos habían dejado claro que solo consideraban regulares a las logias afiliadas a la Grand Lodge of Free and Accepted Masons of the Philippine Islands. Como lo demuestran igualmente los casos de Cuba y Puerto Rico, los americanos daban mucha importancia al control de la masonería en las colonias que habían pasado a la soberanía americana tras 1898. Por este motivo, el apoyo del Grande Oriente Español se antojaba decisivo para que el proyecto de Gran Logia Nacional de Filipinas pudiera llevarse a cabo y esta obediencia fuera reconocida por un número suficiente de potencias masónicas. Además, Teodoro Kalaw contaba con el apoyo de Manuel Quezón, que tras haber realizado una labor decisiva para la aprobación de la ley Jones, se iba a convertir en el político nacionalista más popular del archipiélago tras su vuelta a Filipinas.

---

[296] Teodoro Kalaw a Miguel Morayta, 14/10/1916, CDMH 252-A-8.

CAPÍTULO 8

Manuel Quezón y el final de las logias de obediencia española en Filipinas

Según cuenta Francis B. Harrison en sus diarios, en 1943 mantuvo una conversación sobre la masonería con Manuel Quezón, por aquel entonces presidente de la Mancomunidad de Filipinas en el exilio a causa de la ocupación japonesa. En ella Quezón explicó al político estadounidense los motivos por los que había abjurado de la masonería a inicios de los años 1930 y le contó un diálogo que había mantenido con su futuro confesor poco antes de dejar las logias. A la afirmación del miembro de la Iglesia Católica de que los líderes de la masonería ocultaban a sus miembros el verdadero objetivo de esa institución, Quezón le había respondido: «¿Usted sabe quién soy yo? ¡Soy el cardenal de los masones! ¡Casi podría decir que soy su Papa!»[297].

A pesar de ello el político filipino había abandonado la masonería poco después, en teoría debido a que había experimentado un «renacimiento espiritual» tras una enfermedad y a causa de la influencia de su mujer y sus hijas[298]. Sin embargo, al analizar este

---

[297] «Do you know who I am? I am the Cardinal of the Masons! I almost might say their Pope!» (Burton Harrison, Francis, y Onorato, Michael P.: *Origins of the Philippine Republic: Extracts from the Diaries and Records of Francis Button Harrison.* Ithaca, N.Y., 1974, p. 214).

[298] Quirino, Carlos: *Quezon. Man of Destiny.* Manila, McCullough Printing Company, 1935, pp. 66-67.

vuelco en la biografía de Quezón hay que tener en cuenta el peso electoral de los católicos filipinos de cara a las elecciones presidenciales de 1935. Además, tampoco hay que exagerar la fidelidad de este político filipino a la masonería, una institución de la que Quezón se sirvió políticamente y que abandonó cuando ya no le fue necesaria[299].

Uno de los motivos que había provocado que los masones filipinos tardaran más de un año en enviar el proyecto de constitución de la Gran Logia Nacional de Filipinas al Grande Oriente Español es que estaban esperando la aprobación de la ley Jones por el Congreso norteamericano. Además, según había indicado Kalaw a Morayta en una de sus cartas, los masones filipinos habían pensado que la mejor forma de entregar el proyecto era enviando un representante a Madrid, por lo que habían previsto que Manuel Quezón pasara por Madrid con este propósito en su viaje de vuelta desde Washington[300]. Sin embargo, la repercusión que tuvo en Filipinas la aprobación de la ley hizo que el político nacionalista decidiera volver directamente a Manila, dónde fue recibido como un héroe por sus compatriotas[301].

El haber conseguido que el congreso norteamericano otorgara la autonomía política a los filipinos y reconociera por primera vez la futura independencia del archipiélago, fue un acontecimiento decisivo para la carrera política de Manuel Quezón, que a partir de ese momento disputó el liderazgo del partido Nacionalista a Sergio Osmeña. Quince años antes nadie hubiera creído que este abogado de provincias con un comportamiento dudoso durante el período revolucionario sería el principal líder de la política filipina durante más de tres décadas[302]. Sin embargo, Quezón, al igual que Osmeña, se encontró en el lugar adecuado en el momento correcto y aceptó colaborar con las autoridades norteame-

---

[299] Guéraiche, William: *Manuel Quezon: Les Philippines...*, p. 153.

[300] Teodoro Kalaw a Miguel Morayta, Manila, 14/X/1916, CDMH 252-A-8.

[301] Quirino, Carlos, y Roces, Alejandro R.: *Quezon, Paladin...*, p. 116.

[302] Según la información recogida por la policía colonial, en los primeros meses de la guerra filipino-americana Quezón había ordenar enterrar vivos a dos prisioneros americanos enfermos (Mccoy, Alfred W.: *Policing America's empire...*, p. 110).

ricanas para consolidar el nuevo sistema colonial a cambio de un creciente poder político[303].

La colaboración de Sergio Osmeña y Manuel Quezón con las autoridades coloniales fue muy estrecha, especialmente debido a que sus conexiones con ciertos funcionarios norteamericanos fueron clave para impulsar su carrera política. Esto sin duda influyó en sus decisiones políticas una vez que Quezón empezó a ocupar puestos de relevancia en el sistema colonial implantado por los Estados Unidos[304]. Tanto en sus primeros nombramientos en la administración colonial como fiscal de las provincias de Mindoro y Tayabas como en su victoria en las elecciones a gobernador provincial en 1906 y a diputado a la Asamblea Filipina en 1907, la actuación de varios miembros de la Constabulary, la policía colonial, fueron fundamentales para ocultar varios escándalos que podrían haber acabado con la carrera política de Quezón. Estos funcionarios norteamericanos llegaron a crear un archivo secreto con los «trapos sucios» de este político nacionalista que conservaron durante varias décadas como forma de asegurarse su cooperación. No obstante, la colaboración entre Quezón y las autoridades coloniales fue tan estrecha que nunca tuvieron la necesidad de sacar a la luz estos documentos[305].

---

[303] Cullinane, Michael: *Ilustrado Politics...*, p. 336.

[304] Ver Cullinane, Michael: «Manuel L. Quezon, Filipino-American Politics in Tayabas, 1902-1906», en *Ilustrado Politics...* (pp. 176-194). Quezon City, Ateneo de Manila University Press, 2003. Ver también McCoy, Alfred W.: «Surveillance and Scandal» y «Paramilitary Pacification», en *Policing America's Empire...* (pp. 94-174). Madison, Wisconsin, University of Wisconsin Press, 2009.

[305] Ibidem, pp. 110-111. Entre otras cosas, Quezón había sido acusado de violación mientras ejercía el puesto de fiscal en la provincia de Mindoro y había numerosos rumores sobre la forma en la que trataba a las mujeres. El masón español Abelardo Cuesta, al criticar a Felipe Buencamino y la política de iniciaciones que llevaba a cabo en la logia *Sinukuan*, hacía este retrato de Quezón: «hijo bastardo, según se dice, del P. Alcocer, Obispo que fue de Cebú, y hoy se halla en España, es pues Quezón, natural de Cebú. Él es joven, de buena presencia y creo que tiene la carrera de Abogado. No le conozco personalmente, pero tengo de él referencias que de público se saben y hacen su perfecto retrato. Se le acusa de ser deudor de más de 50.000 pesos adquiridos con astucia y gastados en una vida de dilapidación. Militó como Teniente revolucionario en la guerra de los primeros años, contra los EEUU y es voz pública, de muchos que con él estuvieron, varios de ellos hoy masones, que

Cuando en 1909 fue nombrado Resident Commissioner, representante de la Asamblea Filipina en el Congreso de los Estados Unidos, tanto el gobernador general de Filipinas como el jefe de la Constabulary lo definían como uno de los mejores aliados de la administración colonial, aunque lo consideraban «volátil» y pensaban que necesitaba ser vigilado[306]. Durante su mandato en Washington Quezón siguió colaborando con la policía colonial cada vez que volvía a Filipinas para evitar que se organizaran revueltas que pudieran complicar las negociaciones en el Congreso americano acerca de la independencia[307]. En Estados Unidos, por su parte, siguió estableciendo relaciones con políticos norteamericanos, principalmente con aquellos pertenecientes al partido Demócrata que eran favorables a la independencia de Filipinas.

La victoria de Woodrow Wilson en las elecciones presidenciales de 1913 fue un punto de inflexión para Quezón y para su labor como Resident Commissioner. Su influencia en la política americana sobre Filipinas aumentó considerablemente desde el inicio de la administración demócrata, y parece que participó activamente en el nombramiento del congresista Francis B. Harrison como nuevo gobernador general de Filipinas[308]. La relación entre este político norteamericano y Quezón fue clave para lograr la aprobación de la ley Jones y transformó la situación política en el archipiélago, ya que desde su llegada a Manila el nuevo gobernador prometió que daría los pasos necesarios hacia la independencia y puso en marcha una política de filipinización de la administración colonial. Esta medida fue muy mal recibida por la comunidad americana en Filipinas, pero sin duda ayudó a conso-

---

aun moribundo o cadáver caído en el campo de batalla, le despojó de un anillo de brillantes. Se dice que está dos veces casado, y se afirma que, viviendo sus dos mujeres, vive él públicamente amancebado. Nada de extraño tendrá lo de dos veces casado, dada la libertad de que aquí se goza y utilizan los licenciados. Se le apellida también públicamente de estuprador» (Abelardo Cuesta al gran consejo del GOE, Manila, 25/V/1908, CDMH 268-A-1).

[306] McCoy, Alfred W.: *Policing America's Empire...*, p. 144.

[307] Ibidem, p. 187.

[308] Guéraiche, William: *Manuel Quezon: les Philippines...*, p. 26.

lidar la colaboración con la élite nacionalista, que vio que el nuevo gobernador demócrata escuchaba sus demandas de mayor participación en la administración colonial[309].

Las buenas relaciones de Manuel Quezón con los norteamericanos también se reflejaron en el campo masónico. Parece probable que durante su etapa en Estados Unidos Manuel Quezón visitara ciertas logias masónicas, además de numerosos clubs y sociedades, para tratar de establecer relaciones que le ayudaran a impulsar la causa filipina en Washington[310]. En todo caso, hay documentos que prueban que desde 1915 los masones americanos en Filipinas estuvieron en contacto con Quezón para tratar diversos temas, entre ellos la cuestión de la jurisdicción masónica del archipiélago[311]. Llama la atención el hecho de que, al mismo tiempo que Teodoro Kalaw trataba de defender los derechos de la masonería, Quezón tuviera conversaciones con los masones estadounidenses acerca del futuro de la institución en el archipiélago. Más aun teniendo en cuenta que Quezón había presidido la asamblea de maestros masones que en julio de 1915 había decidido redactar una protesta contra la GLFAMPI y reformar la Gran Logia Regional de Filipinas para crear una nueva obediencia[312].

Una cuestión que había provocado las primeras disputas entre las logias americanas y filipinas es un buen ejemplo del doble juego que Quezón llevó a cabo en el campo masónico. Se trata de la construcción de un nuevo templo masónico en la calle Escolta, la más importante de Manila a principios del siglo XX. Este proyecto había sido iniciado exclusivamente por los masones

---

[309] Gleeck, Lewis E.: *The American Governors-General and High Commissioners in the Philippines: Proconsuls, Nation-Builders and Politicians*. Quezon City, New Day Publishers, 1986, p. 135.

[310] Guéraiche, William: «Sociabilités et Liens Personnels aux Philippines sous la Colonisation Américaine», en *Aséanie*, vol. 6, n° 1 (2000), p. 59.

[311] Milton E. Springer a Manuel Quezon, Manila, 28/VIII/1915, *Quezon Papers Series VII*, Box 141.

[312] Según Teodoro Kalaw, Quezón había sido elegido por los masones filipinos para presidir la asamblea de maestros masones y documentos conservados en el CDMH lo confirman (Kalaw, Teodoro M.: *La Masonería Filipina...*, p. 162. «Memoria sobre la reorganización de la Gran Logia Regional de Filipinas», 1916, CDMH 252-A-8).

americanos, que habían creado una Masonic Temple Association y habían buscado diferentes formas de financiación para llevarlo a cabo[313]. Aparentemente habían encontrado más dificultades de las previstas, por lo que a mediados de 1915 se habían dirigido al gran maestre de la Gran Logia Regional de Filipinas, Teodoro Kalaw, pidiéndole explicaciones por la poca participación de los miembros de las logias del GOE en este proyecto. Milton E. Springer, presidente de la Masonic Temple Association, acusaba a Kalaw de haber frenado la colaboración económica de los masones filipinos, afirmando que estaba seguro de que preferirían celebrar sus reuniones «en el edificio más hermoso en Filipinas» que satisfacer los «móviles egoístas» de algunos de sus dignatarios. Springer se refería a la insistencia de Kalaw de seguir afiliado al Grande Oriente Español, algo que este masón norteamericano no entendía, ya que se trataba de una obediencia que, en su opinión, «había caído en el descrédito». Por este motivo, Springer insistía en que los masones filipinos debían incorporarse a la gran logia creada por los americanos, ya que así podrían beneficiarse de las ventajas de pertenecer a la institución cuando viajaran a Estados Unidos y a los otros muchos países en los que prevalecían las obediencias «regulares». Este era la razón que, según este masón norteamericano, les había empujado a crear la Grand Lodge of Free and Accepted Masons of the Philippine Islands, ya que lo que buscaban era el «bien de todos los masones filipinos»[314].

Kalaw no se dejó convencer por estos argumentos y, de hecho, en diciembre de 1915, suspendió momentáneamente cualquier tipo de relación con las logias americanas[315]. Quezón, sin

---

[313] En enero de 1914 la Masonic Temple Association había solicitado un préstamo de 150.000 dólares a la administración colonial para construir el templo. Harrison, a pesar de que pensaba que no había riesgos, no era favorable a otorgarlo debido a que no tenía una finalidad pública, aunque preguntó su opinión al *Secretary of War*, que se mostró contrario a dar ese préstamo u otros del mismo tipo (Gen. McIntrye au Francis B. Harrison, 19/I/1914, NARA RG350 BOX 675 File Number 13015-2).

[314] Milton E. Springer à Teodoro Kalaw, 27/VIII/1915, *Quezon Papers Series VII*, Box 141.

[315] «Circular de la logia Sinukuan», Manila, 6/XII/1915, *Quezon Papers Series VII*, Box 141.

embargo, siguió estando en contacto durante estos meses con los principales masones norteamericanos y llegó a recibir un escrito en el que se le pedía urgentemente su colaboración para completar la financiación del templo masónico[316]. No hay documentos que expliquen cómo se hizo finalmente, pero al año siguiente la construcción de este edificio de la calle Escolta se completó y su primera planta fue utilizada como primera sede del *Philippines National Bank*. Esta institución, en cuya creación tuvo mucho que ver Manuel Quezón, se convertiría poco después en uno de los mejores ejemplos de la corrupción existente en el seno del partido Nacionalista, así como de la colaboración de la administración colonial norteamericana con la élite filipina[317].

En este templo de la calle Escolta tuvo lugar, a principios de octubre de 1916, un destacado evento masónico que celebraba la vuelta de Manuel Quezón a Filipinas tras la aprobación de la ley Jones. A esta «tenida magna» acudieron más de setecientos masones entre los que se encontraban tanto los miembros de las logias del Grande Oriente Español como las de la Grand Lodge of Free and Accepted Masons of the Philippine Islands. Entre los que pronunciaron discursos se encontraba Teodoro Kalaw que, como gran maestre de la Gran Logia Regional de Filipinas, alabó a Quezón por su éxito político, poniéndolo al nivel de Rizal entre los héroes de la masonería filipina. Para Kalaw la aprobación de la ley Jones era un «triunfo masónico más que un triunfo político», ya que significaba la obtención de la libertad por la que habían luchado los masones filipinos desde hacía veinticinco años. Sin embargo, afirmaba que la labor de Quezón no había terminado debido a que tenía que «encabezar la obra de construcción y de unificación masónica»[318]. A pesar de que este masón filipino

---

[316] Masonic Temple Association a Manuel Quezon, Manila, 9/IX/1915, *Quezon Papers Series VII*, Box 141.

[317] McCoy, Alfred W.: *Policing America's Empire...*, p. 272.

[318] «Discurso pronunciado por el venerable hermano Teodoro Kalaw, Gran Maestre de la Gran Logia Regional de Filipinas, en la recepción dada en honor al ilustre hermano Manuel L. Quezon por la Respetable y Benemérita logia Sinukuan nº 272 en el templo masónico de la Escolta en la noche del 9 de octubre de 1916», CDMH, 252-A-8.

dirigió palabras correctas a los miembros de las logias americanas y no cerraba las logias filipinas a los extranjeros, con esta afirmación probablemente se refería a la labor que Quezón podía cumplir liderando la Gran Logia Nacional de Filipinas, cuya aprobación estaba en ese momento pendiente de la respuesta a la solicitud hecha al Grande Oriente Español.

Sin embargo, al tomar la palabra, Manuel Quezón, además de alabar la labor que la masonería estaba llevando a cabo en Filipinas, se centró en el papel que podía cumplir como «punto de partida para una mejor inteligencia entre los nativos y todos los extranjeros que consideran su patria a Filipinas, porque aquí tienen hogar e intereses». Un mensaje similar al enunciado por Francis B. Harrison en ese mismo acto, donde afirmó que la reunión de tantos masones filipinos y americanos confirmaba su entusiasmo por la institución masónica, que según el gobernador general reunía a «los mejores hombres de Filipinas» y demostraba que la institución masónica era «el mejor medio para la armonía y fraternidad entre todas las razas»[319]. Esta coincidencia deja entrever que la colaboración entre Francis B. Harrison y Manuel Quezón en el campo político también se había trasladado a la masonería, a la que el gobernador general de Filipinas se había iniciado poco después de su llegada a Manila[320]. A lo largo de su mandato en Filipinas, Harrison mostró en varias ocasiones su entusiasmo por el rol que la masonería podía cumplir a la hora de mejorar la relación entre filipinos y americanos y, posteriormente, en sus memorias de su etapa como gobernador de Filipinas, puso como ejemplo la situación de la masonería para recalcar la diferencia entre la colonización española y la norteamericana[321]. Por lo tanto, es posible que Harrison influyera en el cambio de postura de las logias americanas con respecto a la admisión de filipinos en

---

[319] Logia *Sinukuan* al gran consejo del GOE, Manila, 17/X/1916, CDMH, 788-A-2.

[320] Según un artículo de la revista masónica *Acacia* publicado en 1921 Harrison se habían iniciado a la masonería a su llegada al archipiélago, lo que parece probable ya que en varios de sus discursos menciona que no tenía mucha experiencia masónica («Separacion que sentimos», en *Acacia*, vol. 15, nº III, 1921).

[321] Burton Harrison, Francis: *The Corner-Stone of Philippine Independence...*, p. 25.

sus filas y que fuera uno de los principales impulsores de la incorporación de las logias filipinas a la Grand Lodge of Free and Accepted Masons of the Philippine Islands.

De esta forma, la vuelta de Manuel Quezón a Filipinas no tuvo las consecuencias que Teodoro Kalaw había previsto para su proyecto de creación de la Gran Logia Nacional de Filipinas. Además, en diciembre de 1916 el Grande Oriente Español todavía no había dado ningún tipo de respuesta, por lo que el gran maestre de la Gran Logia Regional de Filipinas volvió a escribir a los altos cargos de la obediencia española para solicitar ayuda. En este escrito, Kalaw insistía en que para las logias filipinas la única alternativa a la absorción por la gran logia fundada por los americanos era la creación de una gran logia filipina. La distancia con Madrid, aseguraba, hacía que la obediencia española no pudiera defender correctamente a los masones filipinos, que se quejaban del tiempo de respuesta a sus comunicaciones y del hecho de que ni siquiera hubiera indicios de que el GOE prestara «el menor interés» por su suerte. Por este motivo ya había «prominentes hermanos» que habían decidido apoyar claramente la entrada de las logias filipinas en la Grand Lodge of Free and Accepted Masons of the Philippine Islands si antes de febrero de 1917, cuando estaba prevista la próxima asamblea de la gran logia creada por los norteamericanos, no habían recibido una respuesta del Grande Oriente Español[322].

Manuel Quezón era muy probablemente uno de estos «masones prominentes» a los que se refería Kalaw. Frente a los beneficios que podía sacar de la incorporación de las logias filipinas a la GLFAMPI, sobre todo a la hora de consolidar sus relaciones con el gobernador Harrison y con destacados miembros de la comunidad americana; Quezón no encontraba demasiados inconvenientes en la separación del Grande Oriente Español. Este político nunca se había mostrado como un gran defensor de la cultura hispana en Filipinas y, aunque en público defendiera un nacionalismo a veces agresivo frente al poder colonial, nunca se

---

[322] Teodoro Kalaw a Juan J. Del Carril, Manila, 13/XII/1916, CDMH 252-A-8.

había opuesto al proyecto de americanización de la sociedad filipina. De hecho, unos años más tarde, cuando su disputa con Osmeña provocó la división del partido Nacionalista, su grupo político defendió un programa que estaba a favor de la adopción del inglés como única lengua oficial de Filipinas[323]. Además, Quezón se apoyó principalmente en una nueva generación de jóvenes políticos entre los cuales muy pocos estaban tan apegados a la cultura española como Teodoro Kalaw o el propio Rafael Palma, que, por otra parte, en los años veinte cambió de opinión e incluyó los valores anglosajones en la mezcla que, en su opinión, formaba la esencia del filipinismo[324].

Por otro lado, Quezón sabía que su popularidad entre los masones filipinos había aumentado considerablemente tras la aprobación de la ley Jones. En otoño de 1915 ya había recibido varias resoluciones de varias logias filipinas apoyándole ante las críticas recibidas por un periódico de Manila controlado por el principal partido de la oposición[325]. A finales de 1916, con motivo de su intervención en los actos de conmemoración del vigésimo aniversario de la muerte de Rizal, Quezón recibió aún más muestras de apoyo por parte de los masones filipinos. En dos discursos pronunciados el 30 y el 31 de diciembre de ese año, el presidente del Senado había atacado a las órdenes religiosas y las había responsabilizado de la condena a muerte del héroe filipino. Esto había hecho que recibiera varias resoluciones de los talleres masónicos filipinos, que destacaban el compromiso de Quezón en la lucha contra el clericalismo[326]. Probablemente animado por estas

[323] Guéraiche, William: *Manuel Quezon: les Philippines...*, p. 46.

[324] En 1925, Rafael Palma, en un discurso pronunciado en la University of the Philippines afirmaba: «Filipinism must consist of those basic elements in Malayo-Oriental civilization combined with the basic elements we have assimilated from Spanish and North American civilizations» (University of the Philippines: *Inauguration of Rafael Palma as Fourth President of the University of the Philippines, Manila, Philippine Islands, the Eighteenth Day of July, Nineteen Hundred and Twenty-Five.* Manila, Bureau of Printing, 1925.

[325] «Adhesión al Venerable Hermano Manuel L. Quezon», en *Hojas Sueltas*, vol. X (1915).

[326] «Resolución Logia *Kalilayan*», 2/I/1917, *Quezon Papers Series VII*, Box 141. «Resolución adoptada por la respetable logia Bagumbayan nº 352 del Grande Oriente Espa-

muestras de apoyo y confiado en que los masones filipinos le seguirían, unos días después el presidente del Senado organizó un comité destinado a estudiar la incorporación de las logias filipinas a la Grand Lodge of Free and Accepted Masons of the Philippine Islands. La respuesta de los masones americanos fue inmediata, formando un comité análogo y poniéndose a disposición de Quezón para reunirse lo antes posible[327].

Parece que hasta finales de enero los masones filipinos no tomaron una decisión definitiva acerca de su futuro. La ausencia de respuesta en el plazo solicitado por parte del Grande Oriente Español y, sobre todo, la muerte de Miguel Morayta el 18 de enero de 1917, no ayudaron a los partidarios de la creación de la Gran Logia Nacional de Filipinas. Morayta era el único dirigente del GOE que había mostrado interés por mantener los lazos con los masones filipinos y en los últimos años había intercambiado cartas con los dirigentes de la GLFAMPI defendiendo los derechos de las logias del GOE en Filipinas[328]. Además, su popularidad entre los masones filipinos era notable a causa de la relación que había tenido con figuras como José Rizal o Marcelo del Pilar, por lo que se había convertido en su principal interlocutor en el GOE. Según afirmaría Kalaw años después, la muerte de Morayta supuso que las logias filipinas se consideraran «con libertad para separarse de la obediencia española»[329]. Así, a pesar del luto de tres meses ordenado por la Gran Logia Regional de Filipinas a sus logias y tan solo unos días después de que gracias a la intervención de Quezón se llevaran a cabo servicios funerarios en memoria de Moray-

---

ñol manifestando el testimonio de reconocimiento y simpatía por los discursos pronunciados por el venerable hermano Manuel L. Quezon en contra del clericalismo», 6/I/1917, CDMH 236-A-1. «Resolución Logia *La Regeneración*», 21/I/1917, *Quezon Papers Series VII*, Box 141. Logia Bagumbayan a Manuel Quezon, Manila, 2/II/1917, *Quezon Papers Series VII*, Box 141.

[327] William H. Taylor a Manuel Quezon, Manila, 8/I/1917 y 19/I/1917, *Quezon Papers Series VII*, Box 141.

[328] William H. Taylor a Miguel Morayta, Manila, 11/XII/1915 y 15/IV/1916, *Quezon Papers Series VII*, Box 141.

[329] Kalaw, Teodoro M.: *La Masonería Filipina...*, p. 188.

ta en el templo masónico de la calle Escolta[330], los masones filipinos decidieron abandonar el Grande Oriente Español e incorporarse a la Grand Lodge of Free and Accepted Masons of the Philippine Island.

La afiliación de las logias filipinas a la GLFAMPI se produjo a
inicios del mes de febrero de 1917, en una asamblea en la que
la intervención de Quezón parece haber sido fundamental para
convencer a los masones filipinos de aceptar las condiciones
exigidas por los americanos a última hora[331]. Finalmente, parece
haberse llegado a un acuerdo para, entre otras cosas, alternar
cada año un gran maestre americano y uno filipino. El primero
de esta nacionalidad a ocupar este puesto fue, evidentemente,
Manuel Quezón. Lo hizo en 1918 y más tarde le siguieron otros
notables políticos nacionalistas como Quintín Paredes o Rafael
Palma.

El presidente del Senado filipino siguió muy de cerca la actividad de la Grand Lodge of Free and Accepted Masons of the
Philippine Islands, al menos hasta 1920. En el mes de febrero de
ese año, ante las insinuaciones de un masón americano, tuvo
que responderle que si se interesaba de esa forma a los trabajos
de la gran logia no era por «su beneficio personal o el de sus
amigos», sino para vigilar que el acuerdo de 1917 se respetaba
y que no se cometía «ninguna injusticia»[332]. Sin embargo, parece que durante este período Quezón y otros políticos nacionalistas utilizaron la masonería con fines políticos. El mejor ejemplo es el papel jugado por esta institución en la primera misión
de independencia filipina enviada a los Estados Unidos en
1919. Antes de viajar a la metrópoli a la cabeza de esta delegación, Quezón había recibido sugerencias de la forma en la que
la masonería podría utilizarse en esta campaña política[333]. Una

---

[330] Manuel Quezon a Milton E. Springer, Manila, 7/II/1917, *Quezon Papers Series VII*, Box 141.

[331] Kalaw, Teodoro M.: *La Masonería Filipina...*, pp. 190-191.

[332] Manuel Quezon a Frederic H. Stevens, Manila, 3/II/1920, *Quezon Papers Series VII*, Box 142.

[333] Cuando la misión se estaba preparando, Quezón ofreció formar parte de ella al

vez llegado al continente americano, el líder nacionalista no dudó en servirse de ella, sobre todo ante las dificultades para establecer negociaciones oficiales sobre la independencia ante la ausencia del presidente Wilson, que había dejado Washington para asistir a la conferencia de París. Así, aprovechó los contactos establecidos con los masones estadounidenses en Filipinas y envió a Rafael Palma a visitar las logias americanas[334].

No se conserva ningún documento que presente explícitamente la opinión de Quezón sobre el abandono del Grande Oriente Español y la afiliación de las logias filipinas al GLFAMPI. Sin embargo, los discursos pronunciados en un acto masónico celebrado a finales de febrero de 1917 permiten conocer las reacciones de algunos de los masones más destacados del archipiélago. Mientras que el americano William H. Taylor, el gran maestre de la gran logia en ese momento, afirmó que la unión de los masones del archipiélago era lógica porque todos ellos defendían los principios de «libertad, igualdad y fraternidad», Francis B. Harrison insistió en que la masonería era el mejor medio para conservar los derechos y las libertades civiles. Por eso, decía, había tratado de reunir en la masonería filipina «al mejor grupo de hombres» del archipiélago y celebraba la unión de las logias americanas y filipinas, que consideraba el mayor «acto patriótico» que se había realizado en Filipinas en los últimos años, ya que a partir de ese momento la masonería actuaría como «fuerza moral» de la sociedad filipina[335]. Felipe Buencamino, por su parte, recordó la influencia ejercida por las órdenes religiosas durante la colonización española, agradeciendo tanto a los revolucionarios filipinos como al «pueblo americano esencialmente masónico» el haber

---

periodista filipino formado en Estados Unidos Conrado Benítez. En la respuesta de Benítez, este le indica las ventajas que el presidente del senado filipino podía sacar de la masonería al ser gran maestre de una gran logia anglosajona (Conrado Benítez a Manuel Quezon, 13/XI/1918, *Quezon Papers Series VII*, Box 142).

[334] Guéraiche, William: *Manuel Quezon: les Philippines...*, p. 46. Guéraiche, William : «Sociabilités et Liens Personnels...», p. 62.

[335] «Discursos pronunciados en la noche de la inauguración del nuevo templo de la logia *Sinukuan*», *Hojas Sueltas*, vol. II (1917).

liberado el archipiélago de «la tiranía y la opresión». Buencamino reconocía que había tenido dudas sobre la actitud de los masones americanos, aunque tras la unión de las logias estas se habían desvanecido y en ese momento estaba seguro de que la masonería conseguiría hacer de Filipinas un lugar seguro «para todos los hombres honrados sin distinción de clases, ni de nacionalidades, sin odios internacionales ni de raza»[336].

El único que no mostró demasiado entusiasmo por la unión de las logias filipinas y americanas fue Teodoro M. Kalaw, que quiso aclarar su postura como último gran maestre de la Gran Logia Regional de Filipinas:

> Nosotros, los masones del antiguo Oriente Español, no hemos ido a la fusión sin títulos ni nombre. Hemos traído a ella nuestro pasado heroico e histórico. Teníamos nuestras propias glorias, nuestras propias tradiciones, y una hermosa y magnífica historia llena de heroísmos y sangre. Ese es el caudal que aportamos. Tampoco hemos ido a la fusión, porque hemos dejado de querer al Oriente Español, no. No tenemos más que palabras de gratitud para este Oriente a quien el pueblo filipino debe el haber visto, en medio de las tinieblas en que estaba sumido, la esplendente luz de la verdad masónica. Hemos ido a la fusión por esta sola consideración, única, exclusiva; porque no queremos ver dividida la Francmasonería en Filipinas[337].

Según la transcripción de los discursos publicada por la revista masónica *Hojas Sueltas*, tras esta frase de Kalaw se escucharon «aplausos estruendosos»[338].

En definitiva, la vuelta de Manuel Quezón Filipinas a finales de 1916 no tuvo las consecuencias que esperaban Teodoro Kalaw y los partidarios de la creación de una Gran Logia Nacional de Filipinas. Los intereses políticos del presidente del Senado y su popularidad entre los masones filipinos parecen haber jugado un

---

[336] Ibidem.
[337] Ibidem.
[338] Ibidem.

papel muy importante en la afiliación de las logias filipinas a la Grand Lodge of Free and Accepted Masons of the Philippine Islands. La falta de reactividad del Grande Oriente Español y la muerte de Miguel Morayta también contribuyeron, ya que como lo demuestran las declaraciones de Teodoro Kalaw, todavía había muchos miembros de la élite filipina que estaban más identificados con la cultura hispana que con la anglosajona y que tenían dudas con respecto a la afiliación de las logias filipinas a la gran logia fundada por los americanos.

CONCLUSIÓN

En el artículo publicado en 1920 en la revista masónica *Acacia*, Francis B. Harrison explicaba el cambio experimentado por la masonería en Filipinas en los 25 años precedentes principalmente por el cambio de «espíritu» del gobierno del archipiélago. Pero también aseguraba que la nueva generación de masones filipinos había comprendido mejor la «nobleza» de los principios masónicos[339]. Con esto el gobernador general estadounidense probablemente se refería a la incorporación de las logias filipinas a la Grand Lodge of Free and Accepted Masons of the Philippine Islands en 1917 y a la supuesta aceptación por los masones filipinos del modelo de masonería anglosajón, que para los estadounidenses ponía de manifiesto la adhesión de las élites del archipiélago al proyecto colonial de los Estados Unidos.

No obstante, la aceptación de este tipo de masonería no fue tan evidente como deja entender Harrison. Unos meses antes de la publicación del artículo un grupo de masones filipinos habían abandonado la GLFAMPI y había reorganizado varias logias del Grande Oriente Español en Filipinas, que estuvieron activas hasta 1924[340]. Entre ellos se encontraba Timoteo Páez, al que Harrison había señalado en su texto como ejemplo de la transformación de

---

[339] «Letter from the Governor General Ilust. Broth. F. B. Harrison», en *Acacia*, vol. 15, nº IV (1920).

[340] Cuartero Escobés, Susana: *La Masonería Española en Filipinas... Vol. II*, pp. 243-298.

la masonería filipina. Pues bien, Páez no solo trató de reorganizar las logias del GOE sino que parece que su objetivo final era crear una obediencia masónica filipina independiente como la que había tratado de poner en marcha Teodoro Kalaw[341].

De hecho, a pesar de que desde 1917 la mayoría de los masones del archipiélago se afiliaron a la Grand Lodge of Free and Accepted Masons of the Philippine Islands, las logias filipinas y las formadas por norteamericanos siguieron haciendo vida aparte y utilizando el castellano y el inglés, respectivamente, en sus templos. Parece que solo hubo convivencia entre filipinos y estadounidenses en los talleres dirigidos a los masones con mayor gradación y en las instancias directivas de la gran logia[342]. E incluso en estas se siguió poniendo de manifiesto la diferente concepción de la masonería que continuaba existiendo entre ellos. Por ejemplo, en 1926 en una asamblea de la GLFAMPI Rafael Palma presentó una resolución que pedía la colaboración de los masones residentes en los Estados Unidos para conseguir la independencia de Filipinas. La respuesta de cincuenta de los cincuenta y cuatro norteamericanos presentes en la reunión fue abandonar la sala[343].

En ese mismo año 1926, en una reunión de la Asociación Masónica Internacional, un representante del Grande Oriente Español explicó el abandono de la obediencia española por las logias del archipiélago asiático en 1917 argumentando que los norteamericanos habían hecho «promesas políticas» a los masones filipinos, que además esperaban tener «ventajas personales, porque estaban principalmente empleados por el Estado»[344]. Es posible que esto explicara la colaboración de Manuel Quezón y de otros filipinos con los masones norteamericanos, pero el representante

---

[341] Walter Bruggman a José Lescura, Manila, 10/IV/1924, CMDH 219-A-1.

[342] Fajarado, Reynold S.: *The Brethren: In the Days of Empire...* p. 94. Los apellidos de los dignatarios de las logias publicados en un directorio de 1921 en la revista *Acacia* parecen confirmar esta hipótesis. «Directorio de logias de la Gran Logia de Masones Libres y Aceptados de las Islas Filipinas», en *Acacia*, vol. 15, nº IV (1920).

[343] NARA RG350 BOX 675 File Number 13015-2.

[344] Soucy, Dominique: *Masonería y Nación...*, p. 355.

del GOE olvidaba la negligencia con la que la obediencia española había tratado a sus logias filipinas desde los primeros años del siglo XX. En las últimas décadas del siglo XIX el Grande Oriente Español fue fundamental para el desarrollo de la masonería filipina, primero acogiendo a los miembros del movimiento de la Propaganda y después aceptando la apertura de sus logias en el archipiélago asiático a los filipinos. Pero tras el cambio de colonizador parece que los dirigentes de esta obediencia olvidaron que seguían teniendo talleres masónicos en Filipinas.

Esto hizo que, aunque sus logias siguieran estando afiliados a una obediencia española, la masonería filipina tomara su propio camino en las dos primeras décadas del siglo XX, un período en el que se convirtió en una institución destacada para los miembros de la élite filipina, sobre todo en Manila y en las provincias cercanas a la capital. La masonería filipina fue mucho más influyente en estas décadas que en los años previos a la Revolución filipina, aunque sin la implantación de las primeras logias entre 1892 y 1896, esta institución probablemente no se hubiera desarrollado de la misma manera en el archipiélago tras el cambio de colonizador. En este sentido, la diabolización de la masonería por parte de los miembros de las órdenes religiosas y la persecución de los masones filipinos por las autoridades coloniales, antes y después de la sublevación de agosto de 1896, tuvieron un papel clave. Aunque impidieron que las actividades masónicas se desarrollaran normalmente durante esos años, hicieron que a partir de entonces en Filipinas la institución masónica fuera indisociable del movimiento nacionalista.

Esta asociación entre nacionalismo y masonería contribuyó decisivamente a la «resurrección» de las logias del Grande Oriente Español en Filipinas en los primeros años del siglo XX. Al igual que la Unión Obrera Democrática y que la Iglesia Filipina Independiente, la masonería se convirtió en uno de los pocos espacios en los que los filipinos podían expresar su nacionalismo, ya que hasta unos meses antes de las elecciones a la Asamblea de 1907 las autoridades coloniales norteamericanas persiguieron las actividades políticas nacionalistas. Esto explica que tras la victoria del partido Nacionalista algunas logias se convirtieran en un espacio de sociabilidad clave para los miembros de este partido y que el número de diputados de las cámaras legislativas que eran masones activos fuera sorprendentemente elevado, sobre todo en la tercera legislatura de la Asamblea Filipina y en la primera del Senado. De esta forma, en este período las logias filipinas del GOE, y especialmente las logias *Sinukuan* y *Nilad*, parecen haber jugado un papel entre los miembros del partido Nacionalista similar al cumplido por la logia *Rizal*, del Grand Orient de France, en el seno del partido Federal en los primeros años de la colonización norteamericana.

Pero el éxito de la masonería filipina en este período no solo se debió a su relación con el partido Nacionalista. También tuvo que ver con el rechazo que provocó en una parte de la sociedad filipina la política cultural puesta en marcha por el poder colonial estadounidense y que tenía como objetivo hacer del inglés la lengua franca del archipiélago. Los miembros de la élite filipina que habían crecido bajo la colonización española y que habían visto como el castellano se había convertido en la lengua del nacionalismo filipino, estaban muy apegados a la cultura hispana y consideraban que el alma filipina estaba ligada a la tradición latina. Aunque el legado hispano en Filipinas después de 1898 se relaciona habitualmente con la Iglesia Católica, el desarrollo de la masonería en el archipiélago asiático en las primeras décadas del siglo XX también es consecuencia de la apropiación de la cultura hispana por los filipinos tras el cambio de colonizador.

La oposición de Teodoro Kalaw y de otros muchos masones a la afiliación de las logias filipinas a la GLFAMPI se explica en gran parte por su apego a la cultura y a la masonería latina. Por eso, cuando trataron de crear una obediencia masónica independiente intentaron hacerlo con el apoyo del Grande Oriente Español, cuyos dirigentes volvieron a demostrar el poco interés que les suscitaban las logias filipinas. La única excepción fue Miguel Morayta, y su muerte a inicios de 1917 provocó que la relación entre el GOE y los masones filipinos se rompiera definitivamente.

El fracaso del proyecto de Kalaw facilitó el proceso de absorción de las logias filipinas por la Grand Lodge of Free and Accepted Masons of the Philippine Islands, al que también contribuyó de forma decisiva Manuel Quezón. Su relación con destacados masones norteamericanos y con el gobernador Harrison fue determinante para convencer a los masones filipinos del cambio de obediencia. La cuestión que queda abierta es la de por qué los masones estadounidenses modificaron su política de afiliación y aceptaron a los filipinos en sus logias a partir de 1914, ya que desde su llegada al archipiélago los habían rechazado y en el momento de la creación de la GLFAMPI dos años antes seguían haciéndolo. Lo más probable es que el gobernador Harrison fuera el principal impulsor de esta medida, puesto que podía favorecer su política de filipinización de la administración colonial al impulsar el entendimiento entre norteamericanos y filipinos. No obstante, también había destacados masones estadounidenses como el profesor universitario Austin Craig que veían en el abandono del GOE por las logias filipinas como un paso más para acabar con la influencia hispana en el archipiélago[345]. Según esta visión, la afiliación de las logias filipinas a la GLFAMPI contribuía a consolidar el sistema colonial norteamericano al acabar con un espacio de sociabilidad que estaba gestionado por los filipinos de forma independiente y en el que había voces discordantes, al menos en lo que se refiere a la política cultural implantada por los Estados Unidos en el archipiélago.

Sobre lo que no hay dudas es que en 1917 no todos los masones filipinos eran funcionarios que apoyaban la colonización estadounidense y la difusión de la cultura anglosajona en el archipiélago. Esa era la visión ideal de la masonería filipina que tenía el gobernador Harrison que, aunque era positiva, no dejaba de ser una generalización similar a la que habían realizado las autoridades coloniales españolas unas décadas antes. En realidad, ni a finales del siglo XIX todos los masones filipinos eran unos filibusteros que buscaban acabar con la colonización española ni tras dos décadas de dominio norteamericano todos se habían convertido en burócratas honrados al servicio del nuevo poder colonial.

345 Guéraiche, William: *Manuel Quezon: les Philippines...*, p. 152.

ANEXO BIOGRÁFICO

ABREU, José (1869-1892)

Estudiante filipino de una de las familias más ricas del barrio de Tondo, en Manila. A finales de los años 1880 se fue a España para continuar sus estudios y vivió durante varios años en Madrid, donde se afilió a la logia *Solidaridad*. En 1891 dejó España y se fue a Bélgica para cursar estudios de ingeniería en Gante, donde murió en 1892.

Fuentes:

- Listas de miembros de la logia *Solidaridad*, CDMH 736-11.
- Artigas y Cuerva, Manuel: *Galería de Filipinos Ilustres, Vol. I.* Manila, Impresiones Casa Editora «Renacimiento», 1917, pp. 45-47.

ADRIATICO, Macario (1869-?)

Abogado y periodista filipino que al inicio de la colonización americana fue uno de los miembros más destacados del partido Conservador, un movimiento formado por políticos cercanos a la comunidad española de Manila y que fue el primero en oponerse a la preponderancia del partido Federal. Dirigió el periódico de este partido, *Diario de Filipinas*, y unos años más tarde también estuvo al frente del diario *La Independencia*, el órgano de prensa del partido Nacionalista. Fue elegido diputado por este partido en 1907, 1909 y 1912. En 1911 solicitó su afiliación a la logia *Sinukuan*, pero no aparece en la lista de miembros de los años posteriores.

Fuentes:

- Artigas y Cuerva, Manuel: *Galería...*, *Vol. I.* Manila, Impresiones Casa Editora «Renacimiento», 1917, pp. 64-77.

- Cullinane, Michael: *Ilustrado Politics: Filipino Elite Responses to American Rule, 1898-1908.* Quezon City, Ateneo de Manila University Press, 2003, pp. 76-77.

- Kalaw, Teodoro M.: *Directorio Oficial de la Asamblea Filipina. Tercera Legislatura. Primer período de sesiones.* Manila, Bureau of Printing, 1913, pp. 81-82.

- Reyes, P.: *Directorio Biográfico Filipino, Contiene las Biografías de la Intelectualidad Filipina, Magistrados de la Corte Suprema y Jueces de Primera Instancia, Miembros de la Legislatura, Altos Funcionarios Públicos y Distinguidos Abogados y Médicos Filipinos.* Manila, Germania, 1908, p. 6.

- «Solicitudes de iniciaciones presentadas desde el 1 de enero hasta el 30 de abril de 191», CDMH 278-A-1.

ADRIANO, Numeriano (1846-1897)

Eminente notario de Manila y mentor de Apolinario Mabini. Tuvo numerosos contactos con los miembros del movimiento de la Propaganda y a la vuelta de Rizal a Filipinas en 1892 participó a la reunión fundacional de la Liga Filipina. Probablemente en ese momento ya formaba parte de la logia *Balagtas*, en la que ocupó el cargo de primer vigilante y de secretario en 1893. Unas semanas después del inicio de la Revolución filipina fue arrestado por las autoridades españolas, que lo ejecutaron en el mes de enero de 1897 acusado de delito de sedición.

Fuentes:

- Artigas y Cuerva, Manuel: *Galería...*, *Vol. I.* Manila, Impresiones Casa Editora «Renacimiento», 1917, pp. 64-77.

- Listas de miembros de la logia *Balagtas*, CDMH 270-A-3.

AGLIPAY, Gregorio (1860-1940)

Sacerdote filipino que colaboró activamente con el gobierno del general Aguinaldo durante el período revolucionario. Fue uno de los principales apoyos de Apolinario Mabini en su proyecto de creación de una iglesia nacional filipina, lo que provocó su excomunión de la Iglesia Católica. Unos años más tarde, al inicio de la colonización americana, puso en marcha una iniciativa similar al fundar la Iglesia Filipina Independiente con el apoyo de Isabelo de los Reyes y se convirtió en su "obispo máximo". Esta organización atrajo a varios millones de filipinos y puso en entredicho la hegemonía de la Iglesia Católica en el archipiélago asiático. A pesar del apoyo que destacados masones como Felipe Buencamino o Miguel Morayta prestaron al desarrollo de la IFI, Aglipay solo se inició a la masonería en 1918. Lo hizo en la logia *Magdalo*, en Cavite, cuyo venerable era en ese momento el general Aguinaldo.

Fuentes:

- De Achutegui, Pedro S. y Bernad, Miguel Anselmo: *Religious Revolution...* Manila, Ateneo de Manila, 1961.

- Emilio Aguinaldo a Manuel Quezon, Kawit, 15/IV/1918, *Quezon Papers Series VII*, Box 141.

AGUILERA, Gregorio (¿-?)

Político filipino gobernador de la provincia de Batangas entre 1903 y 1906. En 1889 estudió en Madrid, donde se afilió a la logia *Solidaridad* y escribió artículos para el semanario homónimo. Amigo de Rizal, viajó durante cuatro años por las capitales europeas y volvió en Filipinas en 1898, año en el que participó en el congreso de Malolos. A pesar de su participación en la publicación de un diario nacionalista, aceptó rápidamente el dominio americano y colaboró en la implantación del partido Federal en su provincia natal antes de ser elegido gobernador.

Álvaro Jimena

Fuentes:
- Cullinane, Michael: *Ilustrado Politics…* Quezon City, Ateneo de Manila University Press, 2003, pp. 153 y 163.
- Listas de miembros de la logia *Solidaridad*, CDMH 736-11.
- Reyes, P.: *Directorio Biográfico Filipino, Contiene…* Manila, Germania, 1908, p. 7.
- Schumacher, John N.: *The Propaganda Movement 1880-1895.* Manila, Solidaridad Publishing House, 1973, p. 254.

AGUINALDO, Emilio (1869-1964)

El principal líder de la Revolución filipina se inició probablemente a la masonería en la logia *Pilar* en 1893 o 1894. En los primeros años de la colonización americana se mantuvo alejado de los talleres masónicos, pero en 1914 se incorporó de nuevo a la logia en la que se había iniciado. Su afiliación fue todo un evento que se festejó con la organización de un banquete masónico al que asistieron doscientas personas. Unos meses más tarde se convirtió en el primer venerable de la logia *Magdalo*, que había sido creada en Cavite. En 1917 fue uno de los primeros masones admitidos en el Rizal Consistory fundado por Manuel Quezón.

Fuentes:
- Charles Lobinger a Manuel Quezon, Manila 18/IV/1917, *Quezon Papers Series VII*, Box 141.
- Cuartero Escobés, Susana: *La Masonería Española en Filipinas Vol. I.* Santa Cruz de Tenerife, Ediciones Idea, 2006, pp. 147-148.
- Listas de miembros de la logia *Magdalo*, CDMH 270-A-1.

AGUINALDO, Baldomero (1869-1915)

Este general y ministro del gobierno revolucionario era el primo del general Emilio Aguinaldo. Antes de la revolución era juez de paz en Cavite y tras el período revolucionario se dedicó principalmente a la agricultura antes de ser nombrado en 1912 presidente de la Asociación de los Veteranos de la Revolución filipinas. Se inició a la masonería en 1894 y fue miembro de la logia *Pilar*, con sede en la localidad de Imus. En 1907 colaboró en la reorganización de esta logia y en 1914 fundó junto a Emilio Aguinaldo la logia *Magdalo* en Cavite, ocupando el cargo de primer vigilante.

Fuentes:

- Artigas y Cuerva, Manuel: *Galería..., Vol. I.* Manila, Impresiones Casa Editora «Renacimiento», 1917, pp. 160-172.
- Listas de miembros de la logia *Magdalo,* CDMH 270-A-1.
- Cuartero Escobés, Susana: *La Masonería... Vol. I.* Santa Cruz de Tenerife, Ediciones Idea, 2006, pp. 147-148.
- Cuartero Escobés, Susana: *La Masonería Española en Filipinas Vol. II.* Santa Cruz de Tenerife, Ediciones Idea, pp. 134 y 207.

ALBERT, Alejandro (1869-1936)

Conocido farmacéutico de la ciudad de Manila que durante el período revolucionario ocupó el puesto de coronel de la sección farmacéutica y ejerció como profesor en la Universidad Científico-Literaria creada por el Gobierno revolucionario. También participó en el congreso de Malolos como representante de la provincia de Zambales, aunque, como su hermano José, fue uno de los fundadores del partido Federal tres años más tarde. Al inicio de la colonización americana presidió el Liceo de Manila, la Escuela de Farmacia de Manila y el Club Internacional. Continuó ligado al partido Federal, rebautizado como partido Progresista, y en 1912 se presentó a las elecciones a la Asamblea Filipina. No tuvo éxito y en los años posteriores ocupó varios cargos en el departamento de la administración colonial dedicado a la educación. Formó parte de la logia *Rizal*, del Grand Orient de France, desde su iniciación a inicios de 1902 hasta al menos 1905, y obtuvo los grados de aprendiz, compañero y maestro masón.

Fuentes:

- Artigas y Cuerva, Manuel: *Galería..., Vol. I.* Manila, Impresiones Casa Editora «Renacimiento», 1917, pp. 361-366.
- Kalaw, Teodoro M.: *Directorio Oficial...* Manila, Bureau of Printing, 1913, p. 81.
- Paredes, Ruby R.: *The Partido Federal, 1900-1907: Political Collaboration in Colonial Manila.* Tesis de doctorado en Historia, University of Michigan, 1990, p. 509.
- Reyes, P.: *Directorio Biográfico Filipino. Contiene...* Manila, Germania, 1908, p. 7.

ALKUINO, Quiremón (1873-?)

Abogado filipino miembro del partido Nacionalista y elegido diputado por el primer distrito de Leyte en las elecciones a la Asamblea Filipina de 1907. En los últimos años de esa década se afilió a la logia *Sinukuan*, ya que aparece en la lista de miembros de esta logia de 1910.

Fuentes:

- Listas de miembros de la logia *Sinukuan*, CDMH 788-A-2.
- Nieva, Gregorio: *Philippine Assembly Official Directory. First Philippine Legislature*. Manila, Bureau of Printing, 1908, p. 56.

ALTAVAS, José (1877-1952)

Abogado filipino originario de la provincia de Capiz y diputado por esta circunscripción en la primera legislatura de la Asamblea Filipina. Fue gobernador provincial de Capiz entre 1910 y 1916, cuando ganó un escaño en el senado filipino. Dos años antes se había afiliado a la logia *Sinukuan*, el taller masónico del que formaba parte Manuel Quezón, con el que compartió varios años de estudios de Derecho en la Universidad de Santo Tomás de Manila.

Fuentes:

- Artigas y Cuerva, Manuel: *Galería..., Vol. I*. Manila, Impresiones Casa Editora «Renacimiento», 1917, pp. 535-539.
- Listas de miembros de la logia *Sinukuan*, CDMH 788-A-2.
- Altavas, José: *Senate of the Philippines: List of Previous Senators*. https://www.senate.gov.ph/senators/former_senators/jose_al-tavasd.htm

ALUNAN, Rafael (1885-?)

Abogado filipino e importante propietario de plantaciones azucareras en la isla de Negros. Ganó un escaño de diputado a la Asamblea Filipina en 1912 y fue reelegido para la legislatura que se inició en 1916, en la que ocupó el puesto de portavoz del partido Nacionalista. Se había iniciado a la masonería en 1914 en la logia *Nilad*, en la que se mantuvo al menos hasta 1917.

Fuentes:

- Artigas y Cuerva, Manuel: *Galería..., Vol. I.* Manila, Impresiones Casa Editora «Renacimiento», 1917, pp. 539-542.
- Listas de miembros de la logia *Nilad*, CDMH 290-A-1.
- Nellist, George F.: *Men of the Philippines: a Biographical Record of Men of Substantial Achievement in the Philippine Islands.* Manila, Sugar News Company, 1931, p. 13.

APACIBLE, Galicano (1864-1949)

Médico filipino originario de una familia de la elite provincial de Batangas. En los años 1880 se fue a España para continuar estudios y jugó un papel importante en el seno del movimiento de la Propaganda, ya que ocupó el puesto de presidente de la asociación La Solidaridad y colaboró escribiendo artículos para el semanario del mismo nombre. Se inició a la masonería en la logia *Revolución* de Barcelona y en 1890 formaba parte de la logia *Solidaridad* de Madrid, en la que ocupaba el cargo de tesorero adjunto y en la que llegó a 30º grado masónico. En 1893 volvió a Filipinas, aunque durante el período revolucionario abandonó de nuevo el archipiélago para defender los intereses del Gobierno del general Aguinaldo en el extranjero. Volvió a Manila en 1903 y se integró en el movimiento de oposición nacionalista al partido Federal. En 1907 jugó un papel notable en la creación del partido Nacionalista y poco después fue elegido gobernador provincial de Batangas. Posteriormente, ocupó un escaño de diputado en la segunda y la tercera legislatura de la Asamblea Filipina al mismo tiempo que ocupaba el puesto de vicepresidente del partido Nacionalista. Entre 1917 y 1922 ocupó el puesto de secretario de Agricultura y Recursos Naturales en el Gobierno de Filipinas. En el período americano no hay pruebas documentales de que formara parte de una logia filipina hasta 1908, cuando aparece en la lista de miembros de la logia *Taliba*. En 1914 se afilió a la logia *Dalisay*, en la que se mantuvo al menos hasta 1917.

Fuentes:

- Listas de miembros de la logia *Dalisay*, CDMH 276-A-3.
- Listas de miembros de la logia *Solidaridad*, CDMH 736-11.

- Artigas y Cuerva, Manuel: *Galería...*, *Vol. I*. Manila, Impresiones Casa Editora «Renacimiento», 1917, pp. 639-655.

- Paular, Regino P.: *Filipinos in History: Vol. 1*. Manila, National Historical Institute, 1989, pp. 65-68.

- Sánchez Ferré, Pere, «La Masonería Española y el Conflicto Colonial Filipino», en *La Masonería en la España del Siglo XIX: II Symposium de la Metodología Aplicada a la Historia de la Masonería Española: Salamanca, 2-5 de Julio de 1985*, editado por Ferrer Benimeli, José Antonio (pp. 481-496). Castilla y León, Junta de Castilla y León, Consejería de Educación y Cultura, 1987, p. 486.

- Schumacher, John N.: *The Propaganda...* Manila, Solidaridad Publishing House, 1973, pp. 119, 129 y 156.

ARELLANO, Deodato (1844-1899)

Empleado filipino que estuvo muy implicado en el movimiento nacionalista desde finales de los años 1880. Cuñado de Marcelo del Pilar, fue uno de los fundadores del comité de propaganda creado para apoyar económicamente las actividades del movimiento nacionalista en España. En julio de 1892 estuvo presente en la reunión fundacional de la Liga Filipina y unos días más tarde participó en la creación del Katipunan. Parece haberse iniciado a la masonería en los primeros meses de 1893 en la logia *Lusong*, poco después de abandonar el puesto de presidente del Katipunan. Más tarde participó en la creación del Cuerpo de Compromisarios y después del levantamiento de agosto de 1896 fue detenido para las autoridades españolas. Murió tres años más tarde como consecuencia de las torturas sufridas en prisión.

Fuentes:

- Listas de miembros de la logia *Lusong*, CDMH 271-A-4.

- Agoncillo, Teodoro A.: *The Revolt of the Masses; the Story of Bonifacio and the Katipunan*. Quezon City, University of the Philippines, 1956, pp. 37-47.

- Artigas y Cuerva, Manuel: *Galería...*, *Vol. II*. Manila, Impresiones Casa Editora «Renacimiento», 1917, pp. 793-794.

AREVALO, Bonifacio (1850-1920)

Dentista filipino que formaba parte de la élite urbana de Manila. Se trataba de uno de los principales apoyos del movimiento de la Propaganda y participó en la reunión fundacional de la Liga Filipina en 1892. En 1893 estaba entre los miembros de la logia *Balagtas*, donde tenía el cargo de segundo vigilante. Después del inicio de la Revolución filipina fue detenido por las autoridades españolas y tras nueve meses en prisión consiguió unirse a las fuerzas revolucionarias. Con la llegada de los americanos a Manila fue de nuevo detenido, sospechoso de estar en contacto con los revolucionarios. Sin embargo, durante de las dos primeras décadas no volvió a implicase en ninguna iniciativa política. Sí retomó sus actividades masónicas en la logia *Dalisay* en 1904 y aparece en las últimas listas de miembros de este taller masónico antes de que abandonara el Grande Oriente Español en 1917.

Fuentes:
- Listas de miembros de la logia *Balagtas*, CDMH 270-A-3.
- Listas de miembros de la logia *Dalisay*, CDMH 276-A-3.
- Artigas y Cuerva, Manuel: *Galería...*, *Vol. I*. Manila, Impresiones Casa Editora «Renacimiento», 1917, pp. 809-813.

AVANCEÑA, Amando (1879-?)

Abogado filipino originario de Iloílo. Formó parte del estado mayor de las fuerzas del general Aguinaldo durante el período revolucionario. Al inicio de la colonización americana completó sus estudios de Derecho tras haber colaborado con algunos periódicos y fue elegido diputado nacionalista por la circunscripción de su provincia natal en las primeras elecciones a la Asamblea filipina. En 1905 se había afiliado brevemente a la logia *Rizal* y en 1915 se incorporó a la logia *Sinukuan*.

Fuentes:
- Listas de miembros de la logia *Rizal*, BNF FM2-RESERVE-146.
- Listas de miembros de la logia *Sinukuan*, CDMH 788-A-2.
- Kalaw, Teodoro M.: *Directorio Oficial...* Manila, Bureau of Printing, 1913, pp. 67-68.

Álvaro Jimena

BARCELONA, Santiago (1863-1937)

Médico filipino que completó sus estudios universitarios en Barcelona y que residió en Europa entre 1889 y 1894. En la capital catalana se inició a la masonería en la logia Solidaridad. Durante el periodo revolucionario pasó la mayor parte del tiempo junto al general Aguinaldo, convirtiéndose en su médico personal y en uno de sus mejores amigos. Tras la captura de ambos en marzo de 1901 retomó la práctica de la medicina en el barrio manileño de Tondo. Durante los primeros años de la colonización americana formó parte de varios movimientos de oposición al partido Federal, como el Comité de Intereses Filipinos, pero no se presentó a ninguna elección hasta 1916, cuando cayó derrotado en las elecciones de diputado a la Asamblea filipina por el distrito norte de Manila. Durante las dos primeras décadas del siglo XX tuvo una vida masónica muy activa. Entre 1907 y 1916 formó parte de la logia *Sinukuan*, de la que fue venerable en 1907 y en 1908. También fue elegido gran maestre de la Gran Logia Regional de Filipinas en 1909 y 1910. Cuando se redactó la constitución de la Gran Logia Nacional de Filipinas se mostró partidario de enviar el proyecto al Grande Oriente Español frente a los defensores de una ruptura con la obediencia española.

Fuentes:

- Listas de miembros de la logia *Sinukuan*, CDMH 788-A-2.
- Logia *Sinukuan* al gran consejo del Grande Oriente Español, Manila, 25/VIII/1907, CDMH 788-A-2.
- «Comité de Intereses Filipinos. La Reunión de Anoche» en *El Renacimiento*, vol. 27, nº X (1904).
- *Filipinos in History: Vol. 5,* Manila, National Historical Institute, 1996, pp. 52-54.

BAUTISTA LIM, Aristón (1863-1928)

Prestigioso médico filipino que cursó sus estudios en la Universidad de Santo Tomas antes de realizar su doctorado en la Universidad Central de Madrid y de formarse en diferentes hospitales europeos. En 1889 se inició a la masonería en la logia *Revolución* de Barcelona y durante su estancia en Europa colaboró con los miembros del movimiento de la Propaganda. Tras su vuelta a Manila ayudó financieramente a los nacionalistas filipinos, lo que le costó ser arrestado y pasar nueve meses en prisión poco después del inicio de la Revolución filipina. Más tarde participó en el congreso de Malolos y fue profesor de la Universidad científico-literaria de Filipinas, aunque aceptó rápidamente la dominación americana. Durante las dos primeras décadas del siglo XX se convirtió en un conocido hombre de negocios después de fundar la fábrica de tabaco Germinal y formó parte de las asociaciones médicas filipinas más destacadas. De esta forma fue como, probablemente, entró en contacto con Trinidad H. Pardo de Tavera, venerable de la logia *Rizal*, un taller masónico del que formó parte desde abril de 1902 y, al menos, hasta 1905.

Fuentes:

- Listas de miembros de la logia *Rizal*, BNF FM2-RESERVE-146.

- Manuel, Esperidion A.: *Dictionary of Philippine Biography Vol. 2*. Quezon City, Filipiniana Publishing, 1970, pp. 54-56.

- Artigas y Cuerva, Manuel: *Galería..., Vol. II*. Manila, Impresiones Casa Editora «Renacimiento», 1917, pp. 313-325.

- Sánchez Ferré, Pere: «La Masonería Española...», en *La Masonería... Castilla y León*, Junta de Castilla y León, Consejería de Educación y Cultura, 1987, p. 484.

BONIFACIO, Andrés (1863-1897)

Empleado filipino fundador y líder del Katipunan. Unos días antes de crear esta sociedad, había participado también a la fundación de la Liga Filipina impulsada por José Rizal, cuya deportación parece haber decidido a Bonifacio y a sus compañeros a crear el Katipunan. No hay documentos que prueben su afiliación a la masonería, aunque parece que se afilió a la logia *Taliba* después del mes de agosto de 1892. Hasta 1896 parece haber acudido a las tenidas de esta logia al mismo tiempo que intentó reactivar la Liga Filipina y, más tarde, mientras trabajó en la expansión del Katipunan. En 1896, después del descubrimiento de esta sociedad secreta, organizó un levantamiento en Manila que fracasó. Esto hizo que se desplazara a Cavite, donde la facción dirigida por Emilio Aguinaldo tomó el control del Katipunan y ordenó su asesinato.

Fuentes:
- Agoncillo, Teodoro A.: *The Revolt...* Quezon City, University of the Philippines, 1956.
- Richardson, Jim: *Andres Bonifacio: Biographical Notes...* Consulta: http://www.kasaysayan-kkk.info/studies/andres-bonifacio-biographical-notes-part-ii-1892-1894

BORJA, Candelario (1877-?)

Abogado filipino originario de Bohol. Fue teniente de las fuerzas revolucionarias y en 1900 se exilió en Hong Kong tras rechazar firmar el juramento de fidelidad a la dominación americana. En 1903 volvió al archipiélago y tras cursar estudios de Derecho participó a la creación del partido Inmediatista en 1906. Fue elegido diputado por su provincia natal en las elecciones a la Asamblea filipina de 1907, 1909 y 1912. En estos años se afilió a la logia *Sinukuan* y su nombre aparece en la lista de miembros de esta logia del año 1910.

Fuentes:
- Listas de miembros de la logia *Sinukuan*, CDMH, 788-A-2.
- Kalaw, Teodoro M.: *Directorio Oficial...* Manila, Bureau of Printing, 1913, p. 45.

BOUSTEAD, Eduardo (¿-?)

Comerciante británico con negocios en Singapur y Filipinas que estuvo afiliado a la logia *Lealtad* de Manila en 1874. Casado con una filipina, en 1889 vivía en Paris y Rizal le visitó en varias ocasiones durante sus estancias en la capital francesa.

Fuentes:
- Lista de miembros de las logias filipinas, 1874, CDMH 219-A-1.
- Valdez, Maria Stella S.: *Dr. Jose Rizal and the Writing of his Story*. Manila, Rex Book Store, 2007, p. 98.

BRIAS ROXAS, Enrique P. (1881-?)

Conocido hombre de negocios perteneciente a una familia de origen español con importantes intereses comerciales en Filipinas. Después de cursar estudios en Europa, volvió a Filipinas en 1902 y ocupó varios puestos en el seno de la administración colonial hasta 1910, cuando se centró en los negocios familiares. A partir de ese momento dirigió varias compañías, como la cervecería San Miguel, y más tarde participó a la gestión de instituciones financieras como el Philippine National Bank. Probablemente se inició a la masonería en 1916, ya que en la lista de miembros de ese año de la logia *Sinukuan* aparece con el primer grado masónico. Tuvo una progresión muy rápida en el seno de la logia, ya que al año siguiente ocupaba el puesto de orador y pronuncio un discurso en el acto de inauguración del nuevo templo masónico de *Sinukuan*.

Fuentes:

- Listas de miembros de la logia *Sinukuan*, CDMH, 788-A-2.
- «Discursos pronunciados en la noche de la inauguración del nuevo templo de la logia Sinukuan», *Hojas Sueltas*, vol. II (1917).
- Nellist, George F.: *Men of the Philippines...* Manila, Sugar News Company, 1931, pp. 43-44.

BUENCAMINO, Felipe (1847-1929)

Abogado filipino de origen mestizo chino nacido en la localidad de San Miguel, en la provincia de Bulacán. Mientras cursaba estudios de Derecho en la Universidad de Santo Tomás se convirtió en el líder del grupo Juventud Escolar Liberal, que reclamaba la igualdad entre los alumnos españoles y filipinos de la institución. Esto le costó ser detenido y enviado a prisión en 1869. Al terminar sus estudios trabajó como abogado y se casó con una mujer perteneciente a una notable familia de la provincia de Pampanga. También ocupó diversos puestos en la administración colonial y al inicio de la Revolución filipina ejercía como registrador de la propiedad en la provincia de Ilocos Sur. Durante la primera fase de la guerra se puso del lado de los españoles y lideró un batallón de voluntarios filipinos. Después fue enviado por el gobernador español a negociar con el general Aguinaldo y, tras varias semanas en prisión, decidió unirse a los revolucionarios. De esta forma participó a la redacción de la constitución de la Primera República filipina y formó parte del Gobierno de Aguinaldo, pero en noviembre de 1899 fue capturado por las fuerzas de los Estados Unidos y, después de estar cinco meses incomunicado, se convirtió en uno de los principales defensores de un acuerdo con el nuevo colonizador. En 1900 participó en la fundación del partido Federal y ocupó un puesto destacado en el seno de este grupo político hasta 1902, cuando unas polémicas declaraciones en un viaje a los Estados Unidos le obligaron a abandonar el partido. A partir de ese momento estuvo muy ligado al movimiento nacionalista en Manila, aunque no volvió a ocupar la primera línea política. En las primeras décadas del siglo XX estuvo involucrado en la expansión de la Iglesia Filipina Independiente y en la masonería. Se inició en 1903 y fue el principal impulsor de la creación de logia *Sinukuan*, de la que fue venerable en 1904 y 1905, y de la Gran Logia Regional de Filipinas, de la que fue gran maestre en 1907, 1908 y 1913. Tuvo una relación ambigua con los masones norteamericanos, ya que después mostrarse favorable a un acercamiento en una reunión en 1904, utilizó la expansión de sus logias como argumento para crear la Gran Logia Regional de Filipinas. En 1917 se mostró favorable a la afiliación de las logias filipinas a la Grand Lodge of Free and Accepted Masons of the Philippine Islands.

Fuentes:
- Listas de miembros de la logia *Sinukuan*, CDMH, 788-A-2.
- «Expediente personal Felipe Buencamino», CDMH, 144-22.
- Buencamino, Felipe: *Sesenta Años de Historia Filipina*. Consultado en la National Library of the Philippines.
- Paredes, Ruby R.: *The Partido Federal...* Tesis de doctorado en Historia, University of Michigan, 1990, p. 515.
- «Discursos pronunciados en la noche de la inauguración del nuevo templo de la logia Sinukuan», *Hojas Sueltas*, vol. II (1917).

CAILLES, Juan (1871-1951)

General revolucionario filipino. En 1901 integró la dirección del partido Federal y en el mes de julio de 1902 fue nombrado gobernador provincial de Laguna. Dos meses más tarde se inició a la masonería en la logia *Rizal* del Grand Orient de France, taller masónico del que formó parte al menos hasta 1905.

Fuentes:
- Listas de miembros de la logia *Rizal*, BNF FM2-RESERVE-146.
- Cullinane, Michael: *Ilustrado Politics...* Quezon City, Ateneo de Manila University Press, 2003, pp. 97, 152-153 y 162.

CAMUS, Manuel (1875-1949)

Abogado filipino. Fue el único nativo del archipiélago que formó parte de las logias masónicas norteamericanas presentes en Filipinas en la primera década del siglo XX. En los años 1890 había vivido en Singapur, donde había aprendido inglés y aparentemente se había iniciado a la masonería. Puede que esta fuera la razón por la que fue aceptado en la logia *Manila*, donde ocupó el puesto de secretario a partir de 1904. Poco después abandonó este taller masónico y en 1910 se convirtió en el venerable de la logia *Perla de Oriente* de la Grand Lodge of Scotland. En 1917 fue uno de los principales impulsores de la afiliación de todas las logias del archipiélago a la Grand Lodge of Free and Accepted Masons of the Philippine Islands. En ese momento era juez de primera instancia y a finales de los años 1920 fue elegido miembro del Senado filipino.

Fuentes:
- «Acta de una conferencia semioficial con la Manila Lodge», 6/VI/1904, CDMH 279-A-1.
- Logia *Balagtas* al gran consejo del GOE, Manila, 20/IX/1910, CDMH 270-A-3.
- Nellist, George F.: *Men of the Philippines...* Manila, Sugar News Company, 1931, p. 53.

CAPISTRANO, Nicolas (1864-?)

Abogado filipino que ocupó diferentes puestos en el seno de la administración colonial en los últimos años de la dominación española. Durante la revolución estuvo al frente de las fuerzas revolucionarios de la provincia de Misamis, donde se convirtió en fiscal provincial después del inicio de la colonización norteamericana. Miembro del partido Nacionalista, también fue diputado por esta provincia en la segunda y en la tercera legislatura de la

Asamblea Filipina (1909-1916). En 1911 se inició a la masonería en la logia *Nilad* de Manila y unos meses más tarde colaboró en la fundación de la logia *Maguindanaw* en Cagayan, provincia de Misamis. Estuvo afiliado a la logia *Nilad* al menos hasta 1916.

Fuentes:
- Listas de miembros de la logia *Nilad*, CDMH 290-A-1.
- Cuartero Escobés, Susana: *La Masonería... Vol. II*. Santa Cruz de Tenerife, Ediciones Idea, 2006, pp. 184-185.
- Kalaw, Teodoro M.: *Directorio Oficial...* Manila, Bureau of Printing, 1913, pp. 83-84.

CASIMIRO, Pascual (1876-1946)

Empleado de comercio filipino. Formó parte del Katipunan y participó activamente en el movimiento revolucionario hasta 1900. En 1904 se afilió a la logia *Sinukuan* y dos años más tarde participó en la reorganización de la logia *Lusong*. En 1909 se convirtió en venerable de este taller masónico y mantuvo una intensa vida masónica hasta los años 1920, cuando ocupó el puesto de secretario del ayuntamiento de Manila. En esos años fue uno de los masones filipinos que intentó revivir las logias del Grande Oriente Español. También formaba parte de la sociedad secreta de inspiración masónica los Legionarios del Trabajo y, según el gran maestre de la Gran Logia Regional de Filipinas, quería tomar el control de las logias de la obediencia española con otros masones como Timoteo Páez para crear un gran oriente filipino.

Fuentes:
- Listas de miembros de la logia *Sinukuan*, CDMH, 788-A-2.
- Listas de miembros de la logia *Lusong*, CDMH, 271-A-4.
- Walter Bruggmann a José Lescura, Manila, 10/IV/1924, CDMH 219-A-1.
- Cuartero Escobés, Susana: *La Masonería... Vol. II*. Santa Cruz de Tenerife, Ediciones Idea, 2006, pp. 107-109.
- Manuel, Esperidion A.: *Dictionary of Philippine Biography Vol. 2*. Quezon City, Filipiniana Publishing, 1970, pp. 116-117.

CAUSING, Eulalio (1881-?)

Abogado filipino nacido en Cebú miembro del partido Nacionalista. Después de realizar sus estudios en Manila y haber ejercido como profesor en la Escuela de Derecho, fue elegido diputado de la Asamblea Filipina por su provincia natal en 1909. Ese mismo año se inició a la masonería en la logia *Nilad*, a la que estuvo afiliado hasta 1914, dos años después de haber sido reelegido diputado.

Fuentes:

- Listas de miembros de la logia *Nilad*, CDMH 290-A-1.
- Kalaw, Teodoro M.: *Directorio Oficial...* Manila, Bureau of Printing, 1913, pp. 59-60.

CENTENO, José (¿-?)

Funcionario colonial español que estuvo afiliado a la logia *Lealtad* en 1874. En abril de 1887 ocupó el puesto de gobernador civil de Manila en funciones y parece que promovió ciertas medidas anticlericales. Después de la manifestación de los gobernadorcillos contra las órdenes religiosas en 1888 dimitió de su puesto y volvió a España.

Fuentes:

- Listas de miembros de las logias filipinas, 1874, CDMH 219-A-1.
- Schumacher, John N.: *The Propaganda...* Manila, Solidaridad Publishing House, 1973, pp. 97-104.

CONCEPCIÓN, Venancio (1862-?)

General revolucionario filipino y miembro destacado del partido Nacionalista durante las primeras décadas de la colonización norteamericana. Estuvo afiliado a la logia *Sinukuan* de 1904 a 1916 y promovió la creación de la logia *Mabini* en Aparri, provincia de Cagayan. En 1909 fue elegido diputado de la Asamblea Filipina en esta circunscripción y en 1918 fue nombrado presidente del Philippine National Bank. Dimitió dos años más tarde después de una gestión muy polémica de la entidad financiera por la que entró en prisión al haber autorizado préstamos a empresas de las que él mismo era accionista.

Fuentes:
- Listas de miembros de la logia *Sinukuan*, CDMH 788-A-2.
- Stanley, Peter W.: *A Nation in the Making: the Philippines and the United States, 1899-1921*. Cambridge, Harvard University Press, 1974, pp. 240-247.

CORTES, Doroteo (1838-1919)

Abogado filipino que parece haber sido uno de los principales organizadores de la manifestación anticlerical del primero de marzo de 1888, que pedía la dimisión del arzobispo de Manila y la expulsión de las órdenes religiosas del archipiélago. En los años 1890 fue uno de los principales apoyos del movimiento de la Propaganda en Manila. Se inició a la masonería en la logia *Balagtas*, en Manila, poco antes de ser deportado a otra provincia filipina después del arresto de José Rizal tras su vuelta a Filipinas en el verano de 1892. Pasó buena parte del período revolucionario en Hong Kong y durante la colonización norteamericana no parece haber formado parte de ninguna logia masónica.

Fuentes:
- Listas de miembros de la logia *Balagtas*, CDMH 270-A-3.
- Logia *Balagtas* al gran consejo de la orden del GOE, Manila, 24/I/1893, CDMH 270-A-3.
- Schumacher, John N.: *The Propaganda...* Manila, Solidaridad Publishing House, 1973, pp. 102 et 110.

CUESTA, Abelardo (¿-?)

Funcionario colonial y masón español que residió en Filipinas al menos desde 1870, cuando integró la *Sociedad Económica Filipina de Amigos del País*. Como funcionario participó en la organización de la exposición filipina celebrada en Madrid en 1887 y también parece que estuvo implicado en el comercio de abacá. En 1889 formaba parte del grupo de masones españoles que intentó implantar el Grande Oriente Español en el archipiélago. A partir de 1892 parece haber colaborado en la creación de logias con los masones filipinos, aunque unos años más tarde lo acusaron de haberse acercado con las órdenes religiosas en los últimos años de la colonización española para no ser perseguido. Al inicio del dominio norteamericano formó parte de la logia *Modestia* y después de la suspensión de este taller masónico por la Gran Logia Regional de Filipina, fue el masón más crítico de la gestión del gran maestre Felipe Buencamino.

Fuentes:
- Listas de miembros de la logia *Modestia*, CDMH 279-A-1.
- Cuartero Escobés, Susana: *La Masonería... Vol. I.* Santa Cruz de Tenerife, Ediciones Idea, 2006, pp. 92-93.
- Cuartero Escobés, Susana: *La Masonería... Vol. II.* Santa Cruz de Tenerife, Ediciones Idea, 2006, pp. 219-225.
- De Mas y Otzet, Francisco: *Memoria del Sr. Socio Secretario de la Real Sociedad Económica Filipina de Amigos del País, Manila, Establecimiento Tipográfico de Plana y Cía., 1877.* Consultado en la Biblioteca Virtual Miguel de Cervantes, p. 36.
- Sánchez Gómez, Luis Ángel: *Un Imperio en la Vitrina: el Colonialismo Español en el Pacífico y la Exposición de Filipinas de 1887.* Madrid, CSIC, 2003, p. 147.

CUISIA, Epifanio (¿-?)

Empleado de comercio filipino que formó parte de la logia *Modestia* antes y después del período revolucionario. Fue uno de los firmantes de la declaración de independencia filipina. En 1893 y 1894 era maestro de ceremonias del taller masónico, mientras que en 1895 figuraba como orador en la lista de miembros. En 1899 participó en la reorganización de la logia Modestia y ocupó el cargo de primer vigilante en 1902, aunque no aparece en las listas de miembros de los años posteriores. En 1907 colaboró en la reorganización de la logia *Taliba* y en 1908 era uno de los masones más respetados del archipiélago. Durante los primeros años de la colonización norteamericana estuvo afiliado a la Unión Obrera Democrática.

Fuentes:
- Listas de miembros de la logia *Modestia*, CDMH 219-A-1.
- Logia *Modestia* al gran consejo del GOE, Manila, 20/VI/1908, CDMH 279-A-1.

- Cuartero Escobés, Susana: *La Masonería... Vol. II.* Santa Cruz de Tenerife, Ediciones Idea, 2006, p. 130.
- Scott, William Henry: «The First Filipino Labor Union», en *Great Scott!...* editado por Bautista, Bezalie P. Quezon City, New Day Publishers, 2006, p. 454.

DANCEL, Arturo (1865-?)

Notario y juez filipino que trabajó como empleado en diferentes puestos de la administración colonial durante el período español, durante el que también pasó nueve meses en prisión acusado de subversión. Según Teodoro Kalaw, fue uno de los primeros filipinos en integrar la logia *Nilad* en 1892, pero no se conserva ningún documento que pruebe su pertenencia a esta logia. Durante la revolución ocupó el puesto de general bajo las órdenes del general Luna, pero colaboró desde muy pronto con los americanos y participó en la creación del partido Federal, convirtiéndose en uno de los principales líderes de este partido. Fue nombrado gobernador provincial de Rizal en 1903 y ganó las elecciones para conservar este puesto en 1904 y 1906. Durante la colonización americana estuvo afiliado a la logia *Rizal*, del Grand Orient de France, desde abril de 1903 al menos hasta octubre de 1905, cuando este taller masónico abandonó esta obediencia. Diez años más tarde, fue uno de los fundadores de la logia *La Regeneración* en Tarlac, afiliada al Grande Oriente Español.

Fuentes:
- Listas de miembros de la logia *Rizal*, BNF FM2-RESERVE-146.
- Cuartero Escobés, Susana: *La Masonería... Vol. I.* Santa Cruz de Tenerife, Ediciones Idea, 2006, p. 518.
- Cuartero Escobés, Susana: *La Masonería... Vol. II.* Santa Cruz de Tenerife, Ediciones Idea, 2006, p. 216.
- Cullinane, Michael: *Ilustrado Politics...* Quezon City, Ateneo de Manila University Press, 2003, pp. 153-154 y 161-162.

DE LA ROSA, Agustín (1844-1918)

Empleado y pastor protestante filipino que fue uno de los primeros en iniciarse a la masonería en la logia *Nilad* a inicios del año

1892. Parece haber formado parte de otras logias durante el período español, pero no hay documentos que lo prueben. Fue uno de los fundadores de la Liga Filipina y después de la Revolución filipina fue detenido por las autoridades españolas. Al inicio de la colonización norteamericana ocupó diferentes puestos en organizaciones protestantes y formó parte de la logia *Modestia* en 1902.

Fuentes:
- Listas de miembros de la logia *Nilad*, 289-A-1.
- Listas de miembros de la logia *Modestia*, CDMH 279-A-1.
- Paredes, Ruby R.: *The Partido Federal...* Tesis de doctorado en Historia, University of Michigan, 1990, p. 519.

DE LEON, Ceferino (1859-?)

Abogado y político nacionalista originario de la provincia de Bulacán. En los años 1880 fue a España para terminar sus estudios de Derecho y formó parte de la Asociación Hispano-filipina, pero no parece haberse iniciado a la masonería. Después de haber ejercido como abogado durante tres años volvió a Filipinas y durante el período revolucionario participó en la conferencia que llevó a la firma del pacto de Biak-na-bato en 1896, que se festejó en un banquete en su domicilio familiar. En 1902 se afilió a la logia *Modestia* y de 1903 a 1911 formó parte de la logia *Dalisay*. Un año más tarde fue elegido diputado por su provincia natal en la Asamblea Filipina.

Fuentes:
- Listas de miembros de la logia *Modestia*, CDMH 279-A-1.
- Listas de miembros de la logia *Dalisay*, CDMH 276-A-3.
- Kalaw, Teodoro M.: *Directorio Oficial...* Manila, Bureau of Printing, 1913, p. 48.

DE LOS ANGELES, Sixto (1875-?)

Médico filipino que tuvo un rol muy activo entre los revolucionarios de Tayabas durante la primera parte del período revolucionario. Al inicio de la dominación norteamericana ocupó un puesto de dirección sanitaria en la provincia de Rizal, donde nació y por la que fue elegido diputado por el partido Nacionalista en 1912. Conocido principalmente por su trabajo como médico forense, estuvo implicado en varias asociaciones médicas filipinas. Fue probablemente gracias a su relación con otro médico, Trinidad H. Pardo de Tavera, por lo que se afilió en 1905 a la logia *Rizal*, del Grand Orient de France. Todavía estaba en los miembros de esta logia cuando se afilió al Grande Oriente Español en 1909.

Fuentes:
- Listas de miembros de la logia *Rizal*, BNF FM2-RESERVE-146.
- Nellist, George F.: *Men of the Philippines...* Manila, Sugar News Company, 1931, pp. 47-55.

DE LOS SANTOS, Epifanio (1871-1928)
Abogado y político filipino. En 1900 fue nombrado gobernador de la provincia de Nueva Écija por la Comisión Filipina. Parece haber ocupado este puesto hasta 1906, aunque en 1904 formó parte de la delegación filipina que se desplazó a la exposición universal de San Luis, en los Estados Unidos. Era miembro del partido Federal y en septiembre de 1902 se afilió a la logia *Rizal*, del Grand Orient de France. Formó parte de esta logia dirigida por Trinidad H. Pardo de Tavera al menos hasta 1905. Más tarde ocupó el puesto de fiscal en varias provincias filipinas y fue director de la biblioteca y del museo nacional de Filipinas.

Fuentes:
- Listas de miembros de la logia *Rizal*, BNF FM2-RESERVE-146.
- Guillermo, Artemio R.: *Historical Dictionary of the Philippines*. Lanham, Scarecrow Press, 2012, p. 393.

DEL ROSARIO, Tomas G. (1857-1913)
Abogado filipino que a principios de la década de 1880 fue a España para continuar y completar sus estudios de Derecho. Fue uno de los primeros filipinos en iniciarse a la masonería en España, ya que en 1881 obtuvo el título de maestro masón en la logia *Acacia* de Madrid. En 1888 regresó a Filipinas donde ocupó diversos cargos en la administración colonial hasta el comienzo de la revolución, cuando fue arrestado y enviado a un

exilio de once meses en Ceuta. Posteriormente, se unió a las fuerzas revolucionarias y participó en el Congreso de Malolos, abogando por la separación entre la Iglesia y el Estado en las discusiones sobre la redacción de la constitución filipina. En 1899 aceptó la colonización estadounidense y un año más tarde participó en la fundación del partido Federal. Se unió a la logia *Rizal* en agosto de 1902, pocos meses antes de ser nombrado gobernador de la provincia de Batan, cargo para el que fue reelegido en 1904 y 1906.

Fuentes:
- Listas de miembros de la logia *Rizal*, BNF FM2-RESERVE-146.
- Paredes, Ruby R.: *The Partido Federal...* Tesis de doctorado en Historia, University of Michigan, 1990, p. 520.

DEL PAN, José Felipe (1821-1891)

Periodista español que llegó a Filipinas como funcionario colonial. En la década de 1860 ocupó altos cargos en la administración colonial y fue nombrado secretario de dos gobernadores de carácter reformista. Hasta su muerte en 1891 desempeñó un papel notable en la prensa filipina como editor de los periódicos *Diario de Manila, Revista de Filipinas* y *Oceanía Española*. Estaba afiliado a la masonería y aparece como orador en la lista de miembros de la logia *Lealtad* de Manila en 1874.

Fuentes:
- Listas de miembros de las logias filipinas en el año 1874, CDMH 219-A-1.
- Mojares, Resil B.: «Filipinos y Españoles en el Mundo Colonial de la Imprenta», en *Filipinas, Siglo XIX: Coexistencia e Interacción Entre Comunidades en el Imperio Español*, editado por Elizalde Pérez-Grueso, María Dolores y Huetz de Lemps, Xavier (pp. 549-569). Madrid, Ediciones Polifemo, 2017, pp. 553-557.

DEL PAN, Rafael (1863-1915)

Abogado filipino nacido en Manila. De padre español, cursó parte de su educación primaria en España y completó sus estudios de Derecho en la Universidad Central de Madrid, donde estudió entre 1884 y 1887. En ese momento se inició a la masonería y formó parte de la logia *Solidaridad* en su primera etapa, cuando estaba formada por filipinos, cubanos, puertorriqueños y españoles. A su regreso a Filipinas y tras la muerte de su padre se convirtió en el editor de *La Oceanía Española*, periódico en el que defendió la representación de los filipinos en las Cortes y criticó la deportación de José Rizal a Dapitán. En 1897, temiendo su detención, viajó a España, donde participó en las actividades del Comité Revolucionario Filipino. Poco después se convirtió en representante del gobierno filipino en los Estados Unidos, donde trabajó ante el congreso estadounidenses hasta 1902, cuando regresó a Filipinas. Hasta su muerte en 1915 fue uno de los abogados más prestigiosos de Manila, convirtiéndose en presidente del Colegio de Abogados de Filipinas y de la Cámara de Comercio de Filipinas. En 1907 se postuló para las elecciones a la Asamblea de Filipinas por el distrito Sur de Manila, pero fue derrotado por Fernando María Guerrero. Durante este período parece haber sido miembro de la logia *Minerva*, afiliada a la obediencia portuguesa Grande Lusitano Unido.

Fuentes:

- «Reseña histórica de la logia Minerva», en *Acacia*, vol. 15, nº X (1920).

- *Filipinos in History: Vol. 2*. Manila, National Historical Institute, 1990, pp. 82-84.

- Cullinane, Michael: *Ilustrado Politics: Filipino Elite Responses to American Rule, 1898-1908*. Quezon City, Ateneo de Manila University Press, 2003, p. 290.

DEL PILAR, Marcelo Hilario (1850-1896)

Abogado y periodista filipino que, junto a José Rizal, es considerado como la figura principal del movimiento nacionalista filipino surgido en la década de 1880. Hasta finales de 1888 residió en Filipinas, donde se convirtió en el principal líder del movimiento anticlerical en su provincia natal. Al partir hacia España para evitar la deportación del archipiélago, se puso al frente del movimiento de la Propaganda y fue el principal responsable de la creación del periódico *La Solidaridad*. Se inició a la masonería en la logia *Revolución*, en Barcelona, y después de su traslado a Madrid participó activamente en la vida de la logia *Solidaridad*. Se convirtió en el venerable de este taller masónico en 1891 y también formó parte de distintas instancias del Grande Oriente Español. Así, entró en el Gran Consejo de la Orden de esta obediencia y obtuvo el trigésimo tercer grado masónico. Fue el principal promotor de la expansión de las logias masónicas en Filipinas y hasta su muerte en 1896 fue su representante ante el Grande Oriente Español. Durante estos años también utilizó sus contactos en la masonería en su campaña para la realización de reformas en el archipiélago asiático.

Fuentes:

- Listas de miembros de la logia *Solidaridad*, CDMH 736-11.
- Schumacher, John N.: *The Propaganda...* Manila, Solidaridad Publishing House, 1973, pp. 94-114 y 160-163.
- Ortiz de Andrés, María Asunción: *Masonería y Democracia...* Madrid, Universidad Pontificia Comillas, 1993, p. 287.

DIAZ, Domingo (1879-?)

Abogado filipino miembro del partido Nacionalista. Fue elegido miembro de la Asamblea de Filipinas representando a su provincia natal de Albay en las elecciones de 1912. Al año siguiente se afilió a la logia *Nilad*, de la que fue miembro hasta el abandono de esta logia del Grande Oriente Español.

Fuentes:

- Listas de miembros de la logia *Nilad*, CDMH 289-A-1.
- Kalaw, Teodoro M.: *Directorio Oficial...* Manila, Bureau of Printing, 1913, p. 35.

DIOKNO, Ramón (1886-1954)

Abogado y político filipino miembro del partido Nacionalista. Se inició a la masonería en la logia *Sinukuan* poco antes de jugar un papel importante en la reorganización de la logia *Nilad* en 1906. Fue el primer venerable de esta logia, a la que estuvo afiliado hasta 1913. También estuvo involucrado en el movimiento obrero filipino y presidió la Unión del Trabajo de Filipinas antes de entrar en política al unirse a la Liga Popular Nacionalista, el partido creado por Justo Lukban en 1907. Un año más tarde fue elegido alcalde de Manila y en 1916 se convirtió en diputado de la Asamblea de Filipinas como representante de la provincia de Batangas. Ocupó este escaño nuevamente en la década de 1930, cuando colaboró en la campaña presidencial de Manuel Quezon. Después de la Segunda Guerra Mundial fue senador de 1946 a 1949.

Fuentes:

- Listas de miembros de la logia *Nilad*, CDMH 289-A-1.
- "Ramón Diokno". Senate of the Philippines: List of Previous Senators. https://www.senate.gov.ph/senators/former_senators/ramon_ diokno.htm

DIZON, José (?-1897)

Grabador filipino que trabajó en la Casa de la Moneda de Manila. Se inició a la masonería en la logia *Nilad* en marzo de 1892 y asistió tanto a la reunión fundacional de la Liga Filipina como a la que dio lugar al nacimiento del Katipunan en julio de 1892. En agosto de ese mismo año fue uno de los fundadores de la logia *Taliba* y se convirtió en el venerable de este taller masónico. Hasta 1896 estuvo muy involucrado en el Katipunan y después del levantamiento fue arrestado por las autoridades españolas y ejecutado el 11 de enero de 1897.

Fuentes:

- Listas de miembros de la logia *Nilad*, CDMH 289-A-1.
- Agoncillo, Teodoro A.: *The Revolt...* Quezon City, University of the Philippines, 1956, pp. 44-45.
- Cuartero Escobés, Susana: *La Masonería... Vol. I.* Santa Cruz de Tenerife, Ediciones Idea, 2006, p. 140.

EARNSHAW, Tomas (1867-1954)

Ingeniero, industrial y político filipino. Hijo de un ingeniero británico que llegó a Filipinas en la década de 1860, se convirtió en uno de los hombres de negocios más importantes del archipiélago en los primeros años del siglo XX. Se inició a la masonería en 1913 en la logia *Sinukuan* al mismo tiempo que su hermano

Manuel, que un año antes había sido nombrado representante de Filipinas ante el Congreso de los Estados Unidos. Tomás se convirtió en el venerable de la logia *Sinukuan* en 1916 y sirvió en el comité que negoció la unión de las logias filipinas en la Grand Lodge of Free and Accepted Masons of the Philippine Islands. En 1919 formó parte de la misión de independencia filipina enviada a los Estados Unidos y a finales de la década de 1920 fue alcalde de Manila.

Fuentes:
- Listas de miembros de la logia *Sinukuan*, CDMH 788-A-2.
- Manuel, Esperidion A.: *Dictionary of Philippine Biography Vol. 2.* Quezon City, Filipiniana Publishing, 1970, pp. 172-174.

FLORES, Ambrosio (1841-1912)

Militar y abogado filipino. Durante más de treinta años fue miembro, como su padre, del Ejército español en Filipinas. En 1892 se inició a la masonería en la logia *Nilad* y participó en la creación de la logia *Bathalas*. En 1894 ocupó el cargo de gran maestre del Gran Consejo Regional de Filipinas. Al comienzo de la revolución fue detenido y pasó diecisiete meses en prisión antes de unirse a las fuerzas del general Aguinaldo y ocupar cargos de alta responsabilidad en su Gobierno. Sin embargo, aceptó pronto el dominio estadounidense y participó en la creación del partido Federal antes de ser nombrado gobernador de la provincia de Rizal en 1902. En ese momento se unió a la logia *Rizal*, del Grand Orient de France, pero la abandonó a finales de 1903 para participar en la creación de la logia *Sinukuan*, del Grande Oriente Español. Fue miembro de esta logia hasta 1908, cuando impulsó la creación de la Logia *Silañganan* en Pasig. Flores residía en esta localidad de la provincia de Rizal, donde trabajó como juez después de estudiar Derecho. Ocupó el cargo de venerable de esta logia hasta su muerte en 1912.

Fuentes:
- Listas de miembros de la logia *Nilad*, CDMH 289-A-1.
- Listas de miembros de la logia *Sinukuan*, CDMH 788-A-2.
- Listas de miembros de la logia *Rizal*, BNF FM2-RESERVE-146.

- Cuartero Escobés, Susana: *La Masonería... Vol. I.* Santa Cruz de Tenerife, Ediciones Idea, 2006, p. 138.
- Cuartero Escobés, Susana: *La Masonería... Vol. II.* Santa Cruz de Tenerife, Ediciones Idea, 2006, pp. 151-154.
- Manuel, Esperidion A. y Manuel, Magdalena A.: *Dictionary of Philippine Biography Vol. 3.* Quezon City, Filipiniana Publishing, 1986, pp. 248-249.

GABALDON, Isauro (1875-1942)

Abogado y político filipino. A los cinco años de edad, fue enviado por su familia a España, donde vivió hasta terminar sus estudios universitarios. Regresó a Filipinas al comienzo de la colonización americana y ejerció como abogado hasta 1906, cuando fue elegido gobernador de Nueva Écija. Fue uno de los residentes de esta provincia que se afilió a la logia *Rizal*, creada en 1901 por Trinidad H. Pardo de Tavera. Sin embargo, Gabaldón no se unió al partido Federal y se declaró independiente hasta su elección como miembro de la Asamblea de Filipinas, de la que formó parte entre 1907 y 1912 como miembro del partido Nacionalista. Durante este período se afilió a la logia *Sinukuan*. Perteneció a este taller masónico al menos hasta 1916, cuando fue elegido miembro del Senado filipino después de haber pasado cuatro años como gobernador de Nueva Écija. En la década de 1920 sirvió durante ocho años como representante de Filipinas ante el Congreso de los Estados Unidos en Washington.

Fuentes:

- Listas de miembros de la logia *Rizal*, BNF FM2-RESERVE-146.
- Listas de miembros de la logia *Sinukuan*, CDMH 788-A-2.
- *History, Art & Archives, U.S. House of Representatives*, GABALDON, Isauro, https://history.house.gov/People/Listing/G/GABALDON,-Isauro-(G000001)/

GOMEZ, Dominador (1868-1929)

Médico y político filipino nacido en Manila. Sobrino de Mariano Gómez, uno de los sacerdotes filipinos ejecutados después del motín de Cavite en 1872. En 1887 llegó a España para continuar sus estudios de medicina y se involucró en el movimiento de la Propaganda. Participó en la creación de la Asociación Hispano-filipina, escribió artículos para el periódico *Solidaridad* y fue miembro de la logia del mismo nombre, donde ocupó el cargo de orador después de las elecciones de oficiales de diciembre de 1890. En 1895 se alistó como médico del Ejército español y fue enviado a Cuba, donde participó en la Guerra Hispano-cubana durante tres años. En 1898 regresó a España y fue miembro del Comité Revolucionario Filipino junto a Isabelo de los Reyes, con quien colaboró en la edición del periódico *Filipinas ante Europa*. En 1902 regresó a Filipinas y se involucró inmediatamente en el movimiento nacionalista liderado por Isabelo de los Reyes, al que sustituyó como presidente del primer sindicato filipino. Su papel como presidente de la Unión Obrera Democrática provocó que se hiciera un nombre en Filipinas, donde se convirtió en uno de los políticos más populares a pesar de sus malas relaciones con las autoridades coloniales. En 1907 fue elegido miembro de la Asamblea Filipina, pero tuvo que dimitir unos meses más tarde tras una reclamación de su principal rival por el escaño, Justo Lukban. En el campo masónico esta disputa fue el origen de la suspensión de la logia *Modestia*, que en 1908 había aceptado la afiliación de Gómez a pesar de la oposición de la Gran Logia Regional de Filipinas.

Fuentes:

- Cullinane, Michael: *Ilustrado Politics: Filipino Elite Responses to American Rule, 1898-1908*. Quezon City, Ateneo de Manila University Press, 2003, pp. 83-87.

- Scott, William Henry: «The First Filipino Labor Union», en *Great Scott!: the New Day William Henry Scott Reader,* editado por Bautista, Bezalie P. Quezon City, New Day Publishers, 2006, pp. 52-56.

- Jimena, Álvaro: «Dominador Gómez (1866-1930): un Nacionalista Demasiado Radical e Hispanizado para Presidir la Asamblea Filipina». *Ayer. Revista De Historia Contemporánea*, pp. 1-24.

GOMEZ, Tomas (1877-?)

Médico y político filipino. En 1912 fue elegido miembro de la Asamblea Filipina por la provincia de Samar, donde fue un miembro destacado del partido Nacionalista. En 1908 se inició la masonería en la logia *Sinukuan*, de la que fue miembro al menos hasta 1916.

Fuentes:

- Listas de miembros de la logia *Sinukuan*, CDMH 788-A-2.
- Kalaw, Teodoro M.: *Directorio Oficial...* Manila, Bureau of Printing, 1913, pp. 98-99.

GRAJO, Leoncio (1875-?)

Abogado y político filipino miembro del partido Nacionalista originario de la provincia de Sorsogon. Después del levantamiento de 1896 formó parte de las fuerzas revolucionarias, pero en 1900 se trasladó a Manila para terminar sus estudios de Derecho. En 1909 fue elegido miembro de la Asamblea Filipina por su provincia natal y poco después se inició a la masonería en la logia *Sinukuan*. Fue reelegido diputado en 1912 y formó parte de este taller masónico hasta 1914.

Fuentes:

- Listas de miembros de la logia *Sinukuan*, CDMH 788-A-2.
- Kalaw, Teodoro M.: *Directorio Oficial...* Manila, Bureau of Printing, 1913, p. 101.

GRANADOS, Estanislao (1877-?)

Político filipino y miembro del partido Nacionalista. En 1909 se convirtió en representante en la Asamblea Filipinas de Leyte, su provincia natal. En 1912 fue reelegido y poco después se inició a la masonería en la logia *Nilad*, a la que perteneció al menos hasta 1916.

Fuentes:

- Listas de miembros de la logia *Nilad*, CDMH 289-A-1.
- Kalaw, Teodoro M.: *Directorio Oficial...* Manila, Bureau of Printing, 1913, p. 75.

GUERRERO, Fernando María (1873-1929)

Periodista, poeta y político filipino. Al final de la colonización española estudió Derecho, pero nunca ejerció como abogado. Durante el período revolucionario participó en el Congreso de Malolos y formó parte de la redacción del periódico *La Independencia*, pero en 1900 aceptó la dominación estadounidense y participó en la fundación del partido Federal. En 1903 se convirtió en director del periódico *El Renacimiento* y ocupó este cargo hasta 1907, cuando fue elegido diputado por el distrito sur de Manila después de derrotar a Rafael del Pan en las elecciones. Dos años antes se había unido a la logia *Rizal* del Grand Orient de France y formó parte de la misma al menos hasta 1909, cuando este taller masónico se afilió al Grande Oriente Español.

Fuentes:

- Listas de miembros de la logia *Rizal*, BNF FM2-RESERVE-146.

- Cuartero Escobés, Susana: *La Masonería... Vol. II.* Santa Cruz de Tenerife, Ediciones Idea, 2006, pp. 171-172.

- Paredes, Ruby R.: *The Partido Federal...* Tesis de doctorado en Historia, University of Michigan, 1990, p. 524.

GUEVARA, Pedro (1879-1938)

Abogado, periodista y político filipino. Originario de la provincia de Laguna, durante la revolución fue asistente del general Cailles. Miembro del partido Nacionalista, fue elegido diputado de la Asamblea Filipina por su provincia natal en 1909 y reelegido en 1912. Ese mismo año participó en la creación en la ciudad de Santa Cruz de la logia *Pinagsabitan*, de la cual fue miembro al menos hasta 1917. En 1916 fue elegido miembro del Senado filipino y entre 1923 y 1935 ocupó el cargo de Comisionado Residente en Washington.

Fuentes:

- Listas de miembros de la logia *Pinagsabitan*, CDMH 270-A-2.

- *Filipinos in History: Vol. 4.* Manila, National Historical Institute, 1994, pp. 145-146.

GUIDO, Justo (1864-?)

Empleado de comercio filipino que se inició a la masonería en la logia *Nilad* durante el año 1892 y que participó en la creación de la logia *Dalisay* en diciembre de ese mismo año. Al comienzo de la colonización americana participó en la organización del partido Federal y estuvo entre los fundadores de la logia *Rizal*, del Grand Orient de France, en la que ocupó el cargo de tesorero. Formó parte de este taller masónico al menos hasta 1905.

Fuentes:
- Listas de miembros de la logia *Nilad*, CDMH 289-A-1.
- Listas de miembros de la logia *Rizal*, BNF FM2-RESERVE-146.
- Cuartero Escobés, Susana: *La Masonería... Vol. II.* Santa Cruz de Tenerife, Ediciones Idea, 2006, pp. 143-144 y 524.
- Paredes, Ruby R.: *The Partido Federal...* Tesis de doctorado en Historia, University of Michigan, 1990, p. 524.

HERAS, Leon Miguel (1862-?)

Empleado de comercio filipino que fue miembro de la logia *Nilad* en la década de 1890. A inicios de la colonización norteamericana participó en la creación del partido Federal y en la fundación de la logia *Rizal*, del Grand Orient de France. Formó parte de este taller masónico al menos hasta 1905.

Fuentes:
- Listas de miembros de la logia *Nilad*, CDMH 289-A-1.
- Listas de miembros de la logia *Rizal*, BNF FM2-RESERVE-146.
- Paredes, Ruby R.: *The Partido Federal...* Tesis de doctorado en Historia, University of Michigan, 1990, p. 520.

JOVEN, Ceferino (1846-?)

Político filipino originario de la provincia de Pampanga, donde formaba parte de la élite provincial. Se inició a la masonería en abril de 1892 en la logia *Nilad* y unos meses más tarde se afilió a la logia *Magestad*, creada en Bakolor. Al comienzo de la colonización americana fue nombrado gobernador provincial de su provincia natal y a principios de 1903 se afilió a la logia *Rizal*, del Grand Orient de France. Formó parte de este taller masónico al menos hasta 1905.

Fuentes:
- Listas de miembros de la logia *Nilad*, CDMH 289-A-1.
- Listas de miembros de la logia *Rizal*, BNF FM2-RESERVE-146.
- Cullinane, Michael: *Ilustrado Politics: Filipino Elite Responses to American Rule, 1898-1908*. Quezon City, Ateneo de Manila University Press, 2003, p. 152.

JUGO VIDAL, Simplicio (1862-1925)

Médico filipino de una familia acomodada de origen español. Su padre era un conocido abogado criollo de Manila. Estudió en la Universidad Central de Madrid y colaboró con José Rizal en la defensa de los intereses filipinos en Madrid desde 1883. En 1889 creó un periódico llamado *La Vanguardia Filipina* y ese mismo año participó en la creación de la Asociación Hispano-filipina, presidida por el político y masón Miguel Morayta. Jugo Vidal formó parte de logias españoles desde al menos 1881, ya que ese año obtuvo el diploma de maestro masón en la logia *Fraternidad* de Madrid. Posteriormente no hay rastro de su pertenencia a ningún taller masónico hasta su afiliación a la logia *Rizal* del Grand Orient de France en 1902 en Manila. En ese momento era gobernador de la provincia de Capiz, cargo que ocupó hasta las elecciones de 1906. Un año más tarde se presentó a las elecciones a la Asamblea Filipina, pero fue derrotado por el abogado nacionalista José Altavas.

Fuentes:
- Listas de miembros de la logia *Rizal*, BNF FM2-RESERVE-146.
- Cullinane, Michael: *Ilustrado Politics: Filipino Elite Responses to American Rule, 1898-1908*. Quezon City, Ateneo de Manila University Press, 2003, p. 166.
- Nieva, Gregorio: Philippine Assembly Official Directory. First Philippine Legislature. Manila, Bureau of Printing, 1908, p. 57.
- Santiago, Luciano P.R.: «The First Filipino Doctors of Medicine and Surgery (1878-97)», en *Philippine Quarterly of Culture and Society*, vol. 22, nº 2 (1994), pp. 103-140.

- Schumacher, John N.: *The Propaganda...* Manila, Solidaridad Publishing House, 1973, pp. 169, 171 y 176.

KALAW, Teodoro M. (1884-1940)

Abogado, periodista y político nacionalista. Después de estudiar Derecho se dio a conocer como periodista en *El Renacimiento*. Fue nombrado editor de este periódico con tan solo veintitrés años y a través de sus artículos se convirtió en uno de los principales defensores de la preservación de la cultura hispana en Filipinas. Miembro del partido Nacionalista, en 1907 fue nombrado secretario de la Asamblea de Filipinas y en 1909 se convirtió en diputado por la provincia de Batangas. Se inició a la masonería en la logia *Nilad* en noviembre de 1906. Unos años más tarde se convirtió en venerable de esta logia y en 1915 fue elegido gran maestre de la Gran Logia Regional de Filipinas. Al ocupar este cargo se libró a la defensa de los derechos masónicos de las logias GOE en Filipinas y trató de crear una Gran Logia filipina independiente. A pesar de no conseguirlo, siguió afiliado a la masonería y en la década de 1920 ocupó el puesto de secretario del interior del gobierno filipino. Más tarde se convirtió en presidente de la Biblioteca Nacional de Filipinas.

Fuentes:

- Listas de miembros de la logia *Nilad*, CDMH 289-A-1.
- *Filipinos in History: Vol. 5*. Manila, National Historical Institute, 1996, pp. 135-140.

LANUZA, Timoteo (¿-?)

Gobernadorcillo de Binondo en la década de 1880, fue uno de los instigadores de la manifestación anticlerical que tuvo lugar en Manila en 1888. Participó en la creación de la Liga Filipina en julio de 1892. Se había iniciado a la masonería en la logia *Nilad* a principios de ese año.

Fuentes:

- Listas de miembros de la logia *Nilad*, CDMH 289-A-1.
- Schumacher, John N.: *The Propaganda...* Manila, Solidaridad Publishing House, 1973, pp. 99 y 106.

LLORENTE, Julio (1863-?)

Abogado filipino que desempeñó un papel importante en las actividades del movimiento de la Propaganda. Nacido en Cebú, abandonó el archipiélago en 1881 para continuar sus estudios en España, donde obtuvo el doctorado en Derecho por la Universidad Central de Madrid en 1885. En 1883 ya era miembro de la logia *Fraternidad* de Madrid, donde obtuvo el título de maestro masón. Tres años más tarde se unió a la logia *Solidaridad* y se convirtió en su venerable en 1889 al ser reorganizada por los masones filipinos. En 1891 regresó a Filipinas, donde se afilió a la Logia *Nilad.* Durante el período revolucionario fue arrestado por las autoridades españolas y condenado a muerte, aunque fue liberado después de la firma del Tratado de París. Más tarde, se convirtió en miembro del gobierno revolucionario de Cebú, pero no ofreció mucha resistencia a la llegada de los estadounidenses. De hecho, ayudó a fundar el partido Federal y ocupó el cargo de gobernador provincial de Cebú en 1902 y de Samar de 1902 a 1904. Fue durante este período cuando se afilió a la logia *Rizal,* del Grand Orient de France. Fue miembro de este taller masónico desde finales de 1902 y al menos hasta 1905.

Fuentes:

- Listas de miembros de la logia *Solidaridad,* CDMH 736-11.
- Listas de miembros de la logia *Rizal,* BNF FM2-RESERVE-146.
- Schumacher, John N.: *The Propaganda...* Manila, Solidaridad Publishing House, 1973, p. 53.
- Paredes, Ruby R.: *The Partido Federal...* Tesis de doctorado en Historia, University of Michigan, 1990, pp. 528-529.
- Cullinane, Michael: *Ilustrado Politics...* Quezon City, Ateneo de Manila University Press, 2003, pp. 200-204 y 216-217.

LOPEZ JAENA, Graciano (1856-1896)

Periodista filipino y miembro del movimiento de la Propaganda. Dejó Filipinas en 1880 debido a su reputación como filibustero para realizar estudios de medicina en Valencia. Sin embargo, su interés por la política y su implicación en el movimiento republicano español hicieron que abandonara sus estudios rápidamente. En 1889 participó en la creación del periódico *La Solidaridad* y en la fundación de la logia *Revolución*. Se había iniciado a la masonería probablemente en 1882, pero aparece por primera vez en un documento de la logia *Porvenir* dos años después. También fue miembro de la logia *Solidaridad* en 1886. En 1891 regresó muy brevemente a Filipinas e inició a algunos filipinos a la masonería. Sin embargo, tuvo que abandonar el archipiélago ante el peligro de ser detenido. Murió en Barcelona en 1896 como consecuencia de una tuberculosis.

Fuentes:

- Listas de miembros de la logia *Solidaridad*, CDMH 736-11.

- Cuartero Escobés, Susana: *La Masonería... Vol. I.* Santa Cruz de Tenerife, Ediciones Idea, 2006, p. 43.

- Schumacher, John N.: *The Propaganda...* Manila, Solidaridad Publishing House, 1973, pp. 27 y 49-50.

- Raquel A. G. Reyes, *Love, Passion and Patriotism: Sexuality and the Philippine Propaganda Movement, 1882-1892.* Singapore-Seattle, NUS Press y University of Washington Press, 2008, pp. 266-267.

LUKBAN, Justo (1863-1927)

Médico y político filipino. Después de estudiar medicina en la Universidad de Santo Tomás abrió una clínica en Manila. Al comienzo de la Revolución filipina, se unió a las fuerzas del general Aguinaldo y lo acompañó a Hong Kong después del Pacto de Biak-na-bato. Durante la segunda parte del período revolucionario participó en el Congreso de Malolos y fue profesor en la Universidad Literaria de Filipinas. En 1900 aceptó la colonización estadounidense y desde 1902 fue una de las principales figuras de la oposición nacionalista al partido Federal surgida en Manila. En 1906 creó el partido Independista Inmediatista y un año más tarde se presentó a las elecciones a la Asamblea Filipina a pesar de no ser elegido como candidato por el partido Nacionalista. Fue derrotado por unos treinta votos por Dominador Gómez, pero reclamó el escaño con el argumento de que Gómez tenía nacionalidad española. Después de la organización de nuevas elecciones, se sentó durante unos meses en la cámara legislativa. Diez años más tarde fue alcalde de Manila. Su iniciación en la masonería parece haber tenido lugar en la primera mitad de 1907 en la logia *Sinukuan*, de la que fue miembro hasta 1910.

Fuentes:
- Listas de miembros de la logia *Sinukuan*, CDMH 788-A-2.
- *Filipinos in History: Vol. 2.* Manila, National Historical Institute, 1990, pp. 10-11.
- Cullinane, Michael: *Ilustrado Politics: Filipino Elite Responses to American Rule, 1898-1908.* Quezon City, Ateneo de Manila University Press, 2003, pp. 304-307.

LUKBAN, Vicente (1860-1916)

General revolucionario filipino que se inició a la masonería en los últimos años de la colonización española. Está presente en la «columna de honor» del cuadro lógico de la logia *Modestia* de 1895, donde se indica que perteneció a la logia *Luz de Oriente*. Al comienzo de la colonización americana formó parte brevemente de la logia *Modestia* antes de unirse al Gran Oriente filipino creado por Juan Utor.

Fuentes:
- Listas de miembros de la logia *Modestia*, CDMH 279-A-1.
- *Modestia* al gran consejo del GOE, 1903, CDMH 279-A-1.

MABINI, Apolinario (1864-1903)

Escritor y político filipino. Considerado como uno de los principales cerebros del gobierno revolucionario dirigido por Emilio Aguinaldo. Nació en el seno de una familia modesta de la provincia de Batangas y continuó sus estudios en Manila gracias a sus extraordinarias capacidades intelectuales. Asistió a la reunión fundacional de la Liga Filipina cuando era estudiante de Derecho y asistente del notario Numeriano Adriano. Unos meses más tarde, en octubre de 1892, se inició a la masonería en la logia *Balagtas* y parece haber jugado un papel muy importante en la creación del Gran Consejo Regional de Filipinas. Después de la disolución de la Liga Filipina continuó estando involucrado en el movimiento nacionalista en el Cuerpo de Compromisarios, pero no formó parte del Katipunan. Después de unos meses en el hospital debido a una enfermedad que lo dejó parapléjico, se unió al movimiento revolucionario y entró en el gobierno del general Aguinaldo en 1898. Ejerció mucha influencia sobre Aguinaldo hasta la celebración del Congreso de Malolos, donde los filipinos más conservadores tomaron el control del gobierno revolucionario. Durante este período apoyó las medidas anticlericales y alentó la creación de una Iglesia Nacional Filipina independiente del Vaticano. En 1899 Mabini fue encarcelado, pero no aceptó el dominio estadounidense hasta 1903, lo que le obligó a pasar dos años en el exilio en la isla de Guam. Enfermo, murió pocos meses después de su regreso a Manila.

Fuentes:

- Listas de miembros de la logia *Balagtas*, CDMH 270-A-3.

- Agoncillo, Teodoro A.: *The Revolt...* Quezon City, University of the Philippines, 1956, pp. 105-110 y 130.

- Mojares, Resil B.: *Brains of the Nation: Pedro Paterno, T.H. Pardo de Tavera, Isabelo de los Reyes, and the Production of Modern Knowledge*. Quezon City, Ateneo de Manila University Press, 2006, pp. 463-464.

MARTÍN DE LA CÁMARA, Eduardo (1850-1859)

Notario español que obtuvo un puesto en Manila, donde se convirtió en el primer presidente del Casino Español y colaboró con periódicos como *La Opinión*, *Diario de Manila*, *El Comercio* y *El Español*. En 1889 intentó reorganizar la masonería española en Filipinas junto a Abelardo Cuesta y Alejandro Rojí.

Fuentes:

- Cuartero Escobés, Susana: *La Masonería... Vol. I.* Santa Cruz de Tenerife, Ediciones Idea, 2006, p. 92.

- Ossorio y Bernard, Manuel: *Ensayo de un Catálogo de Periodistas Españoles del Siglo XIX*. Madrid, J. Palacios, 1903, p. 506.

MORALES, Luis (1885-?)

Abogado y político filipino originario de la provincia de Tarlac. Después de estudiar Derecho, se convirtió en el delegado del partido Nacionalista en su provincia natal y fue elegido diputado de la

Asamblea Filipina en 1912. Dos años antes se había iniciado a la masonería en la Logia *Sinukuan*, a la que estuvo afiliado hasta 1914.

Fuentes:
- Listas de miembros de la logia *Sinukuan*, CDMH 788-A-2.
- Kalaw, Teodoro M.: *Directorio Oficial...* Manila, Bureau of Printing, 1913, p. 103-104.

MORAYTA, Miguel (1834-1917)

Profesor universitario y político español. Fue el principal líder del Grande Oriente Español, ya que ocupó el cargo de gran maestre de esta obediencia masónica entre 1889 y 1901, y desde 1906 hasta su muerte. Se inició a la masonería en 1863, poco después de incorporarse al profesorado de la Universidad Central de Madrid. Ocho años más tarde alcanzó el más alto grado masónico, pero en 1873 abandonó esta institución para dedicarse más a fondo a la política. Cercano al republicano español Emilio Castelar, ocupó importantes cargos en el gobierno de la Primera República española. En 1874 regresó a la Universidad Central de Madrid tras obtener la cátedra de Historia Universal. Muy cercano a la corriente de profesores krausistas, se dedicó a la lucha por la libertad académica, amenazada desde la restauración de la monarquía borbónica. Después de un discurso muy polémico en la inauguración del año académico 1884-1885, regresó a las logias masónicas. En 1889 intentó unificar la masonería española creando el Grande Oriente Español, que se convirtió en la obediencia más importante del país y albergó a las dos logias filipinas creadas en España. Impulsado por Marcelo del Pilar, Morayta aprobó la expansión de la masonería entre los filipinos en el archipiélago asiático, lo que le costó muchas críticas tras el inicio de la Revolución. Desde la reorganización de las logias del Grande Oriente Español en Filipinas en 1899 fue el principal interlocutor de los masones filipinos, que abandonaron esta obediencia española poco después de su muerte en 1917.

Fuentes:
- Ortiz de Andrés, María Asunción: *Masonería y Democracia en el Siglo XIX...* Madrid, Universidad Pontificia Comillas, 1993, pp. 141-172 y 233-296.

Álvaro Jimena

MORELOS, Daniel (1868-?)

Farmacéutico filipino. Después de estudiar en la Universidad de Santo Tomás estableció una farmacia en el barrio manileño de Tondo en 1895. Frente a este establecimiento tuvo lugar en octubre de 1903 la celebración de la ceremonia inaugural de la Iglesia Filipina Independiente. Dos meses después, Morelos participó en la fundación de la logia *Sinukuan*, a la que perteneció al menos hasta 1916. En esta logia ocupó diversos cargos oficiales y en los años 1906 y 1907 colaboró en la reorganización de otros talleres masónicos en Manila.

Fuentes:

- De Achutegui, Pedro S. y Bernad, Miguel Anselmo: *Religious Revolution...* Manila, Ateneo de Manila, 1961, pp. 199-201.
- Listas de miembros de la logia *Sinukuan*, CDMH 788-A-2.

MORENO, Roberto (1869-?)

Abogado filipino. En 1907 fue el candidato del partido Progresista (antiguo partido Federal) al distrito norte de Manila en las primeras elecciones a la Asamblea Filipina. Poco después se inició a la masonería en la logia *Sinukuan*, de la que fue miembro hasta 1912. Ese mismo año participó en la creación de la logia *Pinagsabitan*, en la provincia de Pampanga, donde fue fiscal provincial. En 1913 fue el venerable de esta logia, a la que perteneció al menos hasta 1917.

Fuentes:

- Listas de miembros de la logia *Sinukuan*, CDMH 788-A-2.
- Listas de miembros de la logia *Pinagsabitan*, CDMH 270-A-2.
- Cullinane, Michael: *Ilustrado Politics: Filipino Elite Responses to American Rule, 1898-1908.* Quezon City, Ateneo de Manila University Press, 2003, pp. 299-301.

NAKPIL, Julio (1867-1960)

Músico filipino que participó muy activamente en el movimiento nacionalista filipino al final de la dominación española, formando parte de la Liga Filipina y del Katipunan. También se inició a la masonería en la logia *Dalisay*. Después de la primera parte del período revolucionario, durante el cual estuvo muy involucrado en la lucha contra los españoles, se casó con la viuda de Andrés Bonifacio y vivió bajo la protección de su cuñado Ariston Bautista Lim. Más tarde participó en la fundación del partido Federal y participó en la creación de la Logia *Rizal*, del Grand Orient de France.

Fuentes:

- Listas de miembros de la logia *Rizal*, BNF FM2-RESERVE-146.
- *Filipinos in History: Vol. 2*. Manila, National Historical Institute, 1990, pp. 49-52.
- Paredes, Ruby R.: *The Partido Federal...* Tesis de doctorado en Historia, University of Michigan, 1990, p. 531.

NATIVIDAD, Mamerto (1834-1896)

Eminente abogado filipino que estuvo presente en la reunión fundacional de la Liga Filipina. Parece haber sido profesor de Marcelo del Pilar en la Universidad de Santo Tomás. Se había iniciado a la masonería en la logia *Nilad* en abril de 1892 al mismo tiempo que su hijo, que se convirtió en un importante general revolucionario después de unirse a las fuerzas de Aguinaldo tras la ejecución de su padre por las autoridades españolas.

Fuentes:

- Listas de miembros de la logia *Nilad*, CDMH 289-A-1.
- Villaroel, Fidel: *Marcelo H. Del Pilar at the University of Santo Tomas*. Manila, UST Publishing House, 1997, pp. 21-22.
- *Filipinos in History: Vol. 5*. Manila, National Historical Institute, 1996, p. 53.

OCAMPO, Alfonso (1860-1896)

Empleado filipino y antiguo miembro del Ejército español que formó parte de la logia *Modestia* en los años 1894 y 1895. Tras el inicio de la revolución fue detenido, acusado de haber formado parte del Katipunan y ejecutado el 12 de septiembre de 1896. Se trata de uno de los trece mártires de Cavite.

Fuentes:

- Listas de miembros de la logia *Modestia*, CDMH 279-A-1.
- Manuel, Esperidion A.: *Dictionary of Philippine Biography Vol. 1*. Quezon City, Filipiniana Publishing, 1955, p. 290.

OCAMPO, Julián (1881-?)

Abogado y político filipino miembro del partido Nacionalista. Estudió Derecho en Manila en los primeros años de la colonización americana y en 1904 se afilió a la logia *Rizal* del Grand Orient de France. En 1912 fue elegido diputado por Ambos Camarines en la Asamblea Filipina y tres años más tarde participó en el establecimiento de la logia *Isarog* en esa provincia.

Fuentes:

- Listas de miembros de la logia *Rizal*, BNF FM2-RESERVE-146.
- Kalaw, Teodoro M.: *Directorio Oficial...* Manila, Bureau of Printing, 1913, p. 38.

ONG JUNCO, Doroteo (1855-?)

Industrial filipino. La reunión fundacional de la Liga Filipina se celebró en su residencia de Tondo el 3 de julio de 1892. En 1893 se unió a la logia *Lusong*.

Fuentes:

- Listas de miembros de la logia *Lusong*, CDMH 271-A-4.
- Agoncillo, Teodoro A.: *The Revolt...* Quezon City, University of the Philippines, 1956, p. 37.

PÁEZ, Timoteo (1861-1939)

Comerciante filipino del barrio manileño de Tondo. Ayudó a financiar el movimiento de la Propaganda desde principios de la década de 1890 y parece haber sido iniciado a la masonería por Graciano López Jaena. Fue uno de los fundadores de la logia *Nilad* en enero de 1892 y un año más tarde participó en la creación de la logia *Lusong* en Tondo. También asistió a la reunión fundacional de la Liga Filipina, así como a su reorganización en abril de 1893. Continuó apoyando financieramente a los miembros del movimiento nacionalista hasta el comienzo de la revolución, pero no estuvo involucrado en el Katipunan. A pesar de ello, fue arrestado por las autoridades españolas y pasó nueve meses en prisión antes de ser enviado al exilio en Hong Kong. En 1898 regresó al archipiélago para unirse a las fuerzas revolucionarias. Participó en el Congreso de Malolos y en 1899 fue detenido por los estadounidenses. Durante las dos primeras décadas del siglo XX fue uno de los masones filipinos más activos. Participó en la fundación de la logia *Sinukuan* en 1903, de la que fue venerable en 1905, 1906 y 1910; y se convirtió en uno de los principales colaboradores de Felipe Buencamino en la expansión de la masonería en Filipinas durante este período. En 1917, como la gran mayoría de los masones filipinos, se unió a la Grand Lodge of Free and Accepted Masons of the Philippine Islands. Sin embargo, en la década de 1920 abandonó esta gran logia fundada por los estadounidenses y contribuyó a la reorganización de las logias del Grande Oriente Español en Filipinas, aunque en realidad parece que trataba de crear una obediencia masónica filipina independiente.

Fuentes:

- Listas de miembros de la logia *Nilad*, CDMH 289-A-1.
- Listas de miembros de la logia *Sinukuan*, 788-A-2.
- Logia *Sinukuan* al gran consejo del GOE, Manila, 25/VIII/1907, CDMH 788-A-2.
- Agoncillo, Teodoro A.: *The Revolt...* Quezon City, University of the Philippines, 1956, pp. 37-40.
- Cuartero Escobés, Susana: *La Masonería... Vol. II.* Santa Cruz de Tenerife, Ediciones Idea, 2006, pp. 290-298.
- Schumacher, John N.: *The Propaganda...* Manila, Solidaridad Publishing House, 1973, p. 244.

PALMA, Rafael (1874-1939)

Abogado, periodista y político filipino. Durante la segunda parte del período revolucionario jugó un papel muy importante en la redacción del periódico revolucionario *La Independencia*. Tras el inicio de la colonización americana participó en la creación de los periódicos *El Nuevo Día*, en Cebú, y *El Renacimiento*, en Manila. Fue director de este último y se hizo muy popular entre la oposición nacionalista al partido Federal que surgió durante estos años en la capital filipina. En 1907 fue elegido diputado de la Asamblea Filipina por la provincia de Cavite. Parece que se inició a la masonería durante este período en la logia *Bagong Buhay*. Después de ser nombrado miembro de la Comisión Filipina en 1908, se afilió a la logia *Sinukuan*, de la que fue venerable en 1914 y 1915. Dos años más tarde fue elegido senador antes de unirse al gobierno filipino como secretario del Interior. Durante estos años ocupó cargos notables en la Grand Lodge of Free and Accepted Masons of the Philippine Islands. En 1925 se convirtió en presidente de la Universidad de Filipinas y en la década de 1930 regresó a la política.

Fuentes:

- Listas de miembros de la logia *Sinukuan*, CDMH 788-A-2.

- Cullinane, Michael: *Ilustrado Politics: Filipino Elite Responses to American Rule, 1898-1908*. Quezon City, Ateneo de Manila University Press, 2003, pp. 39, 81-83 y 307-308.

- *Filipinos in History: Vol. 2*. Manila, National Historical Institute, 1990, pp. 77-81.

- Palma, Rafael: *My Autobiography*. Manila, Capitol Publishing House, 1953.

PANGANIBAN, José María (1863-1890)

Estudiante filipino que se trasladó a España para continuar sus estudios de medicina en 1888. En Barcelona conoció a Graciano López Jaena, con quien jugó un papel clave en la creación de la logia *Revolución*. Estuvo muy involucrado en las actividades de esta logia y obtuvo el trigésimo grado masónico en el verano de 1889. Escribió varios artículos para el periódico *Solidaridad* antes de morir de tuberculosis a la edad de 27 años.

Fuentes:

- Sánchez Ferré, Pere: «La Masonería Española...», en *La Masonería... Castilla y León*, Junta de Castilla y León, Consejería de Educación y Cultura, p. 484.

- Reyes, Raquel A. G.: *Love, Passion and Patriotism...*, pp. 264-265.

PARDO DE TAVERA, Trinidad Hermenegildo (1857-1925)

Médico y político filipino. Pasó gran parte de su juventud en Francia, donde su familia se había establecido después de sufrir represalias tras el motín de Cavite. En París estudió medicina y se interesó por la lingüística, convirtiéndose en un especialista en lenguas vernáculas filipinas. Se inició a la masonería en la capital francesa en julio de 1891 en la logia parisina *Le Temple de l'Honneur et de L'Union del Grand Orient de France*, algo que le ayudó a crear una logia de esa misma obediencia después de su regreso a Filipinas. Fue el líder del partido Federal, el primer partido político fundado en el archipiélago después del comienzo de la colonización estadounidense de Filipinas, y durante los primeros años del siglo XX se convirtió en uno de los principales colaboradores de la nueva potencia colonial, ocupando un puesto en la Comisión Filipina de 1901 a 1908. La logia *Rizal*, de la que fue venerable, fue la que contó con un mayor número de miembros en el archipiélago hasta 1905, cuando dejó el GOF para tratar de afiliarse a la Gran Logia de Francia, que tenía mejores relaciones con la masonería estadounidense. Cuando esta logia se afilió al Grande Oriente Español unos años más tarde Pardo de Tavera ya no formaba parte de ella y parece que no se afilió a ningún otro taller masónico hasta su muerte.

Fuentes:

- Listas de miembros de la logia *Rizal*, BNF FM2-RESERVE-146.
- Mojares, Resil B.: *Brains of the Nation: Pedro Paterno...* Quezon City, Ateneo de Manila University Press, 2006, pp. 119-230.

PAREDES, Quintín (1884-1973)

Abogado y político filipino. En 1914 se inició a la masonería en la logia *Sinukuan*, de la que fue miembro al menos hasta 1916. Ese mismo año fue nombrado fiscal de la capital filipina. En 1919 fue miembro de la Comisión de Independencia de Filipinas enviada a los Estados Unidos. Ocupó cargos importantes en la política filipina hasta la década de 1960.

Fuentes:

- Listas de miembros de la logia *Sinukuan*, CDMH 788-A-2.

- *Filipinos in History: Vol. 3.* Manila, National Historical Institute, 1992, pp. 197-199.

PEREZ, Filemon (1883-?)

Abogado y político filipino. Después de formar parte de las fuerzas del general Aguinaldo durante el período revolucionario, estudió Derecho en los Estados Unidos, en la Universidad de Berkeley y la Universidad Nacional de Washington. Poco después de su regreso a Filipinas en 1909 se convirtió en miembro de la Asamblea de Filipinas representando a la provincia de Tayabas y fue reelegido en las elecciones de 1912. Se inició a la masonería en 1914 en la logia *Sinukuan*, en la que permaneció al menos hasta 1916.

Fuentes:

- Listas de miembros de la logia *Sinukuan*, CDMH 788-A-2.
- Kalaw, Teodoro M.: *Directorio Oficial...* Manila, Bureau of Printing, 1913, pp. 104-105.

PONCE, Mariano (1863-1918)

Médico y periodista filipino. Originario de la misma provincia que Marcelo del Pilar, llegó a España en 1887 para continuar sus estudios de medicina, pero se involucró muy pronto en las actividades del movimiento nacionalista, convirtiéndose en el colaborador más leal de Del Pilar en su campaña de propaganda. Parece haberse iniciado a la masonería en la logia *Ibérica* en Madrid poco después de su llegada a España, pero los documentos más antiguos que prueban su pertenencia a la masonería son los de la logia *Revolución*. Ponce estuvo muy involucrado en las actividades de esta logia en Barcelona y alcanzó el décimo octavo grado masónico en el verano de 1889. Tras el traslado de gran parte de la colonia de filipinos a Madrid, también contribuyó muy activamente a la vida de la logia *Solidaridad* y formó parte de las diversas instancias del Grande Oriente Español al igual que Marcelo del Pilar. Permaneció en España con este último hasta su muerte en 1896 y después del comienzo de la revolución huyó a Francia y luego a Hong Kong para evitar represalias. Durante el período revolucionario fue nombrado representante del gobierno filipino en Japón, donde intentó realizar envíos de armas a los revolucionarios. En 1901 regresó a Hong Kong y seis años más tarde a Filipinas, donde se unió al partido Nacionalista y se convirtió en miembro de la Asamblea Filipina después de las elecciones de 1909. Sin embargo, no se mantuvo en la política por mucho tiempo y hasta su muerte en 1918 se dedicó principalmente a la vida académica. Durante estos años se volvió a afiliar a la masonería, convirtiéndose en orador de la logia *Sinukuan* en 1914 y permaneciendo activo en esa logia al menos hasta 1917.

Fuentes:

- Listas de miembros de la logia *Solidaridad*, CDMH 736-11.
- Listas de miembros de la logia *Sinukuan*, CDMH 788-A-2.
- Artigas y Cuerva, Manuel: «Un Esforzado Obrero de la Logia Sinukuan», en *Acacia*, vol. 30, nº XI (1920).
- Mojares, Resil B.: «Los Itinerarios de Mariano Ponce y el Imaginario Político Filipino», en *Filipinas, un País...*, editado por Delgado, Josep M. y Elizalde Pérez-Grueso, María Dolores. Barcelona, Edicions Bellaterra, 2011, pp. 79-121
- Sánchez Ferré, Pere: «La Masonería Española...», en *La Masonería... Castilla y León*, Junta de Castilla y León, Consejería de Educación y Cultura, p. 484.

QUEZON, Manuel (1878-1944)

Abogado y político filipino. Fue el principal líder del partido Nacionalista desde principios de la década de 1920, y en 1935 se convirtió en el primer presidente de Filipinas. Se inició a la masonería en la logia *Sinukuan* en 1908, poco después de ser elegido diputado de la primera Asamblea Filipina. Estuvo presente en la lista de miembros de esta logia hasta 1916, aunque en 1909 fue nombrado representante de Filipinas ante el Congreso de los Estados Unidos, por lo que pasaba gran parte del año en Washington. Después de que se aprobara la ley Jones en 1916, regresó definitivamente al archipiélago y se convirtió en presidente del nuevo Senado filipino. En ese momento jugó un papel muy importante en la afiliación de las logias filipinas a la Grand Lodge of Free and Accepted Masons of the Philippine Islands. En 1918 se convirtió en gran maestre de esta institución y parece haber estado involucrado en la vida de las logias filipinas hasta 1930, cuando abjuró de su pertenencia a la masonería.

Fuentes:

- Listas de miembros de la logia *Sinukuan*, CDMH 788-A-2.
- Guéraiche, William: *Manuel Quezon...*

RAMOS, Alfonso (1860-?)

Agricultor y político filipino natural de la provincia de Zambales. Durante los últimos años de la colonización española ocupó el cargo de gobernador provincial de Tarlac. En 1902 fue nombrado gobernador de su provincia natal, cargo que ocupó hasta 1906. Durante este período fue miembro de la logia *Rizal* del Grand Orient de France.

Fuentes:

- Listas de miembros de la logia *Rizal*, BNF FM2-RESERVE-146.
- Cullinane, Michael: *Ilustrado Politics: Filipino Elite Responses to American Rule, 1898-1908.* Quezon City, Ateneo de Manila University Press, 2003, p. 164.

RAMOS, José A. (1856-1921)

Comerciante filipino nacido en el seno de una familia de la élite provincial de Cavite. En 1877 fue enviado a Londres para estudiar y se inició a la masonería. En la década de 1880 trabajó como importador de empresas europeas y estadounidenses al mismo tiempo que se involucraba en el movimiento nacionalista. Está considerado como uno de los organizadores de la manifestación anticlerical de 1888 y tuvo una relación muy cercana con Marcelo del Pilar hasta la partida de este último a España. Fue el único mestizo que formó parte de las logias existentes en el archipiélago antes de 1892. Ese año fue elegido venerable de la Logia *Nilad*, la primera formada principalmente por filipinos. Desde entonces estuvo muy involucrado en la masonería y formó parte del Cuerpo de Compromisarios, una organización creada para continuar apoyando financieramente a los miembros del movimiento de la Propaganda. En 1895, ante el peligro de un posible arresto, partió hacia Japón, desde donde intentó colaborar con el movimiento revolucionario tras el levantamiento de 1896. Regresó a Filipinas en 1900, pero no parece haberse afiliado a ninguna logia hasta su muerte en 1921.

Fuentes:
- Listas de miembros de la logia *Nilad*, CDMH 289-A-1.
- Manuel, Esperidion A.: *Dictionary of Philippine Biography Vol. 1.* Quezon City, Filipiniana Publishing, 1955, pp. 353-361.
- Schumacher, John N.: *The Propaganda...* Manila, Solidaridad Publishing House, 1973, p. 102.
- Schumacher, John N.: «Philippine masonry to 1890...», p. 331.

REYES, Modesto (¿-?)

Abogado filipino que formó parte del Comité filipino de Madrid durante el período revolucionario. En 1900 volvió a Manila y ocupó diversos puestos en el sistema judicial puesto en marcha por las autoridades americanas, ya que fue uno de los fundadores del partido Federal. Estuvo afiliado a la logia *Dalisay* en los años 1903 y 1904.

Fuentes:
- Listas de miembros de la logia *Dalisay*, CDMH 276-A-3.
- Reyes, P.: *Directorio Biográfico Filipino, Contiene las Biografías de la Intelectualidad Filipina, Magistrados de la Corte Suprema y Jueces de Primera Instancia, Miembros de la Legislatura, Altos Funcionarios Públicos y Distinguidos Abogados y Médicos Filipinos.* Manila, Germania, 1908, p. 46.

REYES, Severino (1861-1942)

Escritor filipino autor de las primeras zarzuelas en tagalo. Se inició a la masonería a finales de 1903 en la logia *Dalisay* y en 1907 participó en la reorganización de la logia *Balagtas*, de la que fue miembro al menos hasta 1908.

Fuentes:
- Listas de miembros de la logia *Dalisay*, CDMH 276-A-3.
- Reyes, P.: *Directorio Biográfico Filipino, Contiene las Biografías de la Intelectualidad Filipina, Magistrados de la Corte Suprema y Jueces de Primera Instancia, Miembros de la Legislatura, Al-*

tos Funcionarios Públicos y Distinguidos Abogados y Médicos Filipinos. Manila, Germania, 1908, pp. 46-47.

REYES, Venancio (1862-?)

Empleado de comercio filipino. Fue uno de los primeros en ser iniciado a la masonería en la logia *Nilad* a principios de 1892. Durante el dominio español también fue miembro de la logia *Dalisay*, mientras que durante la colonización americana participó en la fundación de la logia *Rizal*, del Grand Orient de France, en la que ocupó el cargo de orador. Dos años antes había participado en la creación del partido Federal.

Fuentes:

- Listas de miembros de la logia *Nilad*, CDMH 289-A-1.
- Listas de miembros de la logia *Rizal*, BNF FM2-RESERVE-146.
- Paredes, Ruby R.: *The Partido Federal...* Tesis de doctorado en Historia, University of Michigan, 1990, p. 536.

RIANZARES, Pablo (¿-?)

Médico filipino hijo del eminente abogado Ambrosio Rianzares Bautista. Estudió en España, donde colaboró con Marcelo del Pilar en las actividades del movimiento de la Propaganda. Parece haber tenido un papel decisivo en la financiación del primer número del periódico *La Solidaridad*. En Madrid se inició a la masonería y fue miembro de la logia *Solidaridad*, de la que fue elegido maestro de ceremonias en diciembre de 1890.

Fuentes:

- Listas de miembros de la logia *Solidaridad*, CDMH 736-11.
- Santiago, Luciano P.R.: «The First Filipino Doctors of Medicine and Surgery (1878-97)», en *Philippine Quarterly of Culture and Society*, vol. 22, nº 2 (1994), p. 108.
- Schumacher, John N.: *The Propaganda...* Manila, Solidaridad Publishing House, 1973, pp. 111 y 121.

RIZAL, José (1861-1896)

Médico y escritor filipino. Considerado como el héroe nacional filipino tras su trágica muerte en 1896, fue el instigador del movimiento nacionalista filipino surgido en España en la década de 1880. Sus novelas *Noli me Tangere* (1887) y *El filibusterismo* (1891), así como sus numerosos artículos periodísticos, jugaron un papel fundamental en la aparición de una identidad filipina. Llegó a España en 1882 para continuar sus estudios de medicina, aunque dejó la península ibérica en 1885 hacia otros países europeos para completar su formación médica y publicar su primera novela. En 1887 regresó a Filipinas, pero después de unos meses tuvo que regresar a Europa. Vivió en Londres y París, donde se inició a la masonería el 23 de octubre de 1888 en la logia *Le Temple de l'honneur français*, del Grand Orient de France. Vivió de nuevo en Madrid durante unos meses en 1890, en los que participó activamente en las actividades de la logia *Solidaridad*. Durante su breve estancia en Manila en el verano de 1892 no parece haber asistido a las actividades de las logias masónicas, aunque muchos de los miembros de la organización que fundó, la Liga Filipina, eran masones. A pesar de que solo mantuvo una vida masónica activa durante su estancia en Madrid en 1890, su relación con la masonería ha provocado numerosas controversias, sobre todo después de la aparición de documentos según los que habría abjurado de su pertenencia a esta institución poco antes de su ejecución.

Fuentes:
- Listas de miembros de la logia *Solidaridad*, CDMH 736-11.
- Anderson, Benedict: *Under Three Flags...*
- Goujat, Hélène: *Réforme ou révolution...*

RODRIGUEZ, Pedro (1869-1932)

Comerciante y político filipino. Miembro de la élite provincial de Cebú, fue representante de esta provincia durante la primera legislatura de la Asamblea Filipina. En 1905 se afilió a la logia *Modestia*, en la que ocupó el cargo de venerable durante la controvertida afiliación de Dominador Gómez. Como él, había sido miembro de la Unión Nacionalista, un partido político formado por los miembros más hispanizados de la élite filipina.

Fuentes:
- Listas de miembros de la logia *Modestia*, CDMH 279-A-1.

- *Plataforma y reglamento del partido Unión Nacionalista*. Manila, Imprenta La República, 1906.

SAGUIL, Epifanio (¿-?)

Empleado filipino que participó en la creación de la logia *Taliba* en 1892. Tras el inicio de la revolución fue detenido por las autoridades españolas, pero posteriormente formó parte del círculo más cercano del general Aguinaldo. Al comienzo de la colonización estadounidense reanudó sus actividades masónicas y fue miembro de las logias *Modestia* y *Sinukuan* antes de participar en la reorganización de la logia *Taliba* en 1907.

Fuentes:

- Listas de miembros de la logia *Modestia*, CDMH 289-A-1.
- Listas de miembros de la logia *Sinukuan*, CDMH 788-A-2.
- Cuartero Escobés, Susana: *La Masonería... Vol. II*. Santa Cruz de Tenerife, Ediciones Idea, 2006, pp. 118 y 130-131.
- Paredes, Ruby R.: *The Partido Federal...* Tesis de doctorado en Historia, University of Michigan, 1990, p. 537.

SALVADOR, Moisés (?-1897)

Masón filipino que se inició en la logia *Solidaridad* de Madrid mientras estudiaba en la capital española. A su regreso a Filipinas participó en la formación de la logia *Nilad* en enero de 1892, ocupando el cargo de primer vigilante después de las primeras elecciones de oficiales. Seis meses después participó en la fundación de la Liga Filipina, de la que su padre, Ambrosio Salvador, fue elegido presidente. Tras el comienzo de la revolución fue detenido y en enero de 1897 fue ejecutado, siendo uno de los conocidos como mártires de Bagumbayan.

Fuentes:

- Listas de miembros de la logia *Solidaridad*, CDMH 736-11.
- Listas de miembros de la logia *Nilad*, CDMH 289-A-1.
- Zaide, Gregorio F.: *Great Filipinos in History; an Epic of Filipino Greatness in War and Peace*. Manila, Verde Book Store, 1970, p. 318.

SANTIAGO, José Turiano (1875-1942)

Comerciante filipino que ocupó cargos de alta responsabilidad dentro del Katipunan hasta finales de 1895, cuando fue expulsado de esta sociedad al mismo tiempo que su hermanastro Restituto Javier, acusado de revelar documentos de la sociedad secreta. Poco después del comienzo de la revolución fue encarcelado por las autoridades españolas y más tarde se unió a las fuerzas revolucionarias, formando parte del Congreso de Malolos. Después del final de la guerra residió en Manila y se involucró en el movimiento obrero. Dos décadas más tarde participó en la creación de los primeros partidos políticos obreros en Filipinas. Parece que formó parte de la logia *Taliba* en la década de 1890, pero no hay pruebas documentales. Sin embargo, en 1907 participó en la reorganización de esta logia después de haber estado afiliado a la logia *Modestia* y a la logia *Sinukuan* en los primeros años de la colonización estadounidense.

Fuentes:

- Listas de miembros de la logia *Modestia*, CDMH 279-A-1.
- Listas de miembros de la logia *Sinukuan*, CDMH 788-A-2.
- *Filipinos in History: Vol. 4*. Manila, National Historical Institute, 1994, pp. 308-310.

SANTOS, Isidoro (1873-1939)

Médico y político filipino. En 1890 se trasladó a España para terminar sus estudios de medicina y se inició a la masonería en la logia *Solidaridad* en Madrid. Pasó la mayor parte del período revolucionario con su familia en Singapur, donde acompañó a Aguinaldo en la reunión del general revolucionario con el cónsul estadounidense Pratt. Más tarde se trasladó a Hong Kong, donde fue miembro del Comité Central Filipino. Después del final de la guerra regresó a Manila y colaboró en la mejora de la salud pública en Filipinas. En 1907 se unió a la logia *Sinukuan*, a la que estuvo afiliado hasta al menos 1916, y en 1911 se convirtió en gran maestre de la Gran Logia Regional de Filipinas. Miembro del partido Nacionalista, durante la tercera legislatura de la Asamblea Filipina fue elegido representante por el distrito norte de Manila.

Fuentes:

- Listas de miembros de la logia *Sinukuan*, CDMH 788-A-2.
- Santiago, Luciano P.R.: «The First Filipino Doctors of Medicine and Surgery (1878-97)», en *Philippine Quarterly of Culture and Society*, vol. 22, nº 2 (1994), pp. 129-131.

SANTOS, Lope K. (1879-1963)

Periodista y escritor filipino natural de Pasig. Al comienzo de la colonización americana estuvo involucrado en el movimiento obrero. Durante estos años también fue director de *Muling Pagsilang*, la sección en tagalo del periódico *El Renacimiento*. Después de una primera derrota en 1906, en 1910 ganó las elecciones para gobernador provincial de Rizal. Poco antes se había afiliado a la logia *Silañganan*, que se había establecido en la capital de esa provincia en 1908.

Fuentes:

- Cuartero Escobés, Susana: *La Masonería... Vol. II.* Santa Cruz de Tenerife, Ediciones Idea, 2006, p. 207.
- Guillermo, Artemio R.: *Historical Dictionary of the Philippines.* Lanham, Scarecrow Press, 2012, p. 393.

SERRANO LAKTAW, Pedro (1853-1928)

Profesor filipino nacido en Kupan, provincia de Bulacan. Estudió en la Escuela Superior de Maestros de Manila en la década de 1870. Más tarde se trasladó a España para continuar sus estudios en Salamanca, donde fue brevemente tutor del futuro rey Alfonso XIII. En la península ibérica se inició a la masonería y fue miembro de la logia *Solidaridad*, en la que coincidió con su paisano Marcelo H. del Pilar. A su regreso a Filipinas a finales de 1891 fue nombrado delegado del Grande Oriente Español en Filipinas y fue autorizado a iniciar filipinos en el archipiélago. Fue uno de los principales líderes del desarrollo de la masonería filipina en el año 1892, pero más tarde entró en conflicto con los miembros de algunas logias y abandonó la institución masónica. Poco antes, tras la deportación de José Rizal al sur del archipiélago, había sido despojado de su cargo de maestro debido a su relación con el líder nacionalista. Durante el período revolucionario y al comienzo de la colonización americana colaboró con algunas publicaciones nacionalistas. En el siglo XX no formó parte de las logias del Grande Oriente Español en Filipinas.

Fuentes:
- Listas de miembros de la logia *Solidaridad*, CDMH 736-11.
- Cuartero Escobés, Susana: *La Masonería... Vol. I.* Santa Cruz de Tenerife, Ediciones Idea, 2006, pp. 121-124.
- Manuel, Esperidion A.: *Dictionary of Philippine Biography Vol. 2.* Quezon City, Filipiniana Publishing, 1970, pp. 360-361.

SUKGANG Telesforo (1855-1916)

Pintor filipino miembro de la Academia de Pintura de Manila que expuso su obra en la Exposición de Filipinas de Madrid en 1887. Gracias a una beca del Ayuntamiento de Manila tuvo la oportunidad de estudiar pintura en Madrid, donde se afilió a la logia *Solidaridad*.

Fuentes:
- Listas de miembros de la logia *Solidaridad*, CDMH 736-11.
- Sánchez Gómez, Luis Ángel: *Un Imperio en la Vitrina...* Madrid, CSIC, 2003, p. 118.

SUMULONG, Juan (1875-1942)

Abogado y político filipino. Fue uno de los principales líderes del partido Federal durante los primeros años de la colonización estadounidense. En 1902, se inició a la masonería en la logia *Rizal* del Grand Orient de France, en la que ocupó el cargo de orador hasta 1905. No parece que se afiliara a ninguna otra logia masónica posteriormente. En 1907 se presentó a las elecciones de diputado a la Asamblea Filipina, pero no consiguió ningún escaño. Poco después, fue nombrado juez de primera instancia y en 1910 se convirtió en miembro de la Comisión Filipina. Durante la década de 1920, se mantuvo como una de las principales figuras de la oposición al partido Nacionalista.

Fuentes:
- Listas de miembros de la logia *Rizal*, BNF FM2-RESERVE-146.
- Nellist, George F.: *Men of the Philippines...* Manila, Sugar News Company, 1931, pp. 306-307.

TOLENTINO, Aurelio (¿-?)

Escritor filipino que fue uno de los primeros miembros del Katipunan. En el período revolucionario fue detenido por las autoridades españolas durante nueve meses, pero posteriormente logró unirse a las fuerzas del general Aguinaldo. Al inicio de la colonización norteamericana publicó artículos en varios periódicos nacionalistas y escribió obras de teatro conocidas como *seditious dramas* a causa de su crítica del régimen colonial. Estuvo afiliado a la logia *Modestia* en 1902.

Fuentes:
- Listas de miembros de la logia *Modestia*, CDMH 279-A-1.
- Cullinane, Michael: *Ilustrado Politics...* Quezon City, Ateneo de Manila University Press, 2003, pp. 120-121.

TORRES, Valeriano (1874-?)

Pintor filipino. Trabajó como decorador teatral para la Gran Compañía de Zarzuela Tagala dirigida por Severino Reyes. En 1905 se inició a la masonería en la logia *Modestia* y de 1907 a 1908 estuvo afiliado a la logia *Balagtas*.

Fuentes:
- Listas de miembros de la logia *Modestia*, CDMH 279-A-1.
- Listas de miembros de la logia *Balagtas*, CDMH 270-A-3.

UTOR FERNANDEZ, Juan (1846-?)

Periodista y masón español. En la década de 1870 estuvo muy involucrado en el movimiento republicano español, principalmente a través de su trabajo como director del periódico *El Debate*. Entre 1876 y 1886 fue uno de los masones más influyentes de España, ocupando el cargo de gran secretario del Grande Oriente de España cuando Práxedes Mateo Sagasta era su gran maestre. En la década de 1890 llegó a Manila como funcionario colonial y después del final del dominio español permaneció en el archipiélago. Al comienzo de la colonización americana creó el periódico *La Patria*, que tenía principalmente a filipinos como colaboradores y que era muy crítico con las órdenes religiosas. En ese momento intentó participar en la reorganización de las logias del Grande Oriente Español pero los miembros de la logia *Modestia* no aceptaron su colaboración porque consideraban que su vida privada no era digna de un masón. Luego promovió la creación de un Gran Oriente filipino que atrajo a algunos filipinos conocidos por su nacionalismo. Sin embargo, las autoridades coloniales parecen haber puesto fin a esta obediencia masónica en 1904.

Fuentes:

- Logia *Modestia* al gran consejo del GOE, Manila, 25/IX/1904, CDMH 279-A-1.
- Valenzuela, Jesús Z.: *History of Journalism in the Philippine Islands*. Manila, 1933, p. 112.
- Morales Benitez, Antonio y Sigler Silvera, Fernando: «Juan Utor y Fernández: Biografía Masónica», en *La Masonería Española en la Época de Sagasta*, editado por Ferrer Benimeli, Jose Antonio, pp. 509-526. Zaragoza, Gobierno de Aragon, 2007.

VARGAS, Jorge B. (1890-1980)

Abogado y político filipino. Ocupó numerosos cargos en la administración colonial durante la década de 1920. Se inició a la masonería en 1916 al unirse a la logia *Sinukuan*. En 1919 se convirtió en el secretario personal de Manuel Quezon durante la primera misión de independencia filipina.

Fuentes:

- Listas de miembros de la logia *Sinukuan*, CDMH 788-A-2.
- Guéraiche, William: *Manuel Quezon: les Philippines...*, p. 34.
- Nellist, George F.: *Men of the Philippines...* Manila, Sugar News Company, 1931, pp. 324 y 329.

XEREZ BURGOS, Manuel (1856-?)

Médico filipino. Sobrino del padre Burgos, uno de los sacerdotes filipinos ejecutados tras el motín de Cavite en 1872, y amigo personal de Rizal, estuvo muy implicado en la lucha revolucionaria. Formó parte del gobierno del general Aguinaldo y participó en el Congreso de Malolos. Sin embargo, aceptó la dominación estadounidense desde muy pronto y participó en la creación del partido Federal. En las primeras décadas del siglo XX fue muy activo en la prensa filipina y en la masonería, siendo miembro de la logia *Sinukuan* de 1910 a 1916.

Fuentes:
- Listas de miembros de la logia *Sinukuan*, CDMH 788-A-2.
- Paredes, Ruby R.: *The Partido Federal...* Tesis de doctorado en Historia, University of Michigan, 1990, p. 543.

ZAMORA, Paulino (1833-1904)

Propietario filipino que se inició a la masonería en la logia *Nilad* en enero de 1892. Sobrino del sacerdote filipino Jacinto Zamora, ejecutado tras el motín de Cavite en 1872, parece haber estado muy apegado al anticlericalismo. En julio de 1892 participó en la fundación de la Liga Filipina y pocos meses después estuvo entre los fundadores de la logia *Lusong*, de la que llegó a ser venerable. Tras el inicio de la Revolución filipina fue deportado a las islas Chafarinas y parece que recibió ayuda de los masones españoles para regresar al archipiélago. En Manila en 1899 fue uno de los primeros filipinos en unirse al protestantismo y su hijo Nicolás se convirtió en una de las figuras más prominentes de la primera iglesia metodista del archipiélago.

Fuentes:
- Listas de miembros de la logia *Nilad*, CDMH 289-A-1.
- Listas de miembros de la logia *Lusong*, CDMH 271-A-4.
- Oconer, Luther Jeremiah y Bundy, David: *Spirit-Filled Protestantism: Holiness-Pentecostal Revivals and the Making of Filipino Methodist Identity*. Eugene, Oregón, Wipf and Stock Publishers, 2017, pp. 37-38 y 51-52.

ZOBEL DE ZANGRÓNIZ, Jacobo (1842-1896)

Criollo filipino de padre alemán y madre española. Desde 1848 se educó en Europa, primero en Alemania y más tarde en

España, donde se licenció en Farmacia en la Universidad Central de Madrid. En 1863 regresó a Filipinas y se convirtió en una de las principales figuras reformistas de Manila. Después del motín de Cavite fue encarcelado durante unos meses, pero fue liberado a petición del cónsul alemán. En 1874 fue miembro de la logia *Lealtad* en Manila y tesorero de la Gran Logia Departamental de Filipinas. Tras su matrimonio en 1875 pasó cinco años en Europa. En España estudió el sistema de transporte y a su regreso a Manila en 1880 creó la primera compañía de tranvías. Hasta su muerte en 1896 colaboró con la administración colonial en varios cargos y no parece haberse afiliado a otras logias masónicas.

Fuentes:
- Listas de miembros de las logias filipinas en el año 1874, CDMH 219-A-1.
- Manuel, Esperidion A.: *Dictionary of Philippine Biography Vol. 2*. Quezon City, Filipiniana Publishing, 1970, p. 451-457.

ZULUETA, Clemente José (1875-1904)

Abogado e historiador filipino. Tuvo que interrumpir sus estudios debido al comienzo de la Revolución filipina. Después de obtener permiso del gobernador general español para recopilar información durante las batallas, siguió de cerca al general Aguinaldo y colaboró con él en la redacción de manifiestos. En la segunda fase de la revolución participó en la publicación de periódicos revolucionarios y participó en el Congreso de Malolos. Sin embargo, aceptó la colonización estadounidense a finales de 1899 y regresó a Manila para completar sus estudios de Derecho. Participó en la fundación del partido Federal en 1900 y tres años más tarde fue comisionado por la administración colonial para recopilar documentos históricos en España con el fin de crear una biblioteca nacional en Manila. Fue nombrado para este cargo por recomendación de Trinidad H. Pardo de Tavera. Zulueta, que se había iniciado en la masonería al final del dominio español en la logia *Walana*, fue miembro de la logia *Rizal*, del Grand Orient de France, desde 1902 hasta su partida a Europa un año más tarde.

Fuentes:

- Listas de miembros de la logia *Rizal*, BNF FM2-RESERVE-146.
- Paredes, Ruby R.: *The Partido Federal...* Tesis de doctorado en Historia, University of Michigan, 1990, pp. 544-545.
- Manuel, Esperidion A.: *Dictionary of Philippine Biography Vol. 2.* Quezon City, Filipiniana Publishing, 1970, pp. 458-462.

ZULUETA, Juan (1872-?)

Empleado filipino que colaboró con Marcelo del Pilar en diferentes actividades anticlericales antes de que este partiera hacia España a finales de 1888. Miembro fundador de la Liga Filipina, parece haberse iniciado a la masonería en la logia *Lusong*, donde ocupó el cargo de orador en el año 1893.

Fuentes:

- Listas de miembros de la logia *Lusong*, CDMH 271-A-4.
- Schumacher, John N.: *The Propaganda...* Manila, Solidaridad Publishing House, 1973, p. 99.

ZURBITO, José (1884-?)

Abogado filipino y miembro del partido Nacionalista. Fue diputado por la provincia de Sorsogon en la segunda y en la tercera legislatura de la Asamblea Filipina. Se afilió a la logia *Sinukuan* en 1912.

Fuentes:

- Listas de miembros de la logia *Sinukuan,* CDMH 788-A-2.
- Kalaw, Teodoro M.: *Directorio Oficial...* Manila, Bureau of Printing, 1913, pp. 101-102.

BIBLIOGRAFÍA

Achutegui, Pedro S. de y Bernad, Miguel Anselmo: *Religious Revolution in the Philippines; the Life and Church of Gregorio Aglipay, 1860-1960*. Manila, Ateneo de Manila, 1961.

Adan Guanter, Manuel: «La Logia Ibérica n.º 7 y la Independencia de Filipinas», en *La Masonería en la Historia de España: Actas del I Syomposium de Metodología Aplicada a la Historia de la Masonería Española*, editado por Ferrer Benimeli, José Antonio (pp. 121-130). Zaragoza, Diputación General de Aragón, Departamento de Cultura y Educación, 1989.

Adan Guanter, Manuel: «Una Logia de Filipinos en Madrid: Solidaridad n.º 53 (1889-1895)», en *La Masonería en la España del Siglo XIX*, editado por Ferrer Benimeli, José Antonio (pp. 471-479). Valladolid, Junta de Castilla y León, 1987.

Agoncillo, Teodoro A.: *The Revolt of the Masses; the Story of Bonifacio and the Katipunan*. Quezon City, University of the Philippines, 1956.

Aguilar, Filomeno V.: «Las Relaciones Iglesia-Estado en la Constitución de Malolos de 1899: Filipinización y Visiones de la Comunidad Nacional», en *Gobernar Colonias, Administrar Almas: Poder Colonial y Órdenes Religiosas en los Imperios Ibéricos (1808-1930)*, editado por Huetz de Lemps, Xavier, Álvarez Chillida, Gonzalo y Elizalde Pérez-GruesoMaría Dolores (pp. 149-179). Madrid, Casa de Velázquez, 2018.

Aguilar, Filomeno V.: Clash of Spirits: *The History of Power and Sugar Planter Hegemony on a Visayan Island*. Honolulu, University of Hawaii Press, 1998.

Aguilar, Filomeno V.: «"Filibustero", Rizal, and the Manilamen of the Nineteenth Century», en *Philippine Studies*, vol. 59, nº 4, pp. 429-469.

Álvarez Lazaro, Pedro: «Origen, Evolución y Naturaleza de la Masonería Contemporánea», en *Maçonaria, Egreja e Liberalismo. Masonería, Iglesia y Liberalismo, Actas da Semana da Faculdade de Teologia, Porto, 1994*, editado por Álvarez Lazaro, Pedro (pp. 46-53). Oporto-Madrid, 1996.

Anderson, Benedict: *Under Three Flags: Anarchism and the Anti-Colonial Imagination*. Londres, Verso, 2005.

Artigas y Cuerva, Manuel: *Galería de Filipinos Ilustres*. Manila, Impresiones Casa Editora «Renacimiento», 1917.

Ayala, José A.: *La Masonería de Obediencia Española en Puerto Rico en el Siglo XIX*. Murcia, Universidad de Murcia, 1991.

Blanco, Andrés Roberto: «Enfrentados con "La Propaganda": el Clero Regular Frente al Nacionalismo Filipino y la Ofensiva Anticlerical», en *Filipinas, Siglo XIX: Coexistencia e Interacción Entre Comunidades en el Imperio Español*, editado por Elizalde Pérez-Grueso, María Dolores y Huetz de Lemps, Xavier (pp. 515-546). Madrid, Ediciones Polifemo, 2017.

Blanco, Andrés Roberto: *Entre Frailes y Clérigos: las Claves de la Cuestión Clerical en Filipinas, 1776-1872*. Madrid, Consejo Superior de Investigación Científica, 2012.

Cano, Gloria: «El Renacimiento Frustrado. Análisis de un Diario Proto-Nacionalista con Alma Española», en *Filipinas, un País Entre Dos Imperios*, editado por Elizalde Pérez-Grueso, María Dolores y Delgado Ribas, Josep María (pp. 299-328). Barcelona, Edicions Bellaterra, 2011.

Cano, Gloria: *The "Spanish Colonial Past" in the Construction of Modern Philippine History: A Critical Inquiry Into the (Mis)Use of Spanish Sources*. Tésis de doctorado en Historia, National University of Singapure, 2005.

Checa, Godoy Antonio: «La Prensa Filipina en Español Entre Dos Guerras (1899-1941)», en *Revista Internacional de Historia de la Comunicación*, vol. 1, n° 4 (2015), pp. 22-51.

Clarence-Smith, William Gervase: «Middle Eastern Migrants in the Philippines: Entrepreneurs and Cultural Brokers», en *Asian Journal of Social Science*, vol. 32, n° 3 (2004), pp. 425-457.

Clymer, Kenton J.: *Protestant Missionaries in the Philippines, 1898-1916: an Inquiry Into the American Colonial Mentality.* Urbana, University of Illinois Press, 1986.

Cruz, J. Ignacio: «Los Diputados Masones en las Cortes de la II República (1931-1936)», en *Masonería, Política y Sociedad*, editado por Ferrer Benimeli, José Antonio (pp. 123-188). Zaragoza, Centro de Estudios Históricos de la Masonería Española, 1989.

Cuartero Escobés, Susana: *La Masonería Española en Filipinas.* Santa Cruz de Tenerife, Ediciones Idea, 2006.

Cullinane, Michael: *Ilustrado Politics: Filipino Elite Responses to American Rule, 1898-1908.* Quezon City, Ateneo de Manila University Press, 2003.

Delahaye, Jean-Paul: «Les Francs-Maçons et la Laïcisation de l'École. Mythe et Réalités», en *Histoire de l'Éducation*, n° 109 (2006), pp. 33-73.

Deschamps, Simon: *Sociabilité Maçonnique et Pouvoir Colonial dans l'Inde Britannique (1730-1921).* Pessac, PU Bordeaux, 2019.

Elizalde Pérez-Grueso, María Dolores y Huetz de Lemps, Xavier: «Un Singular Modelo Colonizador: el Papel de las Órdenes Religiosas en la Administración Española de Filipinas, Siglos XVI al XIX», en *Illes I Imperis*, n° 17 (2015), pp. 185-220.

Elizalde Pérez-Grueso, María Dolores y Huetz de Lemps, Xavier: «Le Sabre, le Goupillon et la Révolution», en *Histoire, Monde et Cultures Religieuses*, vol. 31, n° 3 (2014), pp. 53-74.

Fajardo, Reynold S.: *The Brethren: In the Days of Empire. Philippine Masonry from the US Colonial Era to the Commonwealth Years.* Manila, Grand Lodge of Free and Accepted Masons of the Philippines, 1999.

Fajardo, Reynold S.: *The Brethren: Masons in the Struggle for Philippine Independence*. Manille, Grand Lodge of Free and Accepted Masons of the Philippines, 1998.

Ferrer Benimeli, José Antonio: *Jefes de Gobierno Masones: España 1868-1936*. Madrid, Esfera de los Libros, 2007.

Fisher, Frederick Charles: *Monograph on Marriage and Divorce in the Philippines*. Manila, The Lawyers' Co-operative Publishing Company, 1926.

Gleeck, Lewis E.: *The American Governors-General and High Commissioners in the Philippines: Proconsuls, Nation-Builders and Politicians*. Quezon City, New Day Publishers, 1986.

Gleek, Lewis E.: *The Manila Americans, 1901-1964*. Manila, Philippines, Carmelo & Bauemann, 1977.

Goujat, Hélène: *Réforme ou Révolution? Le Projet National de José Rizal (1861-1896) Pour les Philippines*. París, Francia, Connaissances et Savoirs, 2010.

Guéraiche, William: *Manuel Quezon: les Philippines de la Décolonisation à la Démocratisation*. París, Francia, Maisonneuve & Larose, 2004.

Guéraiche, William: «Sociabilités et Liens Personnels aux Philippines Sous la Colonisation Américaine», en *Aséanie*, vol. 6, n° 1 (2000), pp. 57-80.

Guillermo, Artemio R.: *Historical Dictionary of the Philippines*. Lanham, Scarecrow Press, 2012.

Harland-Jacobs, Jessica L.: *Builders of Empire: Freemasons and British Imperialism, 1717-1927*. Chapel Hill, University of North Carolina Press, 2013.

Harrison, Francis Burton: *The Corner-Stone of Philippine Independence*. New York, The Century Company, 1922.

Harrison, Francis Burton y Onorato, Michael P.: *Origins of the Philipine Republic: Extracts from the Diaries and Records of Francis Button Harrison*. Ithaca, Nueva York, 1974.

Huetz de Lemps, Xavier: «Una Escuela Colonial de Disimulación», en *Repensar Filipinas: Política, Identidad y Religión en la Construcción de la Nación Filipina*, editado por Elizalde Pérez-Grueso, María Dolores y Delgado, Josep M. (pp. 143-156). Barcelona, Edicions Bellaterra, 2009.

Jimena, Álvaro: «Dominador Gómez (1866-1930): un Nacionalista Demasiado Radical e Hispanizado para Presidir la Asamblea Filipina», en *Ayer. Revista De Historia Contemporánea*, pp. 1-24. https://doi.org/10.55509/ayer/1932.

Justiniano, Maureen Cristin S.: *Dissent, Repression, and Revolution in the Late Nineteenth Century Philippines: New Perspectives on the Katipunan, 1892-1897*. Tesis de doctorado en Historia. University of Wisconsin-Madison, 2016.

Kalaw, Teodoro M.: *Aide-de-Camp to Freedom*. Manille, Teodoro M. Kalaw Society, 1965.

Kalaw, Teodoro M.: *La Masonería Filipina; su Origen, Desarrollo y Vicisitudes Hasta la Época Presente*. Manila, Bureau of Printing, 1920.

Kalaw, Teodoro M.: *Directorio Oficial de la Asamblea Filipina. Tercera Legislatura. Primer Período de Sesiones*. Manila, Bureau of Printing, 1913.

Mabini, Apolinario: *The Letters of Apolinario Mabini*. Manila, National Heroes Comission, 1965.

Manuel, Esperidion A.: *Dictionary of Philippine Biography Vol. 1*. Quezon City, Filipiniana Publishing, 1955.

Manuel, Esperidion A.: *Dictionary of Philippine Biography Vol. 2*. Quezon City, Filipiniana Publishing, 1970.

Manuel, Esperidion A. y Manuel, Magdalena A.: *Dictionary of Philippine Biography Vol. 3*. Quezon City, Filipiniana Publishing, 1986.

Marquardt, Frederic S.: «Quezon and the Church», en *Historical Bulletin*, vol. XXII, n° 1-4 (1978), pp. 129-136.

Martín, Luis P.: *Los Arquitectos de la República: los Masones y la Política en España, 1900-1936*. Madrid, Marcial Pons, 2007.

Martin, Luis P.: «Les Cultures Politiques des Francs-Maçons Espagnols (XIXe -XXe Siècle)», en *Cahiers de la Méditerranée*, n° 72 (2006), pp. 265-283.

McCoy, Alfred W.: *Policing America's Empire. The United States, the Philippines, and the Rise of the Surveillance State*. Madison, Wisconsin, University of Wisconsin Press, 2009.

McCoy, Alfred W.; Fradera, Josep Maria y Jacobson Stephen: *Endless Empire: Spain's Retreat, Europe's Eclipse, America's Decline*. Madison, University of Wisconsin Press, 2012.

McCoy, Alfred W. y Scarano, Francisco A.: *The Colonial Crucible: Empire in the Making of the Modern American State*. Madison, University of Wisconsin Press, 2009.

Mojares, Resil B.: «Filipinos y Españoles en el Mundo Colonial de la Imprenta», en *Filipinas, Siglo XIX: Coexistencia e Interacción Entre Comunidades en el Imperio Español*, editado por Elizalde Pérez-Grueso, María Dolores y Huetz de Lemps, Xavier (pp. 549-569). Madrid, Ediciones Polifemo, 2017.

Mojares, Resil B.: «Los Itinerarios de Mariano Ponce y el Imaginario Político Filipino», en *Filipinas, un País Entre Dos Imperios*, editado por Delgado, Josep M. y Elizalde Pérez-Grueso, María Dolores (pp. 79-121). Barcelona, Edicions Bellaterra, 2011.

Mojares, Resil B.: *Brains of the Nation: Pedro Paterno, T.H. Pardo de Tavera, Isabelo de los Reyes, and the Production of Modern Knowledge*. Quezon City, Ateneo de Manila University Press, 2006.

Mojares, Resil B.: «The Formation of Filipino Nationality Under U.S. Colonial Rule», en *Philippine Quarterly of Culture and Society*, vol. 34, nº 1 (2006), pp. 11-32.

Morales Benítez, Antonio y Sigler Silvera, Fernando: «Juan Utor y Fernández: Biografía Masónica», en *La Masonería Española en la Época de Sagasta*, editado por Ferrer Benimeli, José Antonio (pp. 509-526). Zaragoza, Gobierno de Aragón, 2007.

Filipinos in History: Vol. 2. Manila, National Historical Institute, 1990.

Filipinos in History: Vol. 3. Manila, National Historical Institute, 1992.

Filipinos in History: Vol. 4. Manila, National Historical Institute, 1994.

Filipinos in History: Vol. 5. Manila, National Historical Institute, 1996.

Nellist, George F.: *Men of the Philippines: a Biographical Record of Men of Substantial Achievement in the Philippine Islands*. Manila, Sugar News Company, 1931.

Nieva, Gregorio: *Philippine Assembly Official Directory. First Philippine Legislature.* Manila, Bureau of Printing, 1908.

Oconer, Luther Jeremiah y Bundy, David: *Spirit-Filled Protestantism: Holiness-Pentecostal Revivals and the Making of Filipino Methodist Identity.* Eugene, Oregón, Wipf and Stock Publishers, 2017.

Ortiz de Andrés, María Asunción: *Masonería y Democracia en el Siglo XIX: el Gran Oriente Español y su Proyección Político-Social (1888-1896).* Madrid, Universidad Pontificia Comillas, 1993.

Ortuño Casanova, Rocío y Gasquet, Axel: *El Desafío de la Modernidad en la Literatura Hispanofilipina (1885-1935).* Leiden, Brill, 2022.

Ossorio y Bernard, Manuel: *Ensayo de un Catálogo de Periodistas Españoles del Siglo XIX.* Madrid, J. Palacios, 1903.

Palma, Rafael: *My Autobiography.* Manila, Capitol Publishing House, 1953.

Paredes, Ruby R.: *Philippine Colonial Democracy.* Manila, Philippines, Ateneo de Manila University press, 1989.

Paredes, Ruby R.: *The Partido Federal, 1900-1907: Political Collaboration in Colonial Manila.* Tesis de doctorado en Historia, University of Michigan, 1990.

Pastells, Pablo: *La Masonización de Filipinas: Rizal y su Obra.* Barcelona, Librería y Tipografía Católica, 1897.

Paular, Regino P.: *Filipinos in History: Vol. 1.* Manila, National Historical Institute, 1989.

Quibuyen, Floro C.: *A Nation Aborted: Rizal, American Hegemony, and Philippine Nationalism.* Quezon City, Ateneo de Manila University Press, 2008.

Quirino, Carlos: *Quezon. Man of Destiny.* Manille, McCullough Printing Company, 1935.

Quirino, Carlos y Roces, Alejandro R.: *Quezon, Paladin of Philippine Freedom.* Manila, The Community Publishers, 1971.

Retana, Wenceslao E.: *Archivo del Bibliófilo Filipino: Recopilación de Documentos Históricos, Científicos, Literarios y Políticos y Estudios Bibliográficos.* Madrid, 1895-1898.

Reyes, Deogracias T.: «History of Divorce Legislation in the Philippines since 1900», en *Philippine Studies*, vol. 1, nº 1 (1953), pp. 42-58.

Reyes, P.: *Directorio Biográfico Filipino, Contiene las Biografías de la Intelectualidad Filipina, Magistrados de la Corte Suprema y Jueces de Primera Instancia, Miembros de la Legislatura, Altos Funcionarios Públicos y Distinguidos Abogados y Médicos Filipinos.* Manila, Germania, 1908.

Reyes, Raquel A. G.: *Love, Passion and Patriotism: Sexuality and the Philippine Propaganda Movement, 1882-1892.* Singapore; Seattle, NUS Press et University of Washington Press, 2008.

Richardson, Jim: *The Light of Liberty. Document and Studies on the Katipunan, 1892-1897.* Quezon City, Ateneo de Manila University Press, 2013.

Richardson, Jim: *Andres Bonifacio: Biographical Notes. Part II: 1892-1895. Katipunan-Part II: 1892-1895* (kasaysayan-kkk.info).

Richardson, Jim: *Counting the Signatures on the Declaration of Philippine Independence, June 12, 1898.* https://independent.academia.edu/JimRichardson

Richardson, Jim: *Marcelo H. del Pilar and the Katipunan: Sources of Confusion.* http://www.kasaysayan-kkk.info (consultado el 14 de octubre, 2017).

Richardson, Jim: *Notes on the Katipunan in Manila, 1892-96.* http://www.kasaysayan-kkk.info/studies/notes-on-the-katipunan-in-manila-1892-96 (consultado el 14 de octubre, 2017).

Rodao, Florentino: «De Colonizadores a Residentes. Los Españoles Ante la Transición Imperial en Filipinas», en *Filipinas, un País Entre Dos Imperios*, editado por Delgado, Josep M. y Elizalde Pérez-Grueso, María Dolores (pp. 251-298). Barcelona, Edicions Bellaterra, 2011.

Rodao, Florentino: «Spanish Language in the Philippines: 1900-1940», en *Philippine Studies: Historical and Ethnographic Viewpoints*, vol. 45, nº 1 (1997), pp. 94-107.

Rodao, Florentino: *Franquistas sin Franco: una Historia alternativa de la Guerra Civil Española desde Filipinas.* Granada, Editorial Comares, 2012.

Salamanca, Bonifacio S.: *The Filipino Reaction to American Rule, 1901-1913*. Hamden, Shoe String Press, 1968.

Sánchez Ferré, Pere: «Los Pleitos de Territorialidad en el Seno de la AMI: el Caso del Gran Oriente Español y sus Logias Americanas (1900-1930)», en *Masonería Española y Americana, Vol. 1*, editado por Ferrer Benimeli, José Antonio (pp. 391-399). Zaragoza, Centro de Estudios Históricos de la Masonería Española, 1993.

Sánchez Ferré, Pere, «La Masonería Española y el Conflicto Colonial Filipino», en *La Masonería en la España del Siglo XIX: II Symposium de la Metodología Aplicada a la Historia de la Masonería Española: Salamanca, 2-5 de Julio de 1985*, editado por Ferrer Benimeli, José Antonio (pp. 481-496). Castilla y León, Junta de Castilla y León, Consejería de Educación y Cultura, 1987.

Sánchez Gómez, Luis Ángel: *Un Imperio en la Vitrina: el Colonialismo Español en el Pacífico y la Exposición de Filipinas de 1887*. Madrid, CSIC, 2003.

Santiago, Luciano P.R.: «The First Filipino Doctors of Medicine and Surgery (1878-97)», en *Philippine Quarterly of Culture and Society*, vol. 22, nº 2 (1994), pp. 103-140.

Sarkisyanz, Manuel: *Rizal and Republican Spain: and Other Rizalist Essays*. Manila, National Historical Institute, 1995.

Schumacher, John N.: «The Cavite Mutiny. Toward a Definitive History», en *Philippine Studies*, vol. 59, nº 1 (2011), pp. 55-81.

Schumacher, John N.: *The Making of a Nation: Essays on Nineteenth-Century Filipino Nationalism*. Manila, Ateneo de Manila University Press, 1991.

Schumacher, John N.: *Revolutionary Clergy: the Filipino Clergy and the Nationalist Movement, 1850-1903*. Quezon City, Metro Manila, Ateneo de Manila University Press, 1981.

Schumacher, John N.: *The Propaganda Movement 1880-1895*. Manila, Solidaridad Publishing House, 1973.

Schumacher, John N.: «Filipino Masonry in Madrid, 1889-96», en *Philippine Historical Review*, vol. 1, nº 2 (1966), pp. 168-182.

Schumacher, John N.: «Philippine Masonry to 1890», en *Asian Studies*, vol. 4 (1966), pp. 328-341.

Scott, William Henry: «The First Filipino Labor Union», en *Great Scott!: the New Day William Henry Scott Reader*, editado por Bautista, Bezalie P. Quezon City, New Day Publishers, 2006.

Sierra de la Calle, Blas: «La Evangelización de Filipinas Durante el Gobierno de Legazpi (1565-1572)», en *España y el Pacífico: Legazpi, Madrid, Sociedad Estatal de Conmemoraciones Culturales. Vol. I*, editado por Cabrero Fernández, Leoncio (pp. 343-385), 2000.

Soucy, Dominique: *Enjeux Coloniaux et Franc-Maçonnerie à Cuba au XIXe Siècle: un Renouveau Historique à la Lumière des Archives du Grand Orient de France*. Pessac, Presses universitaires de Bordeaux, 2016.

Soucy, Dominique: «Autonomismo y Masonería en Cuba», en *REHMLAC. Revista de Estudios Históricos de la Masonería Latinoamericana y Caribeña*, vol. 1, nº 1 (2009), pp. 90-99.

Soucy, Dominique: *Masonería y Nación: Redes Masónicas y Políticas en la Construcción Identitaria Cubana (1811-1902)*. Santa Cruz de Tenerife, Ediciones Idea, 2006.

Stanley, Peter W.: *A Nation in the Making: the Philippines and the United States, 1899-1921*. Cambridge, Harvard University Press, 1974.

Valdez, Maria Stella S.: *Dr. Jose Rizal and the Writing of his Story*. Manila, Rex Book Store, 2007.

Valenzuela, Jesús Z.: *History of Journalism in the Philippine Islands*. Manila, 1933.

Villarroel, Fidel: *Marcelo H. Del Pilar at the University of Santo Tomas*. Manila, UST Publishing House, 1997.

Zaide, Gregorio F.: *Great Filipinos in History; an Epic of Filipino Greatness in War and Peace*. Manila, Verde Book Store, 1970.

FUENTES MANUSCRITAS

Archivo General de Indias (Sevilla, España)
«Archivo de Camilo García de Polavieja y del Castillo»:
Diversos, 25-8: Copias de cartas masónicas mediadas entre D.
Miguel Morayta y las sociedades masónicas filibusteras de Filipinas.

Archivo del Ministerio de Asuntos Exteriores y de Cooperación (Madrid, España)
AMAEC-H-1953: Consulado de Manila.

Bibliothèque Nationale de France (París, Francia)
Département des Manuscrits, Fonds maçonnique:
FM2-RESERVE-146: Loge Rizal (Manila, Philipinas).
FM2 977: Loge Le Temple de l'honneur français (París, Francia).

Centro Documental de la Memoria Histórica (Salamanca, España)
«Sección especial»:
219-A-1 et 220-A-1: Masonería en Filipinas.
236-A-1: Logia Bagumbayan nº352 (Manila, Filipinas).
236-A-9: Logia Zapote nº356 (Rosario, Filipinas).
252-A-8: Gran Logia Regional de Filipinas n°2.
268-A-1: Gran Delegación del Supremo Consejo del Grado 33 de Filipinas.
270-A-1: Logia Magdalo n°371 (Cavite, Filipinas).
270-A-2: Logia Pinagsabitan nº344 (Santa Cruz, Filipinas).

270-A-3: Logia Balagtas nº149 (Sampaloc, Filipinas).
271-A-1: Logia Maguindanan nº334 (Cagayan, Filipinas).
271-A-2: Logia Mactan n357 (Cebu, Filipinas).
271-A-3: Logia Martires del 96 nº372 (Nagkarlang, Filipinas).
271-A-4: Logia Lusong nº185 (Tondo, Filipinas).
274-A-3: Logia Mabini nº290 (Aparri, Filipinas).
276-A-1: Logia Dampulan nº156 (Jaen, Filipinas).
276-A-3: Logia Dalisay nº177 (Santa Cruz, Filipinas).
276-A-4: Logia Dapitan nº313 (Malabon, Filipinas).
278-A-1: Gran Logia Regional de Filipinas.
278-A-2: Logia Majestad (Bakolor, Filipinas).
279-A-1: Logia Modestia nº199 (Manila, Filipinas).
281-A-1: Gran Logia del Archipiélago Filipino.
281-A-3: Gran Logia de Libres y Aceptados masones de las Islas de Filipinas.
289-A-1 et 290-A-1: Logia Nilad n°144 (Manila, Filipinas).
620-A-14: Logia Revolución (Barcelona).
736-11: Logia Solidaridad nº53 (Madrid).
788-A-2: Logia Sinukuan (Manila, Filipinas).
National Archives and Records Administration (Maryland, Estados Unidos)
«Record Group 350, Records of the Bureau of Insular Affairs»: Box 675, File number 13015.

National Library of the Philippines (Manila, Philipinas)
«Manuel L. Quezon Papers»:
Series VII Box 141: Freemasonry.
Series VII Box 142: Freemasonry.
Series VII Box 143: Freemasonry.

Prensa

Acacia. Revista de la Benemérita y Respetable Logia *Sinukuan* nº16 (consultado en el CDMH).

Boletín oficial del Grande Oriente Español (consultado en la Hemeroteca Digital de la Biblioteca Nacional de España: http://www.bne.es/es/Catalogos/HemerotecaDigital/).

Boletín oficial y revista masónica de la Gran Logia Regional de Filipinas de la Federación del Gran Oriente Español (consultado en el CDMH).

Cultura Filipina (consultada en la Hathi Trust Digital Library: https://www.hathitrust.org/).

Delta. Revista mensual de las respetables logias *Sinukuan,* n° 272, *Nilad* n° 144, *Lusong* n° 185 y *Walana* n°158 de la Federación del Grande Oriente Español (consultado en el CDMH).

Hojas Sueltas de la dos veces benemérita y respetable logia *Nilad* (consultado en el CDMH).

El Renacimiento (consultado en la National Library of the Philippines y en el Instituto Universitario de Historia Jaume Vives de la Universidad Pompeu Fabra de Barcelona).

La Redención del Obrero (consultada en la Hemeroteca Digital de la Biblioteca Nacional de España: http://www.bne.es/es/Catalogos/HemerotecaDigital/).

La Política de España en Filipinas (consultada en la Biblioteca Digital AECID, Colección Filipinas: https://bibliotecadigital.aecid.-es/bibliodig/filipinas/i18n/micrositios/inicio.cmd).

La Unión Católica (consultada en la Hemeroteca Digital de la Biblioteca Nacional de España: http://www.bne.es/es/Catalogos/HemerotecaDigital/).

Los Dos Mundos. Revista de ciencias, administración, bellas artes y política (Consultada en la biblioteca digital de Bibliotecas de la Comunidad de Madrid: http://bibliotecavirtualmadrid.org).

FUENTES IMPRESAS

Abstract of a Toast Delivered by Mr. Rafael del Pan at the occasion of the Masonic Banquet held in November 29ᵗʰ 1913, in response to the topic Mason Pioneers in the Philippine Islands. Consultado en la National Library of the Philippines.

Buencamino, Felipe: *Sesenta Años de Historia Filipina.* Consultado en la National Library of the Philippines.

De Mas y Otzet, Francisco: *Memoria del Sr. Socio Secretario de la Real Sociedad Económica Filipina de Amigos del País, Manila, Establecimiento Tipográfico de Plana y Cía., 1877.* Consultado en la Biblioteca Virtual Miguel de Cervantes: http://www.cervantesvirtual.com/

Plataforma y Reglamento del Partido Unión Nacionalista. Manila, Imprenta La República, 1906. Consultado en el Seminario Agustino de Valladolid.

Philippines Legislature, Journal of the Philippine Commission: vol. 5, nº 1. Manila, Bureau of Printing, 1908. Consultado en *The United States and its Territories Collection* de la University of Michigan: https://quod.lib.umich.edu/p/philamer/

Rizal, José: *La Masonería, Conferencia Leída en la Logia Solidaridad Hacia el Año 1891.* Consultado en la National Library of the Philippines.

United States Congress House: *Committee on Insular Affairs, Statement Before the Committee of Insular Affairs on Conditions in the Philippines Islands by Felipe Buencamino.* Government

Print Office, Washington, 1902. Disponible en Internet Archive: https://archive.org/

University of the Philippines: *Inauguration of Rafael Palma as Fourth President of the University of the Philippines. Manila, Philippine Islands, the Eighteenth Day of July, Nineteen Hundred and Twenty-Five*. Manila, Bureau of Printing, 1925. Disponible en *The United States and its Territories Collection* de la University of Michigan: https://quod.lib.umich.edu/p/philamer/

Vindicación de las órdenes Religiosas en Filipinas Groseramente Calumniadas por la Masonería. Salamanca, Imprenta de Calatrava, 1899. Disponible en la Biblioteca Digital Hispánica de la Biblioteca Nacional de España: http://bdh.bne.es/

Índice

Álvaro Jimena